古典文獻研究輯刊

初 編

潘美月・杜潔祥 主編

第35冊

唐朝漢語景教文獻研究

曾陽晴 著

國家圖書館出版品預行編目資料

唐朝漢語景教文獻研究／曾陽晴著 — 初版 — 台北縣永和市：
花木蘭文化工作坊，2005〔民94〕

目 2＋232 面：19×26 公分（古典文獻研究輯刊 初編：第 35 冊）
ISBN：986-81154-1-8（精裝）
1. 景教－教義　2. 景教－中國－唐（618-907）

246.18　　　　　　　　　　　　　　　　　　94018630

ISBN 986-81154-1-8

古典文獻研究輯刊

初　編　第三五冊　　　　　　　ISBN：986-81154-1-8

唐朝漢語景教文獻研究

作　　者　曾陽晴
主　　編　潘美月　杜潔祥
企劃出版　北京大學文化資源研究中心
出　　版　花木蘭文化工作坊
發 行 所　花木蘭文化工作坊
發 行 人　高小娟
聯絡地址　台北縣永和市中正路五九五號七樓之三
　　　　　電話：02-2923-1455／傳眞：02-2923-1452
電子信箱　sut81518@ms59.hinet.net
初　　版　2005 年 12 月
定　　價　初編 40 冊（精裝）新台幣 62,000 元

唐朝漢語景教文獻研究

曾陽晴　著

作者簡介

曾陽晴　1962 年生　台灣大學中文所畢。《無善無惡的理想道德主義——王龍溪思想研究》台大文史叢刊 91 出版。1986 年以《朱熹與王船山對西銘詮釋觀點比較研究》獲得台大中文系第一屆論文比賽首獎，1990 刊登於台大中文學報第二期。清華大學博士班畢。2003《唐朝景教文獻思想研究》；2005《小島文書真偽考——李盛鐸氏舊藏敦煌景教文獻二種辨偽再商榷》刊登於中原學報 33 卷第二期。現任臺灣中原大學通識教育中心助理教授。

提　要

　　歷來學者稱《大聖通真歸法讚》與《宣元至本經》為小島文書，近年來有學者考證二經乃偽造的敦煌文書，我們將重新探討此一問題，也從比較老子的道與基督的道重新定位《宣元至本經》。經由外緣史料的考證與內緣思想的判教，我們知道上述二經未必為偽。

　　本論文對目前可見的漢語景教文獻全面進行系統神學的分析：包括神論（三位一體論）、救贖論、基督論、聖靈論、人論、末世論，使我們可以對唐代進入中國長安的景教的思想和神學內容，有一個概括性的掌握，以便當我們進行中、下卷景教進入中國所遭遇到的各式各樣的處境化問題的分析時，有一個基本且實際的討論架構與基礎。

　　神學術語成為引介景教進入中國的語言最前線，我們以涉入借用佛道教語言和表述形式最深《志玄安樂經》、《宣元本經》與《宣元至本經》三個經典作為分析範例：發現景教經典大量借用佛道教語言和表述形式，除了引起極大的困擾之外，也看出漢語主方語言的能動作用；另一方面，景教的神學術語創造了屬景教自身的新語言，必須透過中介作用才得以將一個全然陌生的外來名字的意義表達出來。

　　漢語的景教經典中對於《聖經》的翻譯策略，在內容的選擇上以耶穌的教導和一生行傳（包括受難釘死）為主，在翻譯的操作策略上則以唐朝中國讀者的需求為主，亦即儘量降低認識信仰的障礙，甚至挪用、改寫、重編的方式，進行基督教在中國的最初《聖經》與神學作品的翻譯。

　　景教從波斯千里迢迢來到長安，帶來的是一個新的宗教，也帶進一套新的倫理規範。這一套倫理規範與中國傳統的倫理觀念，在某些議題上產生了衝突，特別是「神權 vs. 君權」與「不拜祖先」這兩個重大問題上。奇特的是在後世明、清兩代甚至激起反教運動的這兩個重大議題，竟然未在唐朝政治和社會引發衝突，其中特別是一直與統治階層保持良好關係是景教能夠蓬勃運作與發展的主因。

　　唐代景教輸入的宣教策略與處境化的實踐，亦即景教的宣教如何跨越語言、文化的難題，我們將就聖像崇拜的神學衝突，與翻譯上尋找唐代讀者對於景教文本的閱讀切入點，深入分析其宣教成功與失敗的原因：我們發現為了宣教的原因，從阿羅本以降即制定與統治階層保持良好互動，因此產生犧牲信條（不拜偶像）而過度尊君，以致後來武宗滅佛遭遇重大挫折就一蹶不振；另一方面翻譯事業也使得信徒能用漢語進入信仰世界——這應該是處境化宣教最成功的一點。

目

錄

上卷　唐代景教文本分析

第一章　緒　論

第一節　唐朝景教的輸入背景與文獻的發現

　　景教於唐太宗時（貞觀九年，635）傳入中國，後於唐武宗滅佛時（845），連同祆教、摩尼教一起被滅，景教在唐代流傳的眞實狀況於是湮滅不得知。直到明天啓初年「大秦景教流行中國碑」出土，從碑文我們對唐代的景教有了初步的認識；又經過近三百年，到了公元 1908 年至 1949 年陸續發現與公布的八篇景教經典與頌文，使我們對景教在唐代的信仰內容有了更進一步的、推論性的瞭解。

　　景教其實是基督教的一支，源出敍利亞，經波斯傳入中國，《唐會要》卷 49 載唐玄宗詔文曰：「天寶四年（745）九年詔曰：『波斯景教，出自大秦，傳習而來，久行中國。爰初建寺，因以爲名。將欲示人，必修其本。其兩京波斯寺，宜改爲大秦寺。』」此處大秦所指乃現今敍利亞，教派源自第五世紀被貶爲異端的聶斯多留（Nestorius）主教。

　　聶斯多留生於公元 381 年，出生地爲幼發拉底河區域（Euphratesian）敍利亞革爾曼尼西亞（Germanicia），公元 428 年被任命爲康斯坦丁堡主教，後因爲聖母瑪利亞的地位問題（他反對 theotokos「神之母」這個字），以及基督的神人二性的神學問題，與亞歷山大宗主教區利羅（Cyril of Alexandria）產生對立，在公元 431 年舉行的以弗所會議（Council of Ephesus）上聶斯多留被撤職，視爲異端，遣往安提阿（Antioch），在流放埃及時於公元 451 年逝世。

　　聶斯多留被流放後，支持者越過邊境遷往波斯，以尼斯比（Nisibis）作爲其活

動中心，波斯教會（Persian church）於公元 486 年正式成爲信奉聶斯多留主義的教會。後雖受到回教的逼迫，依然在唐代傳入中國成爲景教。

據漢語的景教經典《尊經》的記載，來到中國長安的景教宣教士爲了宣揚景教的教義，著手翻譯了一些敘利亞文的景教經典；另外，爲了適合中國當地教徒與潛在信徒的實際狀況和需求，他們也自行書寫一部分經典，這些經典的名稱在整理之後記載在《尊經》之中。然而按照現今出土的漢語景教文獻來看，許多篇景教文獻是《尊經》中沒記載的（特別是早期的作品），顯然在唐亡之後才寫下《尊經》的作者已然看不到多篇早期的漢語景教文獻──這應該與武宗滅佛有密切關係。

除了景教碑文外，其餘的七、八篇經典的發現，蓋與英、法探險家斯坦因（Aurel Stein）、伯希和（P. Pelliot）有絕大關係。他二人分別於光緒末年（1907～8，1909）先後至敦煌鳴沙山千佛洞搜括藝術品與寫卷，宣統二年（1910）滿清學部大臣才令甘肅總督、轉令敦煌縣知縣將石室殘留寫卷提運北京，其中吏民經手而獲寫卷者不少，因此之故，景教經典分藏各地〔註1〕。

目前可以看到的九篇漢語景教文獻，除了明代發現出土的「大秦景教流行中國碑」的碑文之外，有些是二十世紀初在敦煌石窟發現的，有些可能是今人據敦煌寫本抄錄下來的：《序聽迷詩所經》、《一神論》、《宣元至本經》、《大聖通眞歸法讚》、《志玄安樂經》、《宣元本經》、《三威蒙度讚》、《尊經》。一般而言，八篇文獻或譯或寫於初唐及中唐（除了《尊經》作於唐亡以後），大約出於阿羅本與景淨之手，大致上可分爲經文與頌文兩大部分。根據翁紹軍的說法經、頌文各佔四篇：「景教八篇文典就其體裁而言，恰好四篇爲頌文，四篇爲經文〔註2〕。」四篇經文爲：《序聽迷詩所經》、《一神論》、《宣元至本經》、《志玄安樂經》（事實上少了《宣元本經》），所談論的內容則包括了基督教的神論、人論、宇宙論、倫理學等內容。

《一神論》爲日本富岡氏收藏 1918 年首先由羽田亨博士披露；而另一篇有名的早期景教經典《序聽迷詩所經》爲日本高楠順次郎所收藏，1926 年由羽田亨刊佈；《宣元至本經》、《大聖通眞歸法讚》則爲小島靖所藏，1943 年在天津得著，1949 年由佐博好郎發表；《志玄安樂經》、《宣元本經》則是藏書家李盛鐸所藏；最後《三威蒙度讚》、《尊經》則是法國伯希和博士得之於敦煌的寫本。

〔註 1〕參朱謙之，《中國景教》，1993，（北京：人民出版社），頁 112～129；羅香林，《唐元二代之景教》，（香港：中國學社，1966），頁 31～35。

〔註 2〕翁紹軍，《漢語景教文典詮釋》，（香港：漢語基督教文化研究所出版，1995），頁 21。

　　對於這些經卷的眞僞，學者持不同的意見，榮新江和林悟殊二人合著的〈所謂李氏舊藏敦煌景教文獻二種辨僞〉對於《宣元至本經》、《大聖通眞歸法讚》兩篇經文的眞僞有很豐富的考證﹝註3﹞，值得我們重新思想這兩篇經典的定位問題。我們將在第三章〈小島文書眞僞考〉中詳細討論此一問題。

　　問題是無論經或頌，在語言使用與操作上，令人產生極大的困擾：亦即使用了大量的佛教與道教的術語和專有名詞。固然，在此之前基督教最重要的經典《聖經》尙未有漢文譯本，因此景教經典中充斥佛、道教專有名詞，無法被看作是「取代」基督教的專有名詞，因爲此時漢語中的基督教專有名詞尙未成形，根本談不上取代的問題。然而，這依然是一個很大的困擾——我認爲這是研究唐代漢語景教文獻思想所必須面對的重大課題——亦即其經典的漢語語境化的問題。

　　在本論文中，我的計畫將分爲三個部分：上、中、下三卷。

　　上卷主要解析：一、小島文書眞僞考：我們將先面對景教經文中最被質疑的兩部經典《大聖通眞歸法讚》與《宣元至本經》的眞僞問題，進一步討論道教與漢語語境的關係，比較老子的道與基督的道，另外兼及呂祖與景教的關係。二、唐代景教文獻的神學觀：耙梳這幾篇文獻所論述及的各個神學範疇的內容與觀念，包括三一神論、基督論、聖靈論、救贖論、人論與景教的末世論。

　　中卷則就唐代景教文獻的漢語語境問題進行研究：一、景教文獻的語言與界限：專有名詞的借用與命名——專有名詞成爲引介景教進入中國的最前鋒，然而卻引起極大的困擾；另包括景教經典兩階段論，詮釋的假設，中毒的文本，景教的新語言。二、景教文獻的跨語際行爲——聖經的最初漢譯：漢語的景教經典中對於聖經的翻譯——最早的新約翻譯，到底採取什麼樣的選擇策略與翻譯策略？這樣的策略又代表什麼意義？以及景教聖經漢譯的評估。

　　下卷則針對景教宣教的處境化問題進行處理：一、景教文獻的倫理處境化問題：景教從波斯東來，帶來一個新的宗教，也帶進一套新的倫理規範。這一套倫理規範與中國傳統的倫理觀念，在某些議題上產生了衝突，特別是「神權 vs.君權」與「不拜祖先」這兩個重大問題上。在「神權 vs.君權」的議題上，景教宣教上採取妥協的策略以確保皇帝在政治上的支持；在「不拜祖先」的議題上，從文獻的考察，知道他們堅持信仰的原則，卻意外地未引發激烈的反對聲浪。二、景教文獻的處境化理論：景教的宣教如何跨越語言、文化的難題，唐代景教輸入的宣教

﹝註3﹞詳參榮新江與林悟殊合著的〈所謂李氏舊藏敦煌景教文獻二種辨僞〉，收入榮新江，《鳴沙集》，（台北：新文豐出版社，1999），頁65～102。

策略與處境化的實踐，我們將談及聖像崇拜的神學衝突，真假之辯與唐代讀者的閱讀切入點，以及相當嚴重的倫理學衝突（漢語景教文獻中的基督教倫理問題與中國倫理觀念的碰撞和衝突）。

第二節　景教文獻研究評述

對於唐朝景教文獻全面的思想研究這樣一個研究工作，一本必需的注解參考書是不可少的，截至目前為止翁紹軍的《漢語景教文典詮釋》〔註4〕，可說是最基本的注釋書。此書注解文本之前的一篇導論，對漢語景教文典有一個概括性的全面說明；其注解多為綜合前賢的研究成果，少有創見。

就唐朝景教的文獻的歷史研究，二十世紀早期的 A. C.穆爾、佐伯好郎，中期的馮承鈞、龔天民、羅香林、朱謙之，與最近的榮新江林悟殊，都是相當重要的學者。

A. C.穆爾的 *Christians in china Before the Year 1550*（《公元 1550 年前的中國基督教》）〔註5〕，對於唐朝的景教歷史有一概要的論述，其最重要的貢獻應該就是把景教碑文、《三威蒙度讚》翻譯成英文，且加以注解。另外 A. C.穆爾的英文版 *Nestorians in china*（《中國景教》）〔註6〕，是他在 1940 年在倫敦中國學社（The China Society）所發表的演講，主要是一方面補充其前作《公元 1550 年前的中國基督教》；另一方面是修正他自己與佐伯好郎所犯下的一些錯誤。

佐伯好郎英文版的 *The Nestorian Documents and Relics in China*（《中國景教的文獻與遺物》）〔註7〕，是一本相當全備的著作，對於各個景教經典都能就兼顧歷史考證、語言研究與思想探討三方面，且分別進行英譯的工作，另外也把景教的相關資料羅列考證，對於學者助益頗大。

馮承鈞的《景教碑考》〔註8〕，則從各個觀點與層面，對於景教碑作一全面性的歷史考證研究，不僅援引在他之前的諸位學者的相關文本，並加以按語，可讓讀者對景教碑有一歷史性的認識。

〔註4〕翁紹軍，《漢語景教文典詮釋》，（香港：漢語基督教文化研究所出版，1995 年）。
〔註5〕Moule, A. C.（穆爾），1930, Christians in china Before the Year 1550, New York: MacMillan Co.
〔註6〕Moule, A. C.（穆爾），1940, Nestorians in china, Hertford: Stephen Austin & Sons, Ltd.
〔註7〕Saeki, P. Y.（佐伯好郎）1951, The Nestorian Documents and Relics in China, Tokyo: The Maruzen Co. Ltd.
〔註8〕馮承鈞，《景教碑考》，（台北：臺灣商務，臺一版，1960 年）。

　　龔天民留學東瀛，師事佐伯好郎，於佛學亦有造詣，其《唐朝基督教之研究》〔註9〕，對於唐景教歷史與經典的介紹相當概略，反倒是花了許多力氣針對景教文本與佛教語言的糾纏問題多所著墨。

　　羅香林的《唐元二代之景教》〔註10〕，分序篇與上、下篇，序篇論述唐元二代的景教歷史與遺物問題——這一部分可說沿襲穆爾與佐伯好郎的研究進路，發明不多；而在其上篇中，針對唐朝歷史上的幾個不太明顯的資料，深入追索其中與景教有關的歷史意義——這一部分可說是看見羅香林在唐史上的造詣與考證功力。

　　另外一本不可忽視的著作就是朱謙之的《中國景教》〔註11〕，此書原稿完成於1968年，可看出朱氏的學養，不只詳加說明景教（聶斯多留派）在基督教歷史的沿革，且對其所處的歷史環境，旁及於唐朝其他宗教的比較關係均涉及，讓讀者對景教有一個更加全面的歷史圖像。

　　榮新江是重要的敦煌學專家，他的《鳴沙集》〔註12〕是從敦煌學的觀點，對景教進行深入的考證研究，其中與林悟殊合著的〈所謂李氏舊藏敦煌景教文獻二種辨偽〉與他自著的〈李盛鐸藏敦煌寫卷的真與偽〉兩篇論文，旁徵博引，對於所謂的小島文書有關鍵性的考證。

　　至於目前最新的研究成果，當屬林悟殊的《唐朝景教再研究》〔註13〕，這本剛出版的研究作品，分兩部分：一是傳播篇，主要針對景教寺院的考證與其宣教策略問題　　特別是後者能夠擴大視野，從唐朝三夷教的比較研究入手，讓景教宣教的歷史參考架構更加清楚；二是經文篇，針對所謂敦煌出土的經文進行考證工作。

　　另外陳垣的《明季滇黔佛教考（外宗教史論著八種）上下》〔註14〕，特別是上冊中有關祆教、摩尼教、回教傳入中國的考證，學術紮實，引論清晰，對於景教所處的唐朝宗教環境的理解相當有幫助。另外莫菲特（S.H. Moffett）的《亞洲基督教史》〔註15〕，則對於聶斯多留派（景教）東來的路線與歷史，有非常詳盡

〔註9〕龔天民，《唐朝基督教之研究》，（香港：基督教輔僑出版社，1960年）。
〔註10〕羅香林，《唐元二代之景教》，（香港：中國學社，1966年）。
〔註11〕朱謙之，《中國景教》，（北京：人民出版社，1998年）。
〔註12〕榮新江B，《鳴沙集》，（台北：新文豐出版社，1999年）。
〔註13〕林悟殊B，《唐朝景教再研究》，（北京：中國社會科學出版社，2003年）。
〔註14〕陳垣，《明季滇黔佛教考》（外宗教史論著八種）上下》，（石家庄市：河北教育出版社，2002年）。
〔註15〕莫菲特（S.H. Moffett），《亞洲基督教史》，（香港：基督教文藝出版社社，2000年）。

的描述。

關於期刊方面，旅法學者吳其昱的〈景教三威蒙度讚研究〉〔註16〕，比對了《三威蒙度讚》與其敘利亞原文《天使頌》的翻譯——這是目前可以找到原文的一篇景教經典，對於景教經典的翻譯研究有基礎性的貢獻。

趙璧楚的〈就景教碑及其文獻試探唐代景教本色化〉〔註17〕，對於《序聽迷詩所經》的題目，提出不少創新的看法，可惜的是不明白歷史語言學的重要性，許多音韻的問題離開了唐朝的語境（中古音），失去其論點的有效性。

最後的是黃夏年的〈景經《一神論》之「魂魄」初探〉〔註18〕，從佛教的語言掌握入手，解釋《一神論》中的「魂魄」問題，算是實際進入文本從事注解的研究工作。

至於本論文則希望能夠達到幾個目的：一是實際進入景教諸經典的文本，作一全面性的語言解釋與神學詮釋的工作；二是以第一部分的工作為基礎，對於景教經典的跨語際實踐進行分析，亦即從其翻譯的實際運作，進行釐清其與唐朝的文化與語境之間的錯綜複雜的關係；三是對於景教進入中國所面臨到的處境化問題進行分析，包括倫理與宣教兩方面的處境問題，將之置於唐朝的歷史脈絡中，找出景教宣教的策略與操作原則。

〔註16〕吳其昱，〈景教三威蒙度讚研究〉，《中央研究院史語所集刊》（57本第3份）。

〔註17〕趙璧楚，〈就景教碑及其文獻試探唐代景教本色化〉，1990年，林治平編：《基督教與中國本色化》，（台北：宇宙光出版社，1990年），頁173～93。

〔註18〕黃夏年的，〈景經《一神論》之「魂魄」初探〉，《基督宗教研究》2，（北京：社會科學文獻出版社，2000年10月），頁446～460。

第二章　小島文書眞僞考

前　言

　　在景教文獻中，《大秦景教宣元至本經》與《大秦景教大聖通眞歸法贊》被佐伯好郎稱爲是小島文書〔註1〕，他認爲：「無庸贅言，這些文書末題記的日期、抄錄者的名字與地名，勢必對中國景教教會史的理解大有助益〔註2〕。」自兩件寫本公佈後，無論對這兩篇文獻的解釋或意見如何，除了比較早期的學者朱謙之懷疑其爲僞造之外，幾乎所有的學者都將此二經典視爲景教的珍貴原始資料，當然也都不懷疑其爲僞造，一直到1991年榮新江與林悟殊二人在倫敦大學亞非學院合著了〈所謂李氏舊藏敦煌景教文獻二種辨僞〉之後，《大秦景教宣元至本經》、《大聖通眞歸法贊》才被高度質疑爲僞造，且兩位作者在多處發表〔註3〕，足見二位學者的重視，且文末附語提及多位學者，隱隱然有爲其背書之意，儼然其意見已成爲定見——這對於後來的研究者造成了一個障礙——如果不處理此一問題，似乎就不能進一步研究《大秦景教宣元至本經》、《大聖通眞歸法贊》二經。

〔註1〕佐伯氏在1949年出版的《清朝基督教之研究》首度論及小島文書，後於1951年出版的 The Nestorian Documents and Relics in China 的再版序又說明了一次情況。參佐伯好郎（頁 Y. Saeki）《中國之景教文獻及其遺跡》（The Nestorian Documents and Relics in China），（東京，The Maruzen Co. Ltd.，1951），頁1～3；榮新江，《鳴沙集》，（台北：新文豐出版社，1999），頁66～7。

〔註2〕佐伯好郎，1951，頁2。

〔註3〕彼文最初發表於1992年饒宗頤主編的《九州學刊》第四卷第四期且二人也分別收入其個別專著榮新江將其收於《鳴沙集》，（台北：新文豐出版社，1999），頁66～113；林悟殊則收錄於《唐朝景教再研究》，（北京：中國社會科學出版社，2003），頁156～222。

第一節　小島文書二經的眞僞

唐朝景教經典中，有兩篇命名幾乎相同僅一字之差，即《宣元本經》、《宣元至本經》，這兩篇經典一出於李盛鐸的收藏，即《宣元本經》；另一出於小島靖的收藏，即《宣元至本經》。《宣元至本經》被朱謙之高度質疑爲《老子》62 章的注解，甚至於斷爲僞作，而《宣元本經》甚至更糟：「《宣元思本經》……屬僞作，蓋乃略通景教碑文之書賈僞作以謀利者……蓋《宣元思本經》是景教文書；而《宣元至本經》則爲道教的信徒所作，以注釋《老子道德經》者……此開元五年法徒張駒所傳寫之《宣元至本經》，作爲景教文書看，則屬於僞作，張駒無疑是道教信徒而住於沙洲大秦寺，故有此誤會〔註4〕。」

眞是如此嗎？稍早於朱謙之《中國景教》（原作完成於 1966）的另一本重要著作《唐朝基督教之研究》中（1960），龔天民認爲的卻正好相反：「《宣元本經》中充滿了道家氣味，文章顯得十分玄妙。但《宣元至本經》中不單沒有這些氣氛，且在規規矩矩的講〈約翰福音〉中的道的能力以及聖靈之功，並說明了信道者和不信道者的品行以及信道者的益處〔註5〕。」

更妙的是羅香林居然說（他以爲《宣元本經》乃《宣元至本經》的前半部，原因很簡單，題目漏寫一字）：「此經所述大要與《聖經》新約〈馬太福音〉第五章所述登山寶訓相似〔註6〕。」反觀翁紹軍則持相反的立場：「《宣經》中的『道』也類似道教經書中的『道』〔註7〕。」

同樣的兩篇經文，爲什麼見解竟有如此天壤之別？先談《宣元本經》，朱謙之先是說爲僞作，乃略通景教碑文者的書賈利用碑文所編造，而目的則是謀利，可是後又改口說是景教文書。其中有矛盾：若是編造僞作，就不會是景教文書。反之亦然。另一點則更爲可疑：爲什麼會有略通景教碑文的書商爲了謀利造假？我們不禁要問：利基在哪裡？又是什麼時代的書商的作爲？景教碑被埋之前，或之

〔註 4〕朱謙之謂：「《宣元思本經》是景教文書，而《宣元至本經》則爲道教信徒所作以注釋《老子道德經者》」，此說法仍必須經過《尊經》的驗證。《尊經》記載諸景教經文目錄，第二即爲《宣元至本經》，與朱說牴觸。朱氏未說明爲何《宣元至本經》會變成《宣元思本經》？景教文獻從未有《宣元「思」本經》，此經原名詳稱爲《大秦景教宣元本經》，簡稱爲《宣元本經》，不知以縝密廣博著稱的朱謙之何以犯錯？詳參朱謙之，《中國景教》，（北京：人民出版社，1993），頁 124～127

〔註 5〕龔天民，《唐朝基督教之研究》，（香港：基督教輔僑出版社，1960），頁 43。

〔註 6〕羅香林，《唐元二代之景教》，（香港：中國學社，1966），頁 33。

〔註 7〕翁紹軍，《漢語景教文典詮釋》，（香港：漢語基督教文化研究所出版，1995），頁 31。

後？被埋之前大約很困難，一方面景教經文都還在翻譯或書寫當中；一方面景教未大昌盛，且宣教士尚在，造假取信困難。若是在被埋之後，則連博學多聞的進士李之藻尚且謂「此教未之前聞」，試問即使有略通景教碑文的書商假造一篇經文，又要販售予誰？

　　當然，如果是在 1908 年之後，景教諸經典相繼被發現，多爲海內外孤本，奇貨可居，價值不菲，那麼就有造假的理由了。李盛鐸晚年爲債務之故，大量求售其藏書與敦煌卷子。1935 年當時輔大校長陳垣致胡適的信中就討論此事：「據弟所知，李氏藏有世界僅存之景教《宣元本經》……〔註8〕。」然而當時眾學者均注目此一卷子的流向，陳垣也曾目睹此卷，還抄錄其中十行給日本學者佐伯好郎研究。在這樣的情況下，若要僞造，應該是相當高難度才是。事實上懷疑《宣元本經》爲僞的大約只有朱謙之一人，且其證據薄弱，前後矛盾不具說服力。

◎五大證據的考據

　　敦煌學者榮新江和林悟殊二人在合著的〈所謂李氏舊藏敦煌景教文獻二種辨僞〉〔註9〕懷疑的《宣元至本經》、《大聖通眞歸法贊》二經，從五個方面的證據證其爲僞，相當值得注意。這五大方面的考證在論點上又可分爲兩大類：一是外緣的考證，包括小島文書與李盛鐸舊藏敦煌景教經典有落差，李盛鐸的題記的剖析與其藏書印的考察三方面；二是內緣的考證，包括《宣元至本經》與基督教基本教義牴觸，而《大聖通眞歸法贊》則是擬其他景教經典之作，另外最後一方面則是經末文書題記與史料有出入。事實上榮新江自己也說：「從李盛鐸藏卷的眞僞來看，判別一個寫卷的眞僞，最好能明瞭其來歷和傳承經過，再對紙張、書法、印鑑等外觀加以鑑別；而重要的一點是從內容上加以判斷，用寫卷本身所涉及的歷史、典籍等方面的知識來檢驗它。」〔註10〕所論前半即外緣考證，後半即內緣因素的分析。

　　這五大方面的論證似乎鐵證如山，然而我認爲每一方面都還有可商權的地步與空間。以下逐條詳加說明。

一、外緣問題的考證

　　首先，對於榮、林二人也不認爲是必然的確據，我們先來考察，亦即李氏藏

〔註 8〕《陳垣來往書信集》，上海，1990，頁 177，轉引自榮新江，1999，頁 71。
〔註 9〕參榮新江，1999，頁 65～102；林悟殊，《唐朝景教再研究》，（北京：中國社會科學出版社，2003），頁 156～174。
〔註 10〕榮新江，1999，頁 114～115。

書印的問題。榮、林二人僅表示有人為了盜賣敦煌文書，為增加其價值，有偽造李氏藏書印的現象：「（李氏死後）傳聞李盛鐸的印記都流落在北平的舊書店中，店主凡遇舊本，便鈐上李氏的印鑑，以增高價。」雖然如此，仍無法確知《宣元至本經》、《大聖通眞歸法贊》上所用印鑑是否偽造。另外一個可疑現象為《大秦景教宣元本經》、《志玄安樂經》二經的用印狀況，前者用四個印章，後者三個、再加一個李氏題記下的「李盛鐸印」，而《宣元至本經》、《大聖通眞歸法贊》二經則分別有二與三個印章。像這樣藏書印多寡的現象，我認為頂多只是一個輔助的推論，亦即如果是眞品，李盛鐸當用上更多藏書印以表重視才是；可是《宣元至本經》、《大聖通眞歸法贊》二經用印似稍嫌少，看來不合常理。於是也成為一個證其為偽的輔證。

然而反過來想，果眞《宣元至本經》、《大聖通眞歸法贊》是偽造的，單為謀利，我想用印的意思乃在增加其價值，代表李盛鐸的專業背書。對於一個造假謀利（且必然是暴利）的奸商而言，既然要用印，當然是多到一個規模，既可最有效增加其價格，又不會陷入自曝其不專業之短的危險。所以只用二、三個印顯得太過保守，至少對一個造假謀利者而言，這麼做反而不合理！

榮、林二人的考證我們要處理的第二個問題是《宣元至本經》李氏題記的造假。榮、林二人從五個方面來論證李氏題記為偽：一是違反題記習慣（非寫於原件裱紙上，而是用小紙片書寫，黏於裱紙上）；二是《宣元至本經》有李氏題記，而更完整的《大聖通眞歸法贊》價值更高卻無題記，似不合理；三是字跡拙劣，與李氏親筆不同；四是題記行文彆腳囉嗦，與《志玄安樂經》簡扼洗練的題記比較，顯非出一人之手；五是所用印為藏書章而非私章，此又一不合理。

五個理由中，第二個最為可議。原因是此有彼無，或此無彼有，未有固定脈絡可尋。若說《宣元至本經》有題記，而更完整的《大聖通眞歸法贊》就應該要有題記，顯然太一廂情願；同理可論，《志玄安樂經》有李氏題記，又為何被陳垣宣稱為「世界僅存之景教《宣元本經》」卻無李氏題記？

雖然如此，其他四項論點卻仍舊不足以證明《宣元至本經》的題記為偽。我們來看題記的三行原文：

　　　景教宣元至本經卅行開元年號
　　　此稀眞品乃裱經背者余所發現
　　　至足寶貴也〔註11〕

〔註11〕參榮新江，1999，頁78。

　　我認爲最值得推敲的一點是：爲什麼會以小紙片書寫黏貼於經上如此不慎重其事的方式來處理如此重要的題記？如果要造假，手法何必如此拙劣？造假的目的又是什麼？

　　如果李氏題記是假的，那麼從榮、林二人的文章來猜測，其造假的目的是要人因其題記爲證，相信《宣元至本經》爲眞。可是如果要造假，何以從頭至尾都是破綻，讓人大啓疑竇？如果有人都知道要用題記來增加《宣元至本經》的可信度，顯然此人知道題記的重要性，對題記並非無知之輩。既然如此，爲什麼不依照題記的習慣，直接寫在原件裱紙上即可，還要大費周章，另拿小紙片爲之？

　　其實綜合榮、林二人考證的其他四個理由，或許我們從另一個觀點來重新定位這一段文字，所有問題就可以豁然開朗了。我們再仔細讀這一段文字，其實從頭至尾短短 31 字，根本沒說它是李氏題記，或者我們這麼說，它原先的書寫目的就沒有要當作一般正式的題記被認識，之所以榮、林二人會有這樣的誤解，因爲他們整個考證的基礎都建基於與《志玄安樂經》的正式的李氏題記作比較來發展的，亦即將其視爲有如《志玄安樂經》後附的正式的李氏題記之故。有榮、林二人這樣的定位，宜乎會有諸多疑惑生出。事實上我認爲二者是兩回事，必須區分開來，亦即根本上這是定位的問題。我們來看《志玄安樂經》正式的李氏題記：

　　　　丙辰秋日，于君歸自肅州，以此見詒，盛鐸記〔註12〕。

　　因爲它是李盛鐸正式的題記，所以是他自己親寫于裱紙上，因此文筆洗練、內容簡扼、筆跡大方；既題「盛鐸記」，因此用私章「李盛鐸印」。既是題記，理當如此。

　　然而我們看《宣元至本經》所謂的「題記」，既無署名，又是便條紙黏貼的一段文字，內容意思據榮、林二人的說法：「第一行『景教宣元至本經卅行開元年號』十三字，便純屬廢話，因寫明本書『大秦景教宣元至本經一卷』，而開元年號和行數，讀者輔視寫本即可瞭然。至於第二三行，意思表達得又多疊床架屋〔註13〕。」如果這些文字都寫在裱紙《宣元至本經》文末的話，那就是疊床架屋、多此一舉。但是如果原先它的作用只是一張便條紙，一張作爲《宣元至本經》此一難得經典的初步鑑定，一張只是藏書館裡整理作品的簡略說明——作爲未來再整理的自我提醒之用，那麼只印上「麟嘉館印」而非私章，不亦宜乎？因爲只是作爲提醒用的便條，是故不避內容重疊之嫌，且黏貼上即可（代表它隨時可以也準備被揭去）。

〔註12〕見林悟殊，2003，頁 345《志玄安樂經》卷尾圖版。
〔註13〕榮新江，1999，頁 81。

至於字跡不符，我甚至認爲這根本是李盛鐸口述，然後由旁人助手書寫貼上。這是一段非正式的記錄，以非正式的方式處理相當合適；換句話說，它根本不適合被正式冠上「李氏題記」之名。該便條紙的照片最初刊於羽田亨 1951 年的《〈大秦景教大聖通眞歸法贊〉及〈大秦景教宣元至本經〉殘卷考釋》論文中，佐伯好郎的著作中無論在 1951 年之後或之前，均一無所見。而羽田亨的照片乃 1945 年小島所提供，可是在這之前 1943 年末小島也給了佐伯照片，卻是沒有便條紙的〔註14〕。顯然擁有者小島都已經有點動搖，他自己已然將之揭去，所以才有無便條紙的照片——這就是便條紙的作用，隨時可以揭去、不正式，揭去也無所謂。所以榮、林二人文中說的：「論者卻有李氏題記爲證，使人不由無信」，持此論調的學者顯然高估了一張隨意的便條紙的作用，以致生出諸多不必要的問題。

然而我們再退一步想，即使所謂的李氏題記乃有心人士假造，我們也應該要分辨：**李氏題記爲假，並不代表景教經文《宣元至本經》爲假**，這是兩回事，一定要分清楚。李氏題記爲假此事的意義是：原先爲《宣元至本經》的背書無效，假的題記其背書當然無效，然而其既然是假的，就與原背書的對象無關涉了。不可說所謂的李氏題記爲假，就推論《宣元至本經》爲假，兩者並無必然關係。

對於榮、林二人所提的三方面外緣考證，現只剩第一方面，其主的論證是小島文書的來歷與榮、林二人所認定的李氏舊藏的景教經典不符，故推論小島文書當屬僞造〔註15〕。小島文書的來歷乃由佐伯好郎轉述：「距今六年前，即一九四三年二月及十一月，畏友小島靖君從故李盛鐸氏之遺愛品中發現，由李氏的遺產繼承人相讓得到的〔註16〕。」首先我們先承認一點亦即佐伯好郎、小島靖沒有理由說謊！從佐伯好郎轉述的小島靖的話來看，他說兩文書乃得自「李氏的遺產繼承人」，應該是沒有疑義的，亦即有所謂的「李氏的遺產繼承人」賣出〈大秦景教大聖通眞歸法贊〉及〈大秦景教宣元至本經〉給小島靖，至於其是否爲眞爲「李盛鐸氏之遺愛品」，則又是另一回事。這也正是榮、林二人所要辨明的。

榮、林二人認爲小島靖所得二經典並非李盛鐸氏之遺愛品，主要的論證是李氏晚年因爲經濟因素而有求售珍藏精品之舉，1935 年賣了一批三百六十件敦煌寫本精品（包括《志玄安樂經》）「以八萬日金售諸異國」，同年陳垣致胡適信討論到此一問題，1936 年繼又求售，1937 年二月李氏卒，當時的教育部接手洽商購買，沒多久就因抗日戰爭之故暫停此事。榮、林二人認爲當李氏最需要時手上若有《大

〔註14〕這一段小島靖提供照片的詳情，見榮新江，1999，頁 78～80。
〔註15〕詳見榮新江，1999，頁 66～78。
〔註16〕榮新江，1999，頁 67。

秦景教大聖通眞歸法贊》與《大秦景教宣元至本經》二經，當最可索價，然而卻一直死藏不露，直到死後六年才被小島靖購得，顯然不合理。榮、林二人的文章不僅討論李氏晚年並未持有上述二經，且引述多位學者的意見證明李氏只擁有《志玄安樂經》與《宣元本經》。這些學者包括王國維（1919年致羅振玉書）、抗父（1923年發表《最近二十年間中國舊學之進步》）、羽田亨（1928年見李氏），在在證明李氏向學者專家公開、分享且承認持有的景教經典應該只有《志玄安樂經》與《宣元本經》。

面對這樣周詳的論證，我們可不可能有其他的解釋？我們知道李氏得到大量敦煌寫本的時間是1910年，事實上，他本人並不常將所藏卷子示人。然而據《志玄安樂經》末的李氏題記：「丙辰秋日，于君歸自肅州，以此見詒，盛鐸記」則得到《志玄安樂經》的時間當爲1916年。他手上握有《志玄安樂經》與《宣元本經》的消息，則一直到1923年，亦即他得到《志玄安樂經》寫本之後七年方才披露，林悟殊說：「《志經》寫本原爲著名大藏書家李盛鐸所藏……公開披露，依筆者所見資料，則是始於1923年……至於李氏如何得到該寫卷，則諱而不談〔註17〕。」羅振玉《姚秦寫本僧肇維摩詰經解殘卷校記序》云：「明年，由署甘督毛公遣員某送京師……江西李某與同鄉，某乃先截留於其寓齋……李君者富藏書，故選擇尤精，半以歸其婿，秘不示人〔註18〕。」秘不示人的原因據榮新江推測是「來歷不光彩」〔註19〕，一方面固然是「當甘肅解送入京之敦煌寫卷抵達北京後，先入何鬯威手。李盛鐸是何鬯威岳丈，故得與何氏一起截取佳品」〔註20〕，顯然他們一群親朋好友先行私相授受；另一方面其中當有造假情事，饒宗頤《京都藤井有鄰館藏敦煌殘卷記略》談及李氏一幫是如何做假浮報云：「時官中冊數，報有卷數而無名稱及行款字數，故一卷得分爲二、三，以符報清冊之卷數。故菁英多歸李氏及何氏，李氏之親家劉廷琛與其親友亦分惠不鮮〔註21〕。」因爲先截取了一些精品，卷數上有短少，所以做假浮報，以符合所報清冊之卷數。

榮新江提醒我們李氏取得敦煌寫本過程可能不是如此單純，他認爲松本文三郎《敦煌石室古寫經之研究》書中列舉了敦煌經卷抵京不久之後，日本京都大學派五名教員前往清學部調查一事，後來他們帶回的資料全提供給松本文三郎研

〔註17〕見林悟殊，2003，頁147。
〔註18〕轉引自榮新江，1999，頁104。
〔註19〕見榮新江，1999，頁107。
〔註20〕同註13。
〔註21〕轉引自榮新江，1999，頁105。

究，而他所提示的寫經後來全著錄於後來的《李木齋氏鑑藏敦煌寫本目錄》中，因此榮新江推論「李氏等人實際上是在經卷入學部後才攫取到手的」。

我認爲這只是一種可能的解釋而已。另一種看法則是李氏等人絕不可能等日本學者抵達、待他們調查過後，才開始整理敦煌寫卷，必然是立時投入整理第一手資料，原因是他們垂涎已久，日人所見的資料一定是整理過後的。至於日後松本文三郎公佈的寫經與《李木齋氏鑑藏敦煌寫本目錄》兩份資料會吻合，原因很簡單，李氏對這樣敦煌寶物重複剝削兩次，第一次是建檔前，亦即饒宗頤引述京中故老流傳的，掠奪過之後，以少報多的情形；第二次則是因爲他任職學部，因職務之便，再搜括一遍。

榮新江所謂的「來歷不光彩」，還牽涉到一些司法案件，吳昌綬《松鄰書札》裡有致張祖廉一書信中說：「頃鬯威同年來，謂訪公未值。有言託爲代致，甘肅解經之傅委員淹留已久，其事既無佐證，又係風流罪過，今窮不得歸，日乞鬯威爲道地〔註22〕。」解送敦煌經卷的傅委員名傅寶書，後因有罪被羈押。很明顯地他的案子必然與敦煌經卷的短少有關，原因是一方面何鬯威請任職學部總務司行走的張祖廉爲其說項，何氏出面斡旋想必此事，必與他個人大有干係方有此舉，大約與他和李盛鐸截取掠奪敦煌寶物有關，但他們先前已精心造假浮報（故說既無佐證，也顯示他們的行爲掩飾得很好），後來因短缺太多，東窗事發，卻由傅寶書頂罪；所以另一方面說此事乃「風流罪過」，顯見是一種文化犯罪，我認爲即何李一幫人的截留敦煌寶物的行爲。

如果李盛鐸一幫人真的先行截取掠奪敦煌寶物，且此事又引起學部注意而羈押了傅寶書，我們相信他決不可能留下證據。或許有一種可能第一次截取掠奪的敦煌寶物中即包括了《大秦景教大聖通眞歸法贊》與《大秦景教宣元至本經》二經，而此二經之所以一直未出現在《李木齋氏鑑藏敦煌寫本目錄》中，原因即在此。因爲他在學部浮報造假清冊之卷數時，二經已入私囊中，所以上報之清冊根本無此二經，日本京都大學的學者也自然不會見到此二經。

而榮、林二人認爲李氏手上若真握有《大秦景教大聖通眞歸法贊》與《大秦景教宣元至本經》二經，卻死藏不露，直到死後六年才被小島靖購得，此一不合理狀況又當如何解釋？我認爲此二經在李氏鑑定過後，成爲他的私人秘藏，亦即所謂「秘不示人」的藏本（我們要澄清一點：李氏未展示給其他學者看，未必就

〔註22〕見羅繼祖，《敦煌藏卷劫餘小記》，《中華文史論叢》，1980，第二輯，轉引自榮新江，1999，頁106。

代表他沒擁有）。晚年經濟上有困難時，由於之前一直沒公開承認，甚至連《李木齋氏鑑藏敦煌寫本目錄》也不著錄，所以也難以公開求售，只得私底下尋找買主，然而沒想到李氏在求售償債的過程中很快過世，我相信不僅他自己、連他的家人都未料想到，因爲 1935 年第一批敦煌寫本精品出售，其中包括了《志玄安樂經》，而第二批在 1936 年要出售的敦煌寫本收藏目錄中，並不包括《宣元本經》。顯然李氏認爲他還有時日，可以繼續處理這些藏品，所以並不急於售出《宣元本經》。沒想到翌年二月四日即過世，來不及處理完他五千餘種藏書與收藏。根據大公報，在李氏身故後，民國 26 年 6 月 3 日第十版第三張所登李氏藏書整體求售的消息之後，列出珍貴書目，其中即無敦煌寫卷，爲什麼？《宣元本經》的下落呢？

我們知道《宣元本經》的原版照片在 1958 年出版的《羽田博士史學論文集》中出現（見圖版七），原本是要配合他的論文《〈大秦景教大聖通眞歸法贊〉及〈大秦景教宣元至本經〉殘卷考釋》，卻誤取《宣元本經》的照片，榮新江說：「我們推測這張以前從未刊佈過的照片，必是來自京都大學的羽田亨博士紀念館，據此推測《宣元木經》也像《志玄安樂經》那樣，已流入日本〔註23〕。」

顯然是有人賣到日本，問題是：是誰？目前來看，大約無人得知其銷售管道爲何，但基本上是繞過了公家的正式管道（無論是當時的教育部或之後 1939 年末出面全數收購而後交給北大的僞臨時政府）所進行的一次秘密交易。而誰人最可能是賣方？我想答案就是小島靖透露給佐伯好郎的：李氏的遺產繼承人。出賣的還不只《宣元本經》，因爲尋到了好買主與銷售管道，所以《大秦景教大聖通眞歸法贊》與《大秦景教宣元至本經》二經也應該是以相同模式銷貨，亦即李氏的遺產繼承人複製了李氏的重複剝削手法，對於李氏自己的遺產也進行重複剝削，以分段脫產的方式獲得倍加的收益，一方面與政府交涉的好像是所有藏品，實際上已扣下極品收藏；另一方面，又將這些包括景教經典在內的極品收藏與日本買家進行秘密交易〔註24〕。

以上的解釋雖然複雜卻能解釋榮、林二人對《大秦景教大聖通眞歸法贊》與《大秦景教宣元至本經》所持的外緣考證的懷疑，另一方面也滿足了小島靖沒有說謊的論點前提。

榮、林二人對於《宣元至本經》、《大聖通眞歸法贊》二經的外緣考證，我們

〔註23〕榮新江，1999，頁 76。

〔註24〕林悟殊在《唐代景教再研究》中說：「1938 年到 1940 年間，日本企業家西尾新平在羽田氏的幫助下，購得了李盛鐸舊藏的 432 件敦煌經卷。」參林悟殊，2003，頁 176。

再詳加考察的結果，發現並沒有一個決定性的資料，可以證明二經不是林氏所收藏的敦煌景教寫本。況且對於《宣元至本經》的名字，我也有意見，《尊經》中記載的三十五部經典中，今日可見的（姑不論其真偽）有三部：《志玄安樂經》與林氏所收藏名字完全相同；《宣元至本經》的名字，小島文書為《大秦景教宣元至本經》；《三威讚經》，伯希和所得寫本名為《大秦景教三威蒙度讚》。這中間似乎有一個規則，亦即若是略去「大秦景教」四字（因為《尊經》本是中國景教徒禮拜儀式中使用的位牌〔註25〕，其中記載的當然是景教經典，不必費事在每一經上加上「大秦景教」四字），《尊經》載名的規律，或相同如《志玄安樂經》，或簡稱如《三威讚經》。

　　《尊經》記載諸經之名，這代表的意義是一定先有各經典，《尊經》才有載名之舉。所載經典名字相同，沒問題；若是不同，則《尊經》在後，記載的規則應該是簡稱，而不應該有增字命名的現象才是。因此如果原先有一經名為《宣元至本經》，則《尊經》也記為《宣元至本經》，這很合理。可是如果原先經典的名字是《宣元本經》，但《尊經》載名增一字為《宣元至本經》，就不知其增字所據為何？

　　榮新江與林悟殊二人對此問題都發表過意見〔註26〕，兩人基本上都認為有無「至」字意思雷同，沒有大差別，林悟殊則說了三個理由：一是「可能抄經者脫漏了『至』字」〔註27〕，二是《尊經》多寫了一「至」字，三是有「至」無「至」都可以，均為時人所認同。即使只是這樣一個小問題，榮新江與林悟殊二人提不出直接證據，也只能提出猜測性的解釋。

　　但是對於小島文書《宣元至本經》與《尊經》名全同，卻一意指其為偽作，認為它只是因《尊經》有載此經名、而襲取之的偽作。我們要問：為什麼不能有兩個經典《宣元本經》、《宣元至本經》並存的事實？《尊經》未記載的經典不少，早期的《一神論》與《序聽迷詩所經》皆無，未記《宣元本經》也有可能。會不會有前後相去近六十年、經名相近的二經〔註28〕？

〔註25〕參林悟殊的考證，2003，頁135～137。

〔註26〕見榮新江，1999，頁76，與林悟殊，2003，頁180。

〔註27〕林悟殊在論證《序聽迷詩所經》的經名錯訛時嘆道：「一部宗教寫經，竟然連題目都寫錯，夫復何言？」因此證寫經人當非教中敬虔之人。顯然《宣元本經》沒這方面的問題，若寫經者一開始在題目就漏抄一字，卻執意抄下去，也是可怪的現象。見林悟殊，2003，頁222。

〔註28〕林悟殊認為《宣元本經》當出景淨之手且晚於景教碑文，不會晚於781年，而《宣元至本經》寫於開元五年（717年），詳林悟殊，2003，頁184～5。

接下來我們要來考察內緣的考證因素。榮、林二人對於《宣元至本經》、《大聖通真歸法贊》二經的考證所列出的第四、五項的論證，亦即思想的分析與經末題記的考證，從文本內部著手希望能證其為偽。我個人認為榮、林二人論證最不詳盡處，當屬第四方面，亦即二經的內容思想分析，這一部分我們容後詳加說明，先來討論經末題記的考證。

榮、林二人認為文書具有「開元年號」和「沙州大秦寺」等字樣的題記當是自撰無疑〔註29〕，最重要的證據是《唐會要》49卷所載天寶四年九月的詔文：

> 波斯經教，出自大秦，傳習而來，久行中國。爰初建寺，因以為名，將欲示人，必修其本，其兩京波斯寺，宜改為大秦寺。天下諸府郡者亦準此。

一般而言，學者都如此解讀：天寶四年九月之前，所有的景教教堂都稱波斯寺，之後一致改名大秦寺。但是我們是否可以這麼解讀：原先在長安、洛陽兩京中，有稱為波斯寺的景教教堂，在天寶四年都統一改名為大秦寺，然後其他地區的景教教堂準此例。但是其他地區的景教教堂，究竟原先是否稱為波斯寺，或有其他名稱，仍有可議。

景教的建堂歷史，碑文記載景教於貞觀九年入長安，貞觀十二年「於義寧坊造大秦寺一所」——這是首座教堂；又說：「高宗大帝……於諸州各置景寺……寺滿百城，家殷景福」，後肅宗時「於靈武等五郡重立景寺」。我們知道景淨撰碑文是德宗建中二年（781），他所記貞觀十二年於義寧坊所造的大秦寺一所，應該就是天寶四年九月詔文「爰初建寺，因以為名」所指的波斯寺。但是從貞觀十二年（638）到天寶四年（745），百餘年間、時空廣袤，我相信所建寺不少，其名稱亦不少，應該有波斯寺，有景寺，甚至也有大秦寺——《宣元至本經》文末題記「開元五年十月二十六日，法徒張駒傳寫於沙州大秦寺」可為明證。只是從天寶四年之後，應該所有的景教教堂全部稱為大秦寺——這是唐政府宗教政策上的需要，林悟殊說：「三夷教——景教、祆教、摩尼教，由於同由波斯傳來，教義又有類似之處，因此易為中國人混淆。唐政府出於政策的需要，是極力要加以區分的。」〔註30〕區分這二個宗教的最好辦法，就是使其各自有清楚的專用名稱。我認為天寶四年的下詔的目的，就是要統一景教內部寺名混雜的情形，專以大秦寺稱其教堂，不再讓波斯寺這個可能與祆教、摩尼教產生混淆作用的名稱繼續使用；但是我們

〔註29〕見榮新江，1999，頁92，與林悟殊，2003，頁172。

〔註30〕林悟殊，《波斯拜火教與古代中國》，（台北：新文豐出版社，1995），頁144。

一定要注意天寶四年的下詔，並未就統一了景教的寺名問題，景教碑文書於德宗建中二年，尚且在多處稱其寺為景寺，就是最好明證。

因此，我認為《宣元至本經》文末題記中的開元年代，絕不會是它成為偽作的鐵證，反而是再次印證了天寶四年的下詔的目的。有年代的《宣元至本經》都未必是假的，那麼《大秦景教大聖通真歸法讚》的題記「沙州大秦寺法徒索元定傳寫教讀」，就更沒什麼值得懷疑其為假的了。

況且，我們從伯希和編號 3847 的敦煌卷子，亦即《大秦景教三威蒙度讚》，也可得到《宣元至本經》不是偽造的一個證據。旅法學者吳其昱從希臘文、拉丁文、敘利亞文的《榮歸上帝頌》（ *Gloria in excelsis Deo*，從四世紀以來即流傳至今）與《大秦景教三威蒙度讚》的對照研究中，發現其中有十句當為漢譯者所新加〔註31〕，其中有訛誤字處，可以用《宣元至本經》相近的句子校對。吳其昱說：「漢文第十七行，降筏使免火江漂，『火江』似當作『大江』。此句不見於敘文，但另一敦煌景教寫本《宣元至本經》十九行有『永免大江漂迷』。『火江』與『降筏』不甚合，疑『火』為『大』之誤〔註32〕。」沒錯，如果降了一個木筏在火江上，只會燒燬，大約無法救度眾生，『火』為『大』之誤是沒錯的。然而如果《宣元至本經》是偽造的，難道偽造者會造出一個對於真的敦煌寫本具有校對價值的文本？這就太不可思議了吧。

事實上，如果從「火江、大江」的校對問題來看，《宣元至本經》是不可能抄襲《大秦景教三威蒙度讚》，也不應當是偽造的。於是我們可以在來看它們之間的一個相似處亦即在《大秦景教三威蒙度讚》中援引了《老子》28 章的一個句子「復歸於無極」並改寫成「眾善根本復無極」，這個句子出現此處是為了補充之前一連串對於神的屬性的描述，在敘利亞文的版本中未見這個句子，當是漢語版翻譯者加上去的。類似的句子也出現在《宣元至本經》裡：「善，人之寶；信道，善人，達見真性，『得善根本復無極』，能寶而貴之」。這裡很清楚，《大秦景教三威蒙度讚》的句子是引自《宣元至本經》的。原因很簡單，《宣元至本經》「得善根本復無極」的句子，是從《老子》62 章「善人之寶」句結合 28 章「復歸於無極」所發展出來的，而《大秦景教三威蒙度讚》的「眾善根本復無極」則直接襲用之〔註33〕，

〔註31〕吳其昱，〈景教三威蒙度讚研究〉，《中央研究院史語所集刊》57 本第 3 份，頁 414。
〔註32〕吳其昱，〈景教三威蒙度讚研究〉，頁 415～416。
〔註33〕當然，也可以假設是《宣元至本經》襲取《大秦景教大聖通真歸法讚》的句子，但是那個過程就太複雜、解釋上也太曲折、可能性太低了。當然還有一個可能性就是兩者無關係，但同是景教經典，而景教也就那幾篇經典，所援引的文本又如此相同，

用來說明神乃一切良善的根本。從這一點來看，我依然認爲《宣元至本經》非僞作，且寫成時間就在開元年間。

　　另外《宣元至本經》與《大秦景教三威蒙度讚》之間還有兩個句子類似：《宣元至本經》：「<u>神威無等</u>，不棄愚鄙，恆布大慈，如大聖法王……聖道冥通，<u>光威盡察</u>，救物弘普，縱使群生不善，何有可棄心？」對於「神威無等、光威盡察」這兩個句子，我們可以知道應該是景教自身發展出來的語言，《大秦景教三威蒙度讚》則是將之當作現成的景教語言來譯經，就像：「惟獨神威無等力」是翻譯自敘利亞文的《榮歸上帝頌》第七行的中央句，其實三個並列的「惟獨」句子都是用來描述三位一體上帝的屬性，英譯爲 "Holy alone, mighty alone, immortal alone."〔註34〕「惟獨神威無等力」就是 "mighty alone" 的翻譯，很巧妙地將《宣元至本經》中「神威無等」句子轉化地鑲嵌進去。《大秦景教三威蒙度讚》的另一類似句在敘利亞文版《榮歸上帝頌》中未見，乃漢語版自加的，加句子的地方是敘利亞文第五行末：「常居妙明無畔界，<u>光威盡察有界疆</u>」〔註35〕，原因應該是爲了符合漢語的詩體翻譯形式與其對仗、押韻的要求，加上這麼一句「有界疆」，是爲了和「無畔界」對仗；又因爲此句乃承敘利亞文版第四行而下，是形容三位一體上帝的屬性，所以一位負責任的翻譯者一定會找到形容上帝的屬性最合適的語言，當然如果是景教現成的神學語言，就再合用不過了，於是直接引用《宣元至本經》中對神的描述「神威無等」句子，加上「有界疆」，就恰當地表達出上帝全知全能的屬性。

　　當然，經過以上各方面針對榮、林二人的懷疑的論辯之後，我們還是可以回過頭來看看他二人推測《宣元至本經》與《大秦景教大聖通眞歸法贊》的可能僞造者：「就中國傳統手藝而言，這種贗造僞製不過是雕蟲小技而已，而小島文書的製作者顯然是這一行當中的高手……不過贗製者對於杜撰唐代景教文獻、李氏題記等所需的背景知識，則遠爲不足，故我們不難發現其間之漏洞，根據這些情況判斷，我們認爲小島文書很可能是某一或某些古董商人在李盛鐸去世後僞造出來的〔註36〕。」在另外一篇論文《李盛鐸藏敦煌寫卷的眞與僞》中，榮新江則直指其名，即陳益安，然後結論道：「托李氏名而造的敦煌僞卷，主要是出現在二十年

　　　　若說二者無關，實在沒有說服力。
〔註34〕吳其昱，〈景教三威蒙度贊研究〉，頁418。
〔註35〕吳其昱，〈景教三威蒙度贊研究〉，頁417。
〔註36〕榮新江，1999，頁94。

代末四十年代初……1943 年入手的小島文書，也是一明顯的例子」〔註37〕雷夢辰認爲陳益安的手法，主要是用由敦煌盜出之唐人寫經紙和舊墨及其書仿之，另一方面則是逼眞地模仿藏書名家之印，這兩方面都是外緣的擬眞──榮、林二人已一一提出《宣元至本經》與《大秦景教大聖通眞歸法贊》可能是僞造的疑點，而我們也一一辨明。

可是這些古董商人或陳益安之輩，是否有能力僞造這些經典的最後一個辨識關卡，就在內緣的思想上，是否經得起分析，很容易看出破綻或其眞僞。我們回到榮、林二人對《宣元至本經》與《大秦景教大聖通眞歸法贊》二經在信仰內容上的問題考察。

榮、林二人的論證主要論點有三：一、找出來信仰思想的判準，亦即景教是基督宗教的一支，所以可以用基督宗教神學判斷其眞僞，此處的判準是上帝的屬性；二、《大秦景教大聖通眞歸法贊》違背上帝無形體的信條，與其作品乃模擬《大秦景教三威蒙度讚》和《尊經》寫成；三、《宣元至本經》違反上帝高高在上的屬性，且其爲抄襲、模擬之作。

二、內緣思想的判準

榮、林二人的論點雖然簡單，但這其實會很深入地牽涉到思想內容的分析。我們先來討論第一點，用上帝的屬性作爲判準是可以的，但是上帝的屬性有許多而且複雜，榮、林二人只用兩點作判斷：「上帝爲世界萬物的創造主，上帝主宰世界，上帝無形無體無相」，基本上也沒太大問題。但是如果只用此作判，準顯得太單一，榮、林二人依此判準批評《大秦景教大聖通眞歸法贊》：「違背上帝無形無體無相的信條，竟然用『皎皎玉容如日月』來形容阿羅訶」。事實上雖然上帝是無形無體無相，但是上帝卻曾經以有形有體有相的方式向人類顯現，《聖經》〈創世記〉十八章很有名的一段故事，即亞伯拉罕接待三位訪客，其中一位就是耶和華自己，他們之間還有一段有關降災毀滅所多瑪和蛾摩拉二城的精彩對話。另一個有名的例子是摩西，《聖經》〈出埃及記〉說：「耶和華與摩西面對面說話，好像人與朋友說話一般。」（33：11）而我相信《大秦景教大聖通眞歸法贊》所說的「皎皎玉容如日月」，必然是形容象徵性的描寫，就像《聖經》〈詩篇〉說：「因爲他們

〔註37〕榮新江在《李盛鐸藏敦煌寫卷的眞與僞》中，從周珏良論其藏書家的父親周叔弢的《我父親和書》一文的注中，提及一位敦煌寫本造假專家陳氏；後又援引雷夢辰《天津三大商場書肆記》宏雅堂條，認爲此仁兄即陳益安，詳見榮新江，1999，頁 112～113。

不是靠自己的刀劍得地土，也不是靠自己的膀臂得勝，乃是靠你的右手、你的膀臂和你臉上的亮光，因為你喜悅他們。」（44：3）難道詩人說「你臉上的亮光」，就違反了「上帝無形無體無相」的信條？

另外榮、林二人評經名說：「《大聖通眞歸法贊》乃模擬《尊經》和《三威蒙度讚》寫成，其題目係從《三威蒙度讚》衍化出來，以『大聖』取代『三威』，以『通眞歸法』取代『蒙度』，意思均無人別。」像這樣牽強附會的論點，如果沒有很強而有力的成見，是很難說出的。我想一個基本的學術態度是：我們可以考證其爲僞造的，但是不能因此就隨意判斷、論斷其所有的文本。我認爲榮、林二人說《大聖通眞歸法贊》其題目係從《三威蒙度讚》衍化出來的，太過輕率。首先，二者差別太大，看不出任何衍化的關係，顯然「大聖」和「三威」、「通眞歸法」和「蒙度」之間，絕非他們二人所說的意思無大分別：「大聖」強調神的聖潔，「三威」指的是三位一體的神，「通眞歸法」意思是掌握信仰眞理，「蒙度」意爲蒙救贖，意思其實相去甚遠。

榮、林二人對於《大聖通眞歸法贊》又認爲：「首句『敬禮大聖慈父阿羅訶』則是脫胎於《尊經》的首句『敬禮妙身皇父阿羅訶』；經文末三行的瑜罕難法王及三部經名，更是直接抄《尊經》文句，至於餘下的其他詩句，所表達的意思也多與《三威蒙度讚》相類似〔註38〕。」然而如果我們之間的論證是有效的，《大聖通眞歸法贊》根本不是僞造的，且開元年間就已寫成，那我們反而要說《尊經》的首句是脫胎於《大聖通眞歸法贊》的。至於二者間在經文末三行的瑜罕難法王及三部經名的文本會如此相近，乃因爲《尊經》有特殊功用之故，林悟殊說：「唐代之後，仍有景教寫經產生，這一事實告訴我們：儘管景教在會昌年間已遭到嚴重打擊，但至少還有一部分教徒念念不忘本教的經典。不過，從卷子原件來看，其時抄寫的這些祈禱文，未必曾實用於宗教儀式，因爲從寫本中，我們發現明顯的漏字，如《尊經》第四行和第八行，均漏寫一王字，假如其眞的在儀式中頌讀或歌唱，當不難發現並及時補正……從案語的行文考慮，更大的一種可能性是出於整理本教經典，保存血脈，留存後世的目的〔註39〕。」

而我相信《尊經》的書寫，必然有參考《大聖通眞歸法贊》，原因是《尊經》的書寫目的是出於整理本教經典，保存血脈，爲留存後世，所以反而是《尊經》模仿《大聖通眞歸法贊》的形式，而以整理教內資料的書寫動機予以呈現出來。

〔註38〕榮新江，1999，頁 91～92。
〔註39〕林悟殊，2003，頁 142～143。

這樣的推論有道理嗎？我們來看一個有趣的資料：《尊經》在第四行，漏寫一「王」字，可是《大聖通眞歸法贊》中類似處卻是完整的，亦即《尊經》在第四行的「瑜罕難法」其實是讀不通的，而我認爲《大聖通眞歸法贊》十一與十二行作「敬禮／瑜罕難法王位下」才是正確的（注意：《尊經》的「瑜罕難法」之前並未有「敬禮」二字），《大聖通眞歸法贊》不僅正確寫出「瑜罕難法王」之名，且註明「敬禮」二字非常的重要。這就是使用中的讚文——**一篇會眾熟悉的敬拜讚美的聚會程序單**，所有的儀式順序都在經文中註明出來，如在此之前的「敬禮大聖慈父阿羅訶」，之後的「以次頌」皆是。就因爲它是實際使用的聚會程序單，所以應該是會昌滅法之前的作品，甚至就是其文末題記的開元間作品。

從我們對《大聖通眞歸法贊》的使用定位與其對《尊經》的校對功能來看，我相信絕對超出榮、林二人所推測的可能僞造者（古董商人或陳益安之輩）的想像之外，這是必須進入文本的分析，方才有辦法得知它的眞實功能：這是歷史意義的自我展示，而不是一、二謀利之徒靠其僞造技術就可以製造出來的。

而《尊經》在一開始「敬禮」三位一體眞神之後，接了一句「已上三身同歸一體」，加以說明其最重視的三位一體神論，其實文本的脈絡已斷，因此在「瑜罕難法」之前，應該像《大聖通眞歸法贊》十一行所作的加「敬禮」二字才是。且《尊經》在著錄卅五本經名之前，卻加了「敬禮」二字〔註40〕，更是牛頭不對馬嘴（當然也可以勉強說「敬禮」是一種祭拜追念的心情的表現，將這卅五種經典全部整理列出，以紀念衰微中即將消失的景教——這麼解釋就把本來要尊榮景教的《尊經》視爲「悼文」，更加怪異）；反而應該像《大聖通眞歸法贊》十三行作「以次頌」才是！經典絕對是拿來頌讀實行的，如果用來「敬禮」，又是另一種偶像崇拜了。這更顯示出《尊經》的寫成年代，離景教眞正流行中國的日子已遠〔註41〕，所才有此誤書的發生。

我再次肯定《大聖通眞歸法贊》絕非僞造的景教經典，而是如假包換的景教文獻，且是使用中的一份敬拜讚美的聚會程序單，算是景教興盛時期的作品。

〔註40〕參穆爾（A. C. Moule），"Christians in china Before the Year 1550", MacMillan Co.，1930，頁 52～53 間的圖版七。不知爲何翁紹軍此處三十五本經典之前作「敬著下方諸經」，不知其所據爲何？翁紹軍，《漢語景教文典詮釋》，（香港：漢語基督教文化研究所出版，1995），頁 203。

〔註41〕林悟殊論《尊經》的製作年代說：「唐亡於十世紀初，卷子發現於敦煌藏經洞，而該洞一般認爲是在 11 世紀初封閉的，新近的研究認爲是在 11 世紀末，那麼卷子的製作年代，當在唐亡後到封洞前的這段時間。」參林悟殊，2003，頁 140～141。

第二節　重新定位《宣元至本經》

　　我們必須知道考證文獻是一回事，從基督宗教內部判教又是另一回事。有時雖是眞的敦煌景教經典的寫本，但是其神學可能已離開基督宗教的基本教義，我認爲李盛鐸所藏的兩個經典《大秦景教宣元本經》和《志玄安樂經》就是這樣的典型例子。

　　我們在重新定位《宣元至本經》之前，應該先處理《宣元本經》和《宣元至本經》的問題。《尊經》中只記載了有《宣元至本經》，榮、林二人根據李盛鐸所藏的《大秦景教宣元本經》的考證，認爲《宣元本經》就是《尊經》中所載的《宣元至本經》，而小島文書的《宣元至本經》被判定爲是僞造的經文。然而根據我們一連串的考證，加上《宣元至本經》與《三威蒙度讚》之間的語言共用現象，與《宣元至本經》甚至對《三威蒙度讚》有校訂參考的作用，可知《宣元至本經》絕非僞作。

　　因此，我認爲本來就有兩部以「宣元」命名的景教經典：一是《宣元本經》，一是《宣元至本經》，因爲我們既然從外緣、內緣研究考證都無法判定其爲僞，因此只能先接受二者皆爲景教經典。我要說在「開元」時期《宣元至本經》完成，而到了景淨身任中國教父、區主教兼長老之時寫出了《宣元本經》。至於《尊經》中所載的《宣元至本經》，是開元時期的《宣元至本經》，或景淨寫的《宣元本經》？很難定論。也許是時隔久遠，《尊經》將兩經混淆之故。

　　以下我們更要根據其內容的思想分析，再次判定其爲眞正的景教經典。

　　我們再回到榮、林二人對《宣元至本經》的信仰內容的批判，主要論點仍舊有二：一是違反上帝主宰世界的教義；二是認爲其爲抄襲道家經典之作，只是襲取《尊經》中的經名而已。第二點我們將在後文非常詳細地對比分析，看它是抄襲抑或是創造性的改寫？

　　關於違反上帝主宰世界的教義，榮、林二人說：「《宣元至本經》則稱『法王善用謙柔，故能攝化萬物，普救群生』云云，上帝處於與聖徒平起平坐的位置了，由此，我們可以看出小島文書的作者，實際上對唐代景教教義不甚瞭然〔註42〕。」

　　榮、林二人所引述的經文「法王善用謙柔，故能攝化萬物，普救群生」云云，是《宣元至本經》殘文之後完整文本的開始，其中提及的「法王」應該就是耶穌，亦即《三威蒙度讚》裡的「大師是我等法王」指的是聖子耶穌；也是《宣元本經》裡的「景通法王」，其所在之地爲「大秦國那薩羅城」，可知也指耶穌基督。

〔註42〕榮新江，1999，頁91。

　　《宣元至本經》這句話絕對有《聖經》的根據，耶穌常說他自己溫柔謙卑，〈馬太福音〉說：「我心裏柔和謙卑，你們當負我的軛，學我的樣式」（11：29），《宣元至本經》說「法王善用謙柔」，其實就是〈腓利比書〉所謂的「他本有神的形象，不以自己與神同等爲強奪的；反倒虛己，取了奴僕的形象，成爲人的樣式；既有人的樣子，就自己卑微，存心順服，以至於死，且死在十字架上。」（2：6～8）；而耶穌「能攝化萬物，普救群生」一方面是他「道成肉身」來到人間，另一方面因他爲人類的罪釘死在十字架上，故新約《聖經》〈希伯來書〉說：「就在這末世藉著他兒子曉諭我們；又早已立他爲承受萬有的，也曾藉著他創造諸世界。他是神榮耀所發的光輝，是神本體的眞像，常用他權能的命令托住萬有；他洗淨了人的罪，就坐在高天至大者的右邊。」（1：2～3）《宣元至本經》不僅明白《聖經》的基督論，且能精簡論述，不失其神學立場，故接下來就開始論述〈約翰福音〉裡的「道」如何創造萬物。至於榮、林二人所詮釋的「上帝處於與聖徒平起平坐的位置了」，事實上應該是離題了，所以他們二人的批判「小島文書的作者，實際上對唐代景教教義不甚瞭然」，可以說是完全無效的。

　　這裡我們要先處理一個問題，也就是引用什麼時期、什麼版本的《聖經》經文，作爲景教經典《宣元至本經》的神學論述根據最爲恰當〔註43〕？

　　首先我們知道目前的《聖經》正典（canon），乃是在西方教會在公元 393 年非洲希坡大公會議（Council of Hippo）與公元 397 年迦太基會議（Council of Carthage）之後，確立了完整正典書目〔註44〕，而東方教會——特別是敘利亞教會體系，到六世紀時也承認此書目，自此之後《聖經》就不再有大的變動。因此我們幾乎可以確定，第七世紀之後（東方教派的）景教《聖經》的內容大約與今天

〔註43〕關於審查委員對本文引用新教的《聖經》譯本（中文譯本爲和合本）所持的意見，認爲：「景教係東方教會的分支，作者引用的中文《聖經》卻是新教的譯本，似乎有違常規。審查人建議選用天主教譯本，再加說明，或直接由天主教用的英文或拉丁譯本予以中譯。翻譯是詮釋，新、舊教的譯法差別甚大，作者不能忘了所論乃舊教的分支（異端也是分支），同因此故，本文每用新教神學解釋景教，亦值得商榷，必須詳加說明，謹慎爲之，其次基督信仰既有新舊教之分，審查人建議改用『基督宗教』一詞泛稱 Christianity：畢竟『基督教』今天的學界多指『新教』，舊教用的是『天主教』。」

〔註44〕希坡大公會議（Council of Hippo）承認了新約有 27 卷書，迦太基會議確定只有舊約 39 與新約 27 正典書卷，可以在教會中誦讀。其中只有羅馬天主教會承認次經（Apocrypha）爲半正典（Semicanonical），所以加上 66 卷正典，共有 80 卷，不過一般而言，正典只有 66 卷。參《慕迪神學手冊》，殷保羅著，姚錦棪譯，（香港：福音證主協會出版，199），頁 162～41。

沒有太大的差異〔註45〕。

至於我們要採用什麼樣版本的中文《聖經》做為我們所研究的景教文本的參照文本，究竟是天主教的思高本（由香港思高《聖經》協會於1968翻譯）《聖經》？抑或是翻譯出版於1919年的基督教和合本《聖經》？

我們可以從兩方面來瞭解這個問題，一是敘利亞一直有屬於自己體系的《聖經》譯本〔註46〕，我們也知道希臘文新約《聖經》的最早翻譯本就是敘利亞文的版本〔註47〕。而聶斯多留教派在東傳基督信仰的過程當中也和西方羅馬天主教會以拉丁文作為主要宗教知識語言的作法不同，我們從漢語景教經典《三威蒙度讚》直接從敘利亞文翻譯過來〔註48〕，以及東突厥斯坦（新疆）出土的粟特文書，證明了該地的粟特人曾積極地將敘利亞文基督宗教經典翻譯成自己的語言〔註49〕，還有在「景教碑文」上所留下的的敘利亞文宣教士名字，在在都顯示聶斯多留教派的宣教語言策略：使用敘利亞文的基督宗教經典傳教到當地，再盡量翻譯為當地語言。這樣的作法使得聶斯多留教派與羅馬天主教會區隔開來

而另一方面，最重要的是宗教歷史與神學爭論的問題，使得聶斯多留教派與拉丁教派的之間產生無法挽回的決裂，其中最重大且嚴重的分歧，也就是「神之母」（Theotokos）的問題，導致兩派在431年召開的以弗所會議決裂，聶斯多留被扁為異端。（至於聶斯多留是否為異端，那又是另外一個層面極其複雜的問題，非本文所要討論的。）從這個角度來看聶斯多留教派竭力保有敘利亞文的傳承，其實不是沒有理由的。

經由以上的討論，回過頭來再來看，在唐代漢語景教經典的研究裡，究竟要採用哪一個時期、哪一個版本的《聖經》作為對照研究之用，我認為：

〔註45〕參照陶理，《基督教兩千史》，（香港：海天書樓，1997），頁109。

〔註46〕如果粗略地用語言來區分，西方以羅馬天主教會為主的體系是用拉丁文，而東方教會，一方面是東正教會採用希臘文，另一方面是以安提阿教派為源頭，包括後來的聶斯多留教派（向東方國家波斯、印度、中國傳教），則使用敘利亞文的經典為主。

〔註47〕新約最早期的譯本幾乎都是敘利亞文（Syriac）譯本，包括四福音合參（Tatian's，公元170年）舊敘利亞本（Old Syriac，公元200年）別西大譯本（Peshitta，第五世紀），及巴勒斯坦敘利亞譯本（Palestinian Syriac，第五世紀）；而影響西方教會甚鉅的拉丁文武大加本（Vulgate），則是在約公元400年，由耶柔米所譯出。參殷保羅著，姚錦棪譯，《慕迪神學手冊》，頁166。

〔註48〕吳其昱，〈景教三威蒙度讚研究〉，《中研院史語所集刊》57本第3份，頁411～438，台灣中央研究院出版。

〔註49〕參照克里木凱特（H. Klimkeit）著，林悟殊譯，《達·伽馬以前中亞和東亞的基督教》，（台北：淑馨出版社，1995），頁14。

　　一、無論新教或舊教，無論東方或西方教會，都要使用《聖經》，以漢語景教文獻引用的《聖經》經文多爲新約來看，我們最好可以用目前最受認可的權威希臘文版本，亦即聯合《聖經》公會（United Bible Society）出版的第四修訂版希臘文新約《聖經》The Greek New Testament（Forth Revised Edition）。如果以中、英譯本來看，都是譯自希臘文新約第三版（現代中文譯本，與 K.J.V.、R.S.V.、N.I.V. 均是），而我們所使用的中文和合版《聖經》，則是根據英文修訂版《聖經》（English Revised Version）〔註50〕，此版本也是針對 K.J.V.的現代修訂本，翻譯來源與前述各版本大同小異，而採用和合本最重要的原因是此版本自 1919 年問世以來，在華人信徒世界中，具有權威性地位〔註51〕。

　　二、我不採用思高本天主教《聖經》譯本，最主要的原因就是「基督宗教」發展初期，聶斯多留教派與西方羅馬教派之間的重大神學抵觸，以此之故，實不宜採其譯本。

　　接下來我們要來處理的問題，其實也是最爲學者詬病的，亦即《宣元至本經》被指爲抄襲、模擬道家經文的部分。

一、《宣元至本經》vs.《老子六十二章》

　　朱謙之對於《宣元至本經》的詮釋相當有創意與洞見，他認爲殘存的經文：「爲道教的信徒所作，以注釋《老子道德經》者，案老子六十二章云……〔註52〕」事實上，根據其排比對照，朱的說法相當可信，但是又不全然可信。然而這個現象羽田亨是最早指出的，他認爲《宣元至本經》：「酷似《老子道德經》，有些句子直接抄自該經第六十二章〔註53〕。」

　　可信的是：《宣元至本經》的「部分經文」確實可與部分《老子六十二章》對照併觀，看起來似乎就是後者的注釋了。然而我要特別強調的是：兩方面都是**部分經文**，這一點很容易被忽略，因爲兩邊的部分經文看似若合符節，很容易以爲

〔註50〕參照海恩波（Marshall Broomhall），《道在神州》（The Bible in China），（香港國際《聖經》協會，2000），頁 119 譯註4。

〔註51〕參照莊柔玉，《基督教聖經中文譯本權威現象研究》，2000，香港國際《聖經》協會。

〔註52〕朱謙之，1993，頁 127。

〔註53〕出自《羽田博士史學論文集》下卷，京都，1958，轉引自榮新江，1999，頁 101 注 44。很有意思的是有一個相對的現象，亦即羅香林在《唐元二代之景教》中也提及在道教經典《呂祖全書》裡的〈救劫正道經咒〉裡「靈章」的咒語，翻譯過來正是敘利亞文對音的「景教讚美詩」，或許可以視爲是景教托身道教的一個遺跡。參照羅香林，《唐元二代之景教》，（香港：香港中國學社，1966），頁 136～141。

有全部對應的關係──事實上不是。《宣元至本經》其他剩下來的經文與《老子六十二章》沒有關係，此部分經文居殘篇斷簡的前部，以及散佈中間與後段，相當不連貫，故易遭致朱氏的忽略──但卻是此問題的關鍵。

另一方面，《老子六十二章》的中段也無注文與之對應，文如下：「故立天子、置三公。雖有拱璧，以先駟馬，不如坐進此道〔註54〕。」像這樣一段，朱氏又全然不提，顯然有盲點。為什麼《宣元至本經》中沒有經文與之呼應？原因很簡單，因為《宣元至本經》高舉法王，談的更多的是神與人的關係，對於老子一向關切的政治制度與智慧，不予置喙也就理所當然。

然而，我再將《宣元至本經》前段殘文列出：「□□不滅除，若受□□魔鬼道，無仇闕□□王。法王善用謙柔，故能善化萬物，普救群生，降服魔鬼〔註55〕。」如果我們先肯定它是景教文獻，所談的大致就是：法王耶穌基督柔和謙卑，完成上帝救贖計劃──普救群生，善化萬物，勝過撒旦魔鬼。既然宣講了神的大能作為，再者就要看人的信心配合，所以在《宣元至本經》中段出現了《老子》經文中不可能有的經義：「夫信道可以驅除一切魔鬼，長生富貴，永免大江漂迷〔註56〕。」像這樣的信仰內容在《聖經》福音書中屢見不鮮，如：「耶穌叫了十二門徒來，給他們權柄，能趕逐污鬼…」（〈馬太福音〉10：1）又說：「我又賜給他們永生，他們永不滅亡。」（〈約翰福音〉10：28）《老子》的道確實與撒旦魔鬼搭不上關係。

即使是如朱謙之所說《宣元至本經》注解老子經文的部分，也大有可議，朱文說：「『所以貴此道者何耶？』至『有此神力不可思議，故為天下人間所尊也。』均與老子原文一致〔註57〕。」我們列出《宣元至本經》的對應文：「所以貴此道者何耶？只為不經一日，求之則得。此言悟者目擊道，有迷（者）於黑（累）劫不復也。假使原始以來，生死罪譴，一得還原，可以頓免，有此神力不可思議，故為天下人間所尊也〔註58〕。」而這段的老子的原文是：「古之所以貴此道者何？不曰：求以得，有罪以免邪？故為天下貴〔註59〕。」平心而論，《宣元至本經》的「注文」多了太多東西了。如果這真是《老子》的注解，我要說借題發揮太過了。什麼是注解？我們來看看陳鼓應的今譯：「古時候重視道的原因是什麼呢？豈不是說

〔註54〕陳鼓應，《老子今註今譯》，（臺灣商務印書館，1991），頁201。
〔註55〕翁紹軍，1995，頁156。
〔註56〕翁紹軍，1995，頁159。
〔註57〕朱謙之，1993，頁127。
〔註58〕翁紹軍，1995，頁159。
〔註59〕陳鼓應，1991，頁201。

有求的就可以得到，有罪的就可以免除嗎？所以被天下人所貴重〔註60〕。」這是貼近原文的現代譯本。

兩相比較之下，《宣元至本經》多了些什麼東西？一、這一整段都是跟著上文「信道可以……」發揮的，所以一個信仰「道」的心是這段文字的前提；二、談「求之則得」的時候，特別加一句「不經一日」，強調效驗迅速；三、談罪的地方，《老子》只說有罪可以免，但這裡《宣元至本經》點出景教（基督教）的一個基本教義：原罪──「原始以來，生死罪譴」──原罪如何可得贖？答案必須是兩方俱備，一是神的恩典與作為：「一得還原，可以頓免，有此**神力**不可思議」，二是人的信心，只要願意相信，生命中的原罪與一切罪孽都得赦免。此即新約《聖經》中所謂的「因信稱義」，使徒保羅說：「神的義，因信耶穌基督加給一切相信的人，並沒有分別。因為世人都犯了罪，虧缺了神的榮耀，如今卻蒙神的恩典，因基督耶穌的救贖就白白地稱義〔註61〕。」

深入分析《宣元至本經》與《老子六十二章》之間錯綜複雜的糾纏關係之後，我們不免要問一個問題：如何定位《宣元至本經》？它是景教的神學作品，還是注解《老子》的道教文字？在回答這個問題之前，我們先檢討朱謙之的論證。他說：「此開元五年法徒張駒所傳寫之《宣元至本經》作為景教文書看，則屬於偽作，張駒無疑是道教信徒而住於沙州大秦寺，故有此誤會〔註62〕。」我們仔細推敲朱文的推論發現：一、景教文書《宣元至本經》是偽作；二、之所以會成為偽作，原因是張駒住在大秦寺，且他又是道教徒，故引起誤會。

首先，我們要澄清一個概念：朱謙之討論的是唐朝當代的偽造行為，亦即朱謙之承認《宣元至本經》是唐代的作品，只是非出於景教人士之手。這與榮、林二位學者所考證懷疑的方向是不同的。其次我們知道，偽作是有主動性的，且隱含一個動機（──為達到某個目的），於是我們要問自稱為景教法徒的張駒，為什麼要偽造這麼一篇景教經典？無論什麼猜測，其實對這個問題是沒有確切的證據與答案的，我們就應該採取保留態度，不宜遽下論斷；另一方面！我們不得不說偽作是偽作，而誤會是誤會，兩者是不相關的──誤會代表張駒寫了一篇道教經文，卻被他人誤解為景教經典，他是被動的，與主動偽作有天壤之別。

而且顯然朱謙之的結論太一廂情願了。如果《宣元至本經》是《老子六十二章》的注解，為什麼中間一段不注解？（當然，有人會說：注解本來是就需注處

〔註60〕同上，頁203。
〔註61〕新約〈羅馬書〉3：22～24。
〔註62〕朱謙之，1993，頁127。

注之，不需注者則略過。我們就要問：為什麼那一段文字不需注解？或者更進一步問：《宣元至本經》是《老子》的注解嗎？）又爲什麼《宣元至本經》中有好幾段文字與《老子》沒有任何關係？（《宣元至本經》是否爲《老子》的注解，此爲關鍵。）這些都必須解釋與說明的。而且《宣元至本經》末了的「大秦景教宣元至本經、沙州大秦寺」，這些景教識別記號如沒對照版本可證明其爲後人所加，我們還是應該先將之視爲景教文獻，才是比較謹慎的學術作風。

如果《宣元至本經》不是老子的注解，那麼我們該怎麼樣來定位它？如何解釋它與老子經文的密切關係？答案可能是由一位通曉道家思想（甚至原先是道教信徒）而改信景教的人士執筆。所以他不是寫出《宣元至本經》來注解《老子》，而是利用、改造《老子六十二章》以及其他道教語言來傳遞書寫景教神學。

經文內容的分析，除了我們先前所說「上帝創造宇宙萬物」、「基督救贖計畫」、「勝過魔鬼撒旦」、「因信稱義」、「罪得赦免」之外，「道的內容」、「神的慈愛」以及「分別爲聖」也是《宣元至本經》的重要主題。其中罪得赦免、因信稱義與分別爲聖三者，亦即《新約聖經》所說：「但如今你們奉主耶穌基督的名，並藉著我們神的靈，已經洗淨、成聖、稱義了。」（〈哥林多前書〉6：11）

我們討論「道」的內容與意義之前，先回到經文本身。

> 妙道能包容萬物之奧。道者，虛通之妙理，群生之正性。奧，深密
> 也，亦丙（百）靈之府也。妙道生成萬物，囊括百靈，大無不包，故爲
> （萬）物靈府也〔註63〕。

這一段文字的標點，雖然歷來沒有學者提出疑問，但似乎會產生兩個版本，四位重要的學者——龔天民與朱謙之、羅香林與翁紹軍——有二種標法，其中龔與朱同，翁與羅同，而朱、翁二人有就文本進行分析，另二位則僅列出經文作爲研究者的參考。這段引文的標點是我的版本，與上述四位皆略有差異，而與羅、翁的標點爲接近。

兩個版本差異的地方在：一、「奧深密也」或「奧，深密也」；二、「妙道生成萬物囊括，百靈大無不包，故爲物靈府也。」或「妙道生成萬物，囊括百靈，大無不包，故爲（萬）物靈府也。」前半皆爲龔、朱版，後半爲羅、翁版。以這兩處經文而言，我贊同羅、翁版，原因在於朱謙之的分析，亦即找出來這段經文使用的語言源頭——《老子六十二章》。我根據同樣的理由認爲「妙道能包容萬物之奧道者」此句，不應從四位學者一致的標點斷爲一句，而是應該斷至「萬物之奧」

〔註63〕翁紹軍，1995，頁156。

為止，「道者」二字乃下一句的開端。

其實這一段經文完全是用《老子》經文「道者，萬物之奧」為基礎，以景教神學的觀點詮釋改造而成。通觀《宣元至本經》全文，我們發現作者喜歡將《老子六十二章》原文單字注解後加以運用，如「奧，深密也」、「保，守持也」、「奚，何也」。（《老子》原文作「何棄之有？」，而《宣元至本經》作「奚棄之有？」顯然作者所見的《老子》版本為「奚棄之有？」故不厭其煩加以注解。）另一特點是《宣元至本經》作者會一句一句引用《老子六十二章》原文，如「善人之寶」、「不信善之徒，所不可保」、「夫美言可以市人，尊行可以加人」、「人之不善，奚棄之有」、「所以貴此道者何耶」等等皆是。從這兩個特徵來看，我主張從羅、翁標點「奧，深密也」而另一方面「妙道能包容萬物之奧道者」此句應斷為「妙道能包容萬物之奧，道者，（虛通之妙理，群生之正性）」：「萬物之奧」是老子原文的引用，而「道者」以下則是景教神學的發揮——此方為《宣元至本經》的真正目的。

至於「妙道生成萬物，囊括百靈，大無不包」一句，我之所以採羅、翁斷句，原因很簡單，因為龔、朱的讀法難解不通，而羅、翁句讀則順理且成章——這其實是句讀的基本原則罷了。另一方面，可能是更重要的原因：如此斷句符合景教（基督宗教）神學。於是我們回到本章一開始的問題：四位重要學者對《宣元至本經》中「道」的意見都不一樣，如何解決？

事實上我們已經解決了朱謙之的「偽作說」的困境，而翁紹軍所說：「《宣元至本經》中的『道』也類似道教經書中的『道』。」此意見與朱氏說法有異曲同工但又略有差異：相同點在於他們一致認為《宣元至本經》中的道與景教無關，而是宣揚道教的道論；不同點是翁紹軍未曾正面同意「偽作說」，而另關「附庸說」。他論道：「不必因《宣元至本經》中的『道』屬道家的範疇，就得出《宣元至本經》出自道教徒的結論。《宣元至本經》還是景教徒所作，只是其作者已丟了阿羅本『原典化神學』宗旨，改而選擇充當中國本土宗教附庸為傳述取向〔註64〕。」

翁紹軍認為《宣元至本經》為本土宗教的附庸唯一的理由是：此「道」非福音書中所謂的「道（成肉身）」；而對於我們上述的景教神學觀則一概不提（創造、救贖、降服撒旦、因信稱義、分別為聖、神的慈愛等等），在注解中也未予以如實正解與呈現，顯然有為自我觀點過度辯護之嫌。學者羅香林也說：「此經所述大要

〔註64〕翁紹軍，1995，頁32。

與《聖經新約》〈馬太福音〉第五章所述登山寶訓相似〔註65〕。」雖未條列二者的對應關係，但是至少他認爲《宣元至本經》透露出類似耶穌基督登山寶訓的教導。很明顯地，我們可以肯定《宣元至本經》不是沒有景教或基督宗教的色彩與神學。爲什麼翁氏不提？

這裡我們還要一起來看龔天民的意見，因爲他就認爲《宣元至本經》是：「不單沒有這些（道教）氣氛，且在規規矩矩的講《約翰福音》中的道的能力以及聖靈之功〔註66〕。」而這段論述同樣也被翁氏引用作爲學者誤解《宣元至本經》的反證——很明顯翁的說法多多少少是針對龔而發。我們仔細地來看翁氏的論證：「聖經福音的『道』，其實質是代上帝的言語和旨意；道家的『道』，其實質是代表萬物的始元和根本。在希臘哲學裡，斯多亞派曾把邏各斯看成是宇宙中能動的力量，並以此去解釋宇宙萬物的多樣性；而到斐洛那裡，則開始把邏各斯解釋成神的觀念，以後的神學家都把邏各斯跟神相連繫……基督教……福音認耶穌基督爲上帝的言語與旨意（道）所成的肉身，從而實現了由舊約向新約的轉變〔註67〕。」他認爲《宣元至本經》完全未體現福音書中的道，且說：「《宣元至本經》以『虛通之妙理，群生之正性』來規定道。道的功能是『生成萬物，囊括百靈』，修道的實質是『復無極』，內眞而無心，外眞而無事。這種說法無異老莊的口吻〔註68〕。」

首先我們要問：《宣元至本經》的道完全未體現福音中的道嗎？兩者完全無關嗎？我們來看〈約翰福音〉書中「道」的重要經文：

> 太初有道，道與神同在，道就是神。這道太初與神同在，萬物是藉
> 著他造的。凡被造的，沒有一樣不是藉著他造的。（〈約翰福音〉1：1～3
> 和合本）

我們來看學者如何解釋萬物的創造之功：「約翰隨即宣告道有創造的大能。希臘原文中特別強調道的力量，重申沒有道便沒有力量，從創造工作中可讓讀者體會了道與神之間的親密關係。新約聖經一再重複基督參與創造這個主題……約翰繼續強調由於道參與創造之功，生命也就理所當然的在他裡面，這也是本福音書的基本命題〔註69〕。」這與《宣元至本經》所說的是一致的：「妙道生成萬物，囊括百靈，大無不包，故爲萬物靈府也。」

〔註65〕羅香林，1966，頁33。
〔註66〕龔天民，1960，頁43。
〔註67〕翁紹軍，1995，頁30。
〔註68〕同上註。
〔註69〕鄧兆伯，《證主21世紀聖經新釋》，（香港：福音證主協會，1999），頁1085。

二、道成了肉身——基督論的道

沒錯，妙道創生萬物，所有生命都在神的掌握之中。《新約聖經》中〈約翰福音〉提出「道」的目的，不在建立一個形上的宇宙論——如老子一樣，而是爲了「基督論」，所以接著他說：「道成了肉身，住在我們中間，充充滿滿有恩典，有眞理。我們也見過他的榮光，正是父獨生子的榮光。」（〈約翰福音〉1：14 和合本）

從〈約翰福音〉的說法來看，這道在存有上是具有優先性的（pre-existence），且具有神性（diety）與永恆性（eternity），而且正如翁紹軍分析的，道原指神的話語與旨意，它與神同在，且就是神，創造宇宙萬物，卻取了人的形象——道成肉身（incarnation），一下子把道從神的層次拉到人間與歷史的層次：神聖的道（神的話）成了人子耶穌。

那麼，《宣元至本經》中的道與耶穌基督有關嗎？我們可以說它是殘卷，有尾無頭，也許《宣元至本經》中眞的有說明與論述，只是消失了，成爲歷史的它者：一個永恆的缺席者——只能期待另一次的考古發現，使它可以奇蹟復活〔註 70〕。然而狀況也未必如此悲觀，就在「妙道能包容萬物之奧……」這一段前面緊接的經文是「法王……攝化萬物，普救群生，降服魔鬼」，後面緊接著的經文又是談信徒信心的效驗與信仰的態度，所謂：「信道善人」、「不信善之徒」（即後文所謂的人之不善——不信的態度導致人的不善）。人信仰的對象，雖說是生成萬物的「妙道」，然而更是那位攝化萬物、普救群生、降服魔鬼的法王耶穌；所以後文又說「有此神力，不可思議，故爲天下人間所尊也〔註 71〕。」

道與法王耶穌有極密的關係：一、妙道包容萬物之奧、生成萬物、囊括百靈、大無不包、爲萬物靈府／法王攝化萬物；二、道者群生之正性／法王普救群生；

〔註70〕筆者認爲，如果沒有所謂的「更新之『文獻發現』」，根本不應該質疑此二經爲僞造（亦即此一要求應該是針對考證的質疑者的一方提出才是），亦即質疑者應該是舉證者，而「舉證」如果不是看到新的、確實的敦煌出土證據，且是具有「對照效驗」的證據，很難就下一個「僞造」文獻的判斷。（有時具有對照效驗的證據，即使出土，都很難遽下論斷，說「現有文獻」爲僞造——或許只是另一個版本的呈現？）這其實牽涉到一個方法論的問題，亦即考證的質疑是站立在一個假設上：我們觀察所謂的「眞品」，歸納其性質，將之作爲判準，然後用這些判準對所謂的「質疑中」的文獻進行考證，但是我們知道所有的歸納都有其極限，只要是新的出土資料發現，就很可能帶進新的判準，使得原有的判準必須從新調整——也就是沒有所謂的「普遍性」的適用判準；而且如果新的、確實的、且相對應的敦煌證據出土，實在說來，也不再需要此一考證學術工作（頂多是一個比較的研究），在這樣的辯證過程中，似乎讓我們看到考證學的一個極限與邊界——這又是另一個範疇的問題，此不贅述。

〔註71〕翁紹軍，1995，頁 159。

最有意思的是三、法王降服魔鬼／（後文有謂）：信道可以驅除一切魔鬼。

　　以下加以說明：一、道固然創造生成萬物，包容囊括一切，宛如萬物的靈魂之家（靈府）；但是眞正能夠管理化育的必須是一位落實人間的「法王」，他掌管一切──耶穌基督──彷彿萬物之王、靈府之主。二、道是生命存在的終極本質與眞理根據，而法王耶穌基督則執行上帝的救贖計畫，以神的眞理拯救人類於罪惡與迷失之中。三、法王已然勝過、降服魔鬼，而在論（妙）道之處並未談及到與魔鬼有任何關係。可是在下文卻明白說「信道可以驅除一切魔鬼」，更讓我們相信：此處的「信道」與法王是不可能分開看待的，信道其實就是信仰已然勝過魔鬼的耶穌基督。雖經過層層分析，但我們還是只能說：道與法王有極密切的關係，但是還不足以得到「道成肉身」如此直接明白的命題。

三、景教信心之書

　　有了以上的分析，我們再回到翁紹軍的論點──他認爲《宣元至本經》完全本體現福音書中的道，且說：「《宣元至本經》以『虛通之妙理，群生之正性』來規定道。道的功能是『生成萬物，囊括百靈』，修道的實質是『復無極』，內眞而無心，外眞而無事。這種說法無異老莊的口吻〔註72〕。」經過〈約翰福音〉與《宣元至本經》的比照與內在分析之後，我們相信二者所謂的「道」確有相似相符之處；且無論是「復無極」或「內眞、外眞」，都牽涉到一點非常重要的觀念──其他學者似乎都未察──即「**信道／復無極**」、「**依信之方，妙契以源，不失眞照妙理／內眞雖照而無心，外眞雖涉而無事**」──所謂的「信仰的心」，這種態度對一個老莊道家中人是不可思議的。「信道善人」的意思是相信上帝道的人就是善人，這與《新約聖經》使徒保羅在〈羅馬書〉中強調的「因信稱義」是一樣意思。

　　一般而言，宗教改革與馬丁路德有極重要的關係，阿特金森（C.James Atkinson）說：「『宗教改革』肇始於1517年萬靈節前夕，也就是十月三十一日那天。德國新成立的威丁堡大學聖經科教授馬丁路德（Martin Luther）宣布他反對贖罪卷，把他的論點寫成九十五條（ninety-five theses）……消息不逕而走，像野火般燃遍整個歐洲〔註73〕。」而「稱義」的問題成爲改革運動的核心議題之一，麥葛福說：「大約一直到1500年爲止，『稱義』一詞普遍被解釋爲『使成爲義』（to be made righteous）。這個解釋源自奧古斯丁的著作，視稱義爲一事件及一過程。然而宗教

〔註72〕同上，頁30。
〔註73〕陶理博士編，《基督教二千年史》，（香港：海天書樓，1997），頁366。

改革卻純粹按法律用語來解釋『稱義』一詞，亦即稱義純粹是一事件：罪人在神的面前被宣告爲義〔註74〕。」

馬丁路德在 1520 年的一篇文章〈基督徒的自由〉中說：「基督是神、也是人，祂從未犯罪，祂的聖潔是不可征服的，是永恆及大能的，藉著結婚戒指（braudtring），亦即信心，祂將信徒的罪變成祂自己的罪……藉此盟誓，亦即信心，使人脫離罪惡，變成單身自由人（leding und frei）〔註75〕。」馬丁路德的接班人墨蘭頓（P. Melanchthon）在他的《教義要點》一書中說：「我們得以稱義，純粹是神慈愛的作爲，絕非因爲我們自己的行爲有任何好處……稱義被歸於信心，亦即被歸於神的慈愛，與人的努力、行爲、功德無關〔註76〕。」

十六世紀宗教改革對「因信稱義」與「信心」的大量論述，讓我們對於《宣元至本經》有了新的評價與認識。《宣元至本經》說「信道善人」，《聖經》說「因信稱義」，而且《宣元至本經》把「信道善人」與「神的慈愛」結合，這一點與將近九百年後的德國神學家墨蘭頓所論不謀而合。《宣元至本經》說：「神威無等，不棄愚鄙，恒佈大慈，如大聖法王……縱使群生不善，何有可棄心？」整體的來看，《宣元至本經》只要論及人的部分，就必強調一個「相信的心」，我們甚至於可以宣稱：**《宣元至本經》乃景教的信心之書**不爲過。

這一點非常可注意！反觀在《老子》八十一章經文中，人針對道的態度從不用「信」這個動詞〔註77〕。亦即道家的「道」從未是一個信仰的對象，而是體現的對象；然而大秦景教《宣元至本經》中的「道」，卻是一個信仰的對象。我們相信這中間隱含著一個命題：「信道」就是「信法王」（耶穌基督），所以才說「信道可以驅逐一切魔鬼」——因爲法王已降服魔鬼之故。我相信經過如此詳細的論述，對於翁紹軍所謂的附庸說：《宣元至本經》於「道的定義、道的功能、修道的實質，再再都是老莊的口吻」這樣的反對理由，我們是無法同意的。

討論至此，又回到一開始我們提到的異端問題，與什麼是基督宗教的問題。我覺得士來馬赫（F. Schleiermacher）的說法頗值得參考，他在《基督教信仰論》中說道：「假如基督教特色的本質：就是基督教所有的宗教情操都連於拿撒勒人耶

〔註74〕麥葛福 B，《基督教神學原典菁華》，（校園書房出版，1999），頁 301。
〔註75〕同上，頁 295。
〔註76〕同上，頁 298。
〔註77〕《老子道德經》中對於道所使用的動詞：執古之道（14）保此道者（15）惟道是從（21）從事於道者（23）天法道（25）有道者（31）道之動‧道之用（40）聞道明道（41）爲道日損（48）貴此道者（62）善爲道者（65）——未有用「信」爲其動詞。章節與經文皆參考陳鼓應的臺灣商務版《老子今註今譯》。

穌所成就的救贖，那基督教異端有兩個可能出現的方式……：亦即對人性作出如此的定義，以致嚴格說來救贖不可能成就；或是對救贖主作出如此的定義，以致祂不能夠成就救贖〔註 78〕。」這段話是在論述基督宗教中的四個「自然異端」之前的一段序言，表達出兩個層次的判教問題，亦即：一、基督宗教與否的判準；二、（基督宗教內部）正統異端的判準。根據士來馬赫的看法，否定神藉耶穌基督救贖人類，就是否定基督宗教宣告的基要真理：是基督宗教與否，就看是否接受此一原則而定。第二個問題的判準，亦即正統與異端的區別，則在於接受此一原則之後，對它如何解釋──換言之，異端並非不信的一種模式，而是信仰內部的現象：基督宗教信仰中某種不完備或不可靠的模式。

依照士來馬赫的意見，我們要問：《大秦景教宣元至本經》所表達的屬於基督宗教的文本嗎？據《宣元至本經》所論：「法王善用謙柔，故能攝化萬物，普救群生……神威無等，不棄愚鄙，恒布大慈，如大聖法王……聖道冥通，光威盡察，救物弘普，縱使群生不善，何有可棄心？明慧慈悲，覆被接濟無遺也。」所言所論已然清楚：一、接受神藉法王基督耶穌救贖人類，故《宣元至本經》當視為基督宗教文本無疑；二、經過解釋，基督並未變成不能完成人類的救贖，且人性（稱義的對象）是可以被稱義的──所謂「信道善人……原始以來，生死罪譴，一得還原，可以頓免」。因此《宣經》當為一唐朝基督宗教正統論述，而非如翁紹軍所言：「《宣元至本經》以道為教理，以無為宗旨，這種傳述無疑已背離基督宗教的教義和傳統〔註 79〕。」

第三節　一個可疑的人物

我們在前面曾提及像《宣元至本經》這樣頗具道教色彩的文本，該如何定位的問題。我假設了一個答案，會不會是由一位改信景教的道教人士所寫的經典？這樣的猜測看似異想天開，卻是由一個名字引發這樣的想像：呂秀岩。

誰是呂秀岩？他乃景教碑文末註明的書寫者：朝議郎前行臺州司士參軍呂秀岩。呂秀岩究竟是誰？學者人言人殊，並無定論。日本學者佐伯好郎與美國學者李提摩太的意見一樣，認為是呂祖呂洞賓。然而不少學者反對，主要理由是呂洞

〔註 78〕士來馬赫（Friedrich Schleiemacher）"The ChristianFaith", T.&T. Clark, Edinburgh，1928，頁 98。
〔註 79〕翁紹軍，1995，頁 31。

賓原名煜，後改名岩，純陽、洞賓又其後來之名號，從未有秀岩之名，故仍有待證實〔註80〕。

經過佐伯好郎與羅香林等學者的發明，我們知道呂洞賓和景教有一種曖昧的關係。無論是《呂祖全書》中所載與耶穌所行神蹟相似的「化水成酒」、「江陵醫眼」、「趙州醫跛」或「百僧食麵」（大雲會食：旬日攜少許麵至自炮設數百僧皆飽足）的仙術〔註81〕，或者其修道的終南山與唐代景教重心陝西盩厔縣大秦寺距離不遠，地緣關係甚密切；然而最直接的震撼卻是四段經咒——這原先也是佐伯好郎在錯認呂秀岩爲呂祖所帶出的意外研究收穫〔註82〕。

根據《呂祖全書》卷22〈救劫證道經咒〉之前的一段「長行」說道：「正教不興，曲學爭起，人迷其宗，以遭塗炭。間有一二修行之士，或受左旁牽引，妄毀正教眞宗……欲海無邊，孽根堅固，非有靈章，難生解免。」根據羅香林引呂洞賓伯父呂溫所撰其母之墓誌銘的考證，呂洞賓應該爲唐穆宗以後的人物〔註83〕，則武宗會昌滅法之際，其年適二十餘。唐武宗寵信道士趙歸眞，宰相李德裕也崇尚道教，一方面佛道頗相攻擊，另一方面爲經濟理由〔註84〕，至會昌五年（845）下令滅法：「會昌五年秋七月庚子，敕併省天下佛寺……其大秦穆護等祠，釋教既已釐革，邪法不可獨存，其人併勒還俗，遞歸本貫，充稅戶；如外國人，送還本處收管。」〔註85〕當時正是道教大行之世，呂祖身爲道教中人竟謂「正教不興」，與歷史事實不合，其用意原因何在？更可疑者又說「非有靈章，難生解免」，而〈救劫證道經咒〉中的靈章，又有千年無解的咒語（同卷〈諸咒小序〉謂爲梵音），直到佐伯好郎以「敍利亞文」（這代表一個意義：即這一個經咒應該是唐朝景教敍利亞宣教士所遺留下來的）還原，方知所謂咒語原來是基督教讚美詩。以下列四段「咒語／敍利亞文／英文／漢語」對照〔註86〕：

〔註80〕有關呂秀岩與呂洞賓的問題，可參考穆爾（A. C. Moule），"Christians in china Before the Year 1550"，Mac Millan Co., 1930，頁47註文；佐伯好郎（P. Y. Saeki），《中國之景教文獻及其遺跡》（The Nestorian Documents and Relics in China），東京 The Maruzen Co. Ltd., 1951，頁400～407；朱謙之，1993，頁157；翁紹軍，1995，頁76注文。

〔註81〕參佐伯好郎，1951，頁401

〔註82〕佐伯好郎，1951，頁402有詳盡的敍述。

〔註83〕參羅香林，1966，頁141～2，其說相當可信。

〔註84〕參朱謙之，1993，頁207～9，對武宗滅法的原因有詳盡的探討。

〔註85〕舊唐書卷十上武宗本紀

〔註86〕佐伯好郎在其書中列了兩位專家的意見，明加納博士（A. Mingana）認爲以敍利亞文翻譯爲佳，原因是其中有音節可組成 Mashiha, ishoh 二字，分別譯爲「基督」和

（天微章）唵刹哪唎囉吽哆質嘛娑訶／an shana lirabrbatha mashiha／yes,the Christ did go up to high things!／誠哉，基督昇至高天！

（地眞章）唵嗎唎哆都堵囉盤以娑訶／an maruta tithar la～han ishoh／Yes,the divine Majesty protect this Jesus.／誠哉，神聖主宰護佑此耶穌。

（證仙章）唵耶哩吽蘇唎哆陀密娑訶／an narims sorita da mashiho／Yes,let us exalt the the image of the Christ.／誠哉，讓我們高舉讚美基督的形象。

（體道章）唵高盤陀蘇唎哆嘛唧娑訶／an kahana da sorita malk ishiho／Yes, the priest of the image of the King is the Jesus.／誠哉，大君形象之祭司乃是耶穌。

　　羅香林認爲呂祖會以如此隱密的方式引用景教系統的讚美詩，原因是：「呂岩如非爲景教遭禁後之地下工作人員，則必爲承受景教影響之人物。不然，不致於其經咒綴以讚美基督之語句〔註 87〕。」其說誠然。不過我們要問：這四句基督教讚美詩是原爲一首拆爲四句？抑或是無關的四句詩？這四句詩與呂洞賓的靈章原文有無關係？

　　這四句詩以形式來看，都以「誠哉」開頭，以基督、耶穌交錯結尾。第一句言耶穌昇至高天，第二句立接至高主宰；第三、四句又皆與耶穌基督的形象有關——顯然如果此四句不是同屬一首詩，也必然有所關聯，不會是隨意書寫地引用。至於與呂洞賓的原文有無關係，我們不妨將譯出的咒語代入原文，即可一窺究竟。我們以〈天微章第一〉爲例：

　　稽首乾天主，元和遍四方。大慈悲，救苦難。誠哉，耶穌昇至高天。

　　常有大神通，亨達普昭靈。大慈悲，救苦難。誠哉，耶穌昇至高天。

　　迭運歷今古，普濟於群生。大慈悲，救苦難。誠哉，耶穌昇至高天。

　　聖慧顯眞宗，清明永固持。大慈悲，救苦難。誠哉，耶穌昇至高天。

　　試問：如果〈天微章〉以此方式呈現在我們眼前，我們會認爲它是景教文獻，還是道教文獻？其實面對這樣的提問，我們可以這樣處理：如果《宣元至本經》

「耶穌」；另一位學者爲川口弘行（Kawaguchi）博士，他主張應該用梵文翻譯。佐伯好郎認爲仍無定論，然而我以爲敘利亞文翻譯中出現兩個如此相關的專有名詞，相當不尋常；另一方面，之前我們也發現呂祖書中所載諸事蹟與耶穌所行神蹟如出一轍，因此之故，我認爲明加納博士的見解較有說服力。參佐伯好郎，1951，頁402～407。

〔註 87〕羅香林，1966，頁 141。

拿掉識別記號，亦即文末的「《大秦景教宣元至本經》一卷」與「沙州大秦寺」去除的話，其內容可否被辨識的問題。然而這兩者中間仍有極大的不同：景教經典使用大量佛、道教語言，是爲了在一個陌生的語境中（異教世界），找到一個說話的方式，借用一個（歪斜的、異化的）座標系統，以便找出信仰主體的定位（用專屬別人的話來說明自己——然而可行性到什麼程度？）；而在一個道教已然定於一尊的歷史語境中，道教經典使用景教語言，其用意不是定位自我，乃是開展新的語言與思想向度——然而我們就要問：爲什麼引介景教語言與主張進入道教內部，亦即爲什麼要開展新的向度？又爲什麼用隱匿的不可解的咒語形式呈現？（這樣的問題我們在下一章更進一步深論）〔註88〕

我們回到《宣元至本經》的定位問題。如果一位道教的大師可以與景教發生如此深的關係，那麼其他原本與道教有接觸的人士，會不會也有相同狀況，甚至於改變信仰——成爲一位景教徒，且起而幫助傳教士景淨（教名亞當，職位爲司鐸兼省主教兼中國總監督〔註89〕）著述翻譯〔註90〕，進而產生了像《宣經》這樣的作品。我認爲非常有可能，這也是我目前的推論。

〔註88〕參考第五章〈景教文獻的語言與界限〉第八節「中毒的文本」。
〔註89〕有關景教碑文作者景淨職務的考證，可參朱謙之1993，頁153～9。
〔註90〕《尊經》列出三十部由景淨翻譯的作品名稱，包括《宣元至本經》，見翁紹軍，1995，頁 203。至於這些作品究竟是譯作或是著述，則又是另一個問題。可參龔天民，1960，頁 87。

第三章　景教文獻的思想解讀與綜觀

　　明朝熹宗天啓五年（1625）「大秦景教流行中國碑」出土，李之藻得到初拓本之後，就此扭轉了景教的歷史意義。李之藻〈讀景教碑書後〉文曰：「邇者長安中掘地所得，名曰景教流行中國碑頌，此教未之前聞，其即利氏西泰所傳聖教乎？余讀之良然〔註1〕。」以李氏博學多聞、官至太僕寺少卿，尚且說「此教未之前聞」，可見景教在知識份子的知識範疇中已然失去記憶，竟然到一個前所未聞的地步。因此景教碑出土的歷史意義，顯得格外重大：景教在歷史上消失八百多年，從此**重回歷史舞台**。

　　「大秦景教流行中國碑」碑文的作者是當時景教中國教區主教兼長老的傳教士景淨，教名亞當（Adam），碑文前作者自述：「大秦景教流行中國碑頌並序，大秦寺僧景淨、秦尼斯坦教父、區主教兼長老亞當〔註2〕。」緣於身份的特殊，景淨很容易地會接觸到不同語言間的翻譯課題。根據圓照所撰《貞元續開元釋教錄》在般若譯「大乘理趣六波羅蜜多經」條下云：「般若……乃與大秦寺波斯僧景淨，依胡本六波羅蜜經譯成七卷。時爲般若不嫺胡語，復未解唐言，景淨不識梵文，復未明釋教，雖稱傳譯，未獲半球，圖竊虛名，匪爲福利。……且夫釋氏加南，大秦寺僧，居止既別，行法全乖〔註3〕。」這裡牽涉到非常嚴謹的翻譯原則與方法論的問題，將在下卷第四章詳論。此處至少我們知道景淨曾譯過佛經，結果卻讓學者大失所望。不過就景教碑文而言，乃是景淨用漢語的寫作敘述，而非譯文。

　　大秦景教流行中國碑，簡單解釋即來自大秦的景教因爲流行於中國之故，立

〔註1〕參張之宜 B，〈大秦景教流行中國碑捃微二〉，（遠景雜誌，1982），頁102。
〔註2〕翁紹軍，《漢語景教文典詮釋》，（香港：漢語基督教文化研究所出版，1995），頁44。
〔註3〕龔天民，《唐朝基督教之研究》，（香港：基督教輔僑出版社，1960），頁82。

碑以為紀念。大秦國位於何處？碑文云：

按《西域圖記》及漢魏史策，大秦國南統珊瑚之海，北極眾寶之山，
西望仙境花林，東接長風弱水。⋯⋯法非景不行，主非德不立〔註4〕。

自漢代以來，就稱羅馬帝國為大秦，碑文所謂南統珊瑚之海云云，指的大約
是紅海、托洛山、伯利恆與幼發拉底河之間的地區，也就是敘利亞境界〔註5〕。無
論是景教的發源地敘利亞，或是基督教的發生地以色列（景教乃基督教的一支），
在原初均是羅馬帝國的統治地，此所以稱景教為大秦景教之故。

法非景不行，指的是敘利亞的法律、文化、信仰受到景教信仰的影響與約束，
景教實際上已成為敘利亞的普遍信仰。在早期亞洲基督教歷史中，敘利亞無疑地
是一個最重要的開展宣教的基地。《新約聖經・使徒行傳》寫道：「那些因司提反
的事遭患難四散的門徒，直走到腓尼基和塞浦路斯並安提阿⋯⋯但內中有塞浦路
斯和古利奈人，他們到了安提阿，也向希臘人傳講主耶穌⋯⋯門徒稱基督徒是從
安提阿起首。」（徒11：19～26）公元35年司提反被害，一群門徒就往北走，經
過腓尼基進入敘利亞，在安提阿建立教會：基督的跟隨者「基督徒」的名稱，此
時正式確立。

經過百餘年的發展，在伊得撒（Edessa）與阿迪阿本（Adiabene）一西一東成
為敘利亞的基督教兩個中心，其中伊得撒人還公開宣稱奧斯尼內（Osrhoene）的國
王是基督徒。伊得撒教會的領導人巴得撒尼如此說：「在敘利亞及伊得撒，民間流
傳自我閹割來表示對他拉他（tar'ata）的尊敬，但當阿布加爾信主後，下令凡自我
閹割的都要判處斬首。由那時起，伊得撒境內再沒有人自我閹割了〔註6〕。」敘利
亞傳統上尊伊得撒為歷史上第一個基督教王國奧斯尼內的首都，而阿布加爾（155
年登基）也被稱為首位基督教皇帝〔註7〕。

另一方面，更東方的阿迪阿本王國（夾在當時兩大強權羅馬帝國與波斯帝國之
間）的首都阿裴拉，則是美索不達米亞以外進入波斯東部及中亞洲的主要宣教中
心。當時教會領袖他提安（A.D.110～180）的最偉大貢獻當屬翻譯聖經——將希臘
文的聖經譯成敘利亞文之後，基督教才得以從使用希臘語的城市傳入鄉村中間——

〔註4〕翁紹軍，1995，頁57。
〔註5〕參朱謙之，《中國景教》，（北京：人民出版社，1993），頁149～152。
〔註6〕引自巴得撒尼的作品《國家法律——命運對談錄》（Book of the Law of Countries-
　　　　Dialogue on Fate of Bardaisan of Edessa），他拉他是一位母神，男信徒在廟外進行血
　　　　淋淋的自我閹割，乃此宗教的狂熱儀式。參莫菲特（S.H. Moffett），《亞洲基督教史》，
　　　　（香港：基督教文藝出版社社，2000），頁61。
〔註7〕同上，頁59～60。

如此一來，原先只是中東地區的通商語言，至此也成爲東方教會的語言，正如拉丁語是西方教會的主語一般：這就是亞洲宣教發展史在語言上的分界線〔註8〕。

整體碑文的內容大致可分爲五部分：略述基督教（景教）的基本教義、景教禮儀、與唐朝皇帝的關係（官方的支持）、建碑贊助人伊斯小傳、及各皇帝頌詞。也就是這第一部分基本教義，讓明朝接觸到景教碑文的學者，得以認定景教就是基督教東傳的一支（聶斯多流教派）。

第一節　景教的神論

漢語景教文獻中，三一神論貫穿各篇經典，某個程度上，可以將之視爲其神學思想的中心。景教碑文首段開宗明義宣示上帝創造萬物與人：

> 粵若常然眞寂，先先而無元，窅然靈虛，後後而妙有。總玄樞而造化，妙眾聖以元尊者，其唯我三一妙身無元眞主阿羅訶歟？判十字以定四方，鼓元風而生二氣。暗空易而天地開，日月運而晝夜作。匠成萬物，然立初人，別賜良和，令鎮化海。渾元之性，虛而不盈。素蕩之心，本無希嗜〔註9〕。

這段碑文將基督教特色的宇宙論（創造論）、上帝論表明出來：宇宙萬物，包括人類，乃上帝所創造的。碑文前半段（「無元眞主阿羅訶歟」句之前）描述上帝的特性，後半段則論創造之功。

上帝的屬性，就景淨的描述是：一、常然眞寂、先先而無元；二、窅然靈虛，後後而妙有；三、總玄樞而造化；四、妙眾聖以元尊；五、三一妙身（三位一體）、無元眞主。然後名之爲「阿羅訶」。

開宗明義點出上帝的超越屬性，常然眞寂、先先而無元，表明上帝乃永恆不變的存在，且優先於一切的存有，爲一切存有之因；窅然靈虛、後後而妙有，顯示上帝是一個屬靈性的存在（穆爾將「靈虛」英文語譯爲 spiritual purity〔註10〕），且爲一切存有的最終目的與最終存在。這兩句話說明上帝之不及物的、絕對的、超越的屬性：祂是往前推終極的優先（先先），也是往後推終極的目的（後後）。

總玄樞而造化，言明上帝掌管奧秘的中樞而創造化育；妙眾聖以元尊，則說

〔註8〕同上，頁76～78。
〔註9〕翁紹軍，1995，頁45。
〔註10〕參穆爾（A. C. Moule），"Christians in china Before the Year 1550"，Mac Millan Co.，1930，頁35。

明上帝賦與眾聖者圓滿與尊嚴，此二句表達出上帝的及物的、相對的、臨在的屬性，創造萬物、澤被眾聖者，顯示出一種動態的神觀。

三一妙身、無元眞主，說明上帝乃三位一體的眞神。三位一體（拉丁文 trinitas，英文 trinity）在神學中討論甚深甚廣，基本上始於特土良（Tertullian），他發明三位一體此一專有名詞，引發廣泛討論。學者布萊（G. L. Bray）說道：「這是基督教神（God）論的基石，意指神只有一位，卻有三個位格（Hypostasis）。有時人會批評三位一體論不足以凸顯出一神論（Monotheism）的重點，但基督徒則不承認這種指控。這教義早在初期教會便開始發展，因爲信徒認爲這是惟一能承載新約對耶穌的見證，和對聖靈之教導的教義〔註11〕。」

對於屬基督教一支的景教，自然也接受了三一神學觀。在景教的另一重要漢語文獻《尊經》，開頭這麼寫著：「敬禮妙身皇父阿羅訶，應身皇子彌施訶，證身盧訶寧俱沙，已上三身同歸一體〔註12〕。」「盧訶寧俱沙」據穆爾考證，即敘利亞語「聖靈」的音譯，ruha 爲靈、de～kudsa 爲聖〔註13〕。所以我們看到聖父是妙身、聖子是應身、聖靈是證身，翁紹軍的詮解是：「如此命名，已寧能看出三者有程度上的不同。妙爲神妙之妙，應爲應接之應，證爲印證之證。前者顯然是絕對爲主的，後者顯然是相對從出的〔註14〕。」這麼解釋看起來沒什麼不妥，不過再回到景教碑的文本深入探究，就知道景教的三位一體論應有更複雜的內在關係。

景教碑文另外提到「彌賽亞」和「聖靈」時分別說道：「三一分身景尊彌施訶隱戢眞威，同人出代……設三一淨風無言之新教，陶良用於正信〔註15〕。」此處基督彌賽亞（彌施訶）成爲分身〔註16〕，而淨風聖靈則沒有特殊的位格描述。從分身來看，更有從三一妙身聖父而出的意味，事實上也符合新約聖經的說法：「奉父、子、聖靈的名，給他們施洗。」（太 28：19）反倒是「應身」雖說有相對應之意，就未必有從出的含義，解釋爲「應許」之意，反而更美。這應許就在彌賽亞的工作中顯明出來，祂收歛隱藏神的身分，以與人相同的肉身身分取代（隱戢真威，同人代出，即約翰福音 1：14 所謂的「道成了肉身」），完成救贖的工作，這是上帝對人類的最大應許。

〔註11〕楊牧谷編《當代神學辭典》上、下，台北校園出版社，1997，頁 1153。
〔註12〕翁紹軍，1995，頁 200。
〔註13〕參穆爾，1930，頁 55 註 59。
〔註14〕翁紹軍，1995，頁 201。
〔註15〕同上，頁 49。
〔註16〕分身，還有另一方面的意思，詳見下文論「基督的神人二性」處。

這裡最大的分別是彌施訶「設立」聖靈淨風無言的新約教導，從上下文來看，設立聖靈的主詞正是彌施訶。龔天民的碑文語譯顯然有誤，在他轉譯自他日本老師佐伯好郎博士的日語譯文（佐伯好郎又是轉譯穆爾的景教碑文英語譯文〔註17〕）中，寫道：「在不能用言語表明三位一體的情形下設立了新教」〔註18〕，對照穆爾的英譯為 "he founded the new teaching unexpressed in words of the most holy Spirit of the three in One." 〔註19〕顯然龔氏或佐伯氏漏了代表聖靈的淨風。

景教的三一神論，對聖父、聖子、聖靈的理解與規劃，一般而言，唐代漢語景教文典八篇中，寫作年代以《尊經》殿後，根據朱維之的考證〔註20〕，應為唐亡之後、五代年間的作品。其經文除了列舉歷代基督教（包括景教）聖徒與經書目錄及翻譯情況外，就是開宗明義點出三位一體的教義，所謂「三身同歸一體」，可見這位宣教士作者對此教義的重視，甚至有將三位一體視為基督教神學的起點的味道（或可看作景教神學成熟的一種見解？）。

據《尊經》所言：妙身、應身、證身同歸一體，誠如翁紹軍註文所說〔註21〕，前者顯然是絕對為的，後兩者顯然是相對從出的，三者的相關係彷彿應身、證身皆由妙身皇父而出，三者雖各有位格，但皇父為三位一體的本源，具有優先性，而未曾規範出皇子與聖靈的關係。

從命名來分析，妙身、應身、證身三者偏重在其工作性質的描述。這裡我們要引進一個觀念，即初代教會的里昂主教愛任紐（Irenaeus，bishop of Lyon，主要活動期間約在 160~200）提出的「救恩的安排」（the economy of salvation）。安排（economy）這個詞對三位一體的運作的理解極有幫助，根據麥葛福（A. E. McGrath）的解釋，源自希臘文：「希臘文 oikonomia 基本上意味『一個人對各項事的計畫次序』（這便顯出與現代用詞的關係）。對愛任紐而言，『救恩的安排』意味『神在歷史中所計畫救贖人類的方式』〔註22〕。」

從這個觀點來看，景教碑文開宗明義就立定三位一體的救恩的安排（economic trinity）：三一妙身阿羅訶（上帝）創造宇宙萬物與人類，三一分身彌施訶（耶穌基

〔註17〕參龔天民，1995，頁 12。
〔註18〕同上，頁 13。
〔註19〕參穆爾，1930，頁 37。
〔註20〕朱維之的論點頗有說服力：「第一，《尊經》末尾記日唐太宗皇帝云云，把朝代名寫進去，我們便要疑心它是唐亡後所寫的，若是唐時所寫，必單稱太宗皇帝或國朝、大唐等字樣。」
〔註21〕參翁紹軍，1995，頁 201。
〔註22〕麥葛福 A，《基督教神學手冊》，（台北：校園書房出版，199）8，頁 305。

督）則是道成肉身（戢隱眞威，同人出代）、救贖人類，三一淨風（聖靈）則在教徒心中教導、造就眞正的信仰（無言之新教，陶良用於正信）。最有意思的是此處聖靈的工作是由耶穌基督來設立的，然而這並不與《尊經》的觀點牴觸，反而有相輔相成之效果。在《尊經》中，聖靈是證身，其運行乃是爲了印證上帝妙身皇父阿羅訶無處不在的存在，是由上帝發出的（proceeds），而耶穌基督是應身皇子，雖也是相對由上帝而出的應許之身，卻擁有一個不同的身分（皇子，或如聖經所言乃獨生子，見新約約翰福音 1：14），子只能說是由父而生的（begotten）；在碑文中，三一分身彌賽亞設立了三一淨風無言之新教，亦即聖靈也可由聖子而出。

　　所以我們看到一種複雜的「安排的三位一體觀」：從位格來分析，聖父、聖子、聖靈各有位格，三者各有獨特性，又是合一、不分開的，有不同卻不分離，也不是相互獨立。如此一來，既獨特又合一，既不同又不離，以致衍生出一種互相滲透的存有關係（mutual interpenetration），亦即每一個位格既享有獨特的身分，卻滲入其餘二者，也被其餘二者滲入：此即三位而一體的實質內在結構關係。在其運作上，則是父生子，且父與子呼出聖靈。

　　《三威蒙度讚》，也是我們探討三一神論不可少的文本。此卷目前藏於巴黎圖書館，編號爲 Pelliot chinois 3847。此讚的題目首尾皆有，首題《景教三威蒙度讚》，尾題《大秦景教三威蒙度讚一卷》。題旨一般而言有三種說法：一、「三威」指三位一體眞神，「蒙度」指仰望救贖，1908 年伯希和首度發表譯名，即持此意，而穆爾讚成此譯〔註23〕；二、佐伯好郎早期認爲「三」指三位一體眞神，「威蒙度」指敘利亞文中的 imuda，意爲洗禮〔註24〕；三、佐伯好郎在 1951 年有不同的見解，一方面認同「三威」指三位一體眞神，可是另一方面「蒙度」則是音譯敘利亞文 motwa，此字爲一說明性字詞，意指在聚會時「坐著」唱讚美詩。如此翻譯的理由是：《尊經》中記此經作《三威讚經》，佐伯好郎於是認爲一方面「蒙度」既可略去，一定是不重要的，且眾人所熟知的詞語；另一方面如果「蒙度」指仰望救贖，他認爲這樣一來《三威蒙度讚》的題目不合邏輯，怎麼可能三位一體眞神會仰望

〔註23〕見 B. E. F. E. O. VIII., 1908，頁 519 翻譯《大秦景教三威蒙度讚一卷》題目爲 "Eloge des trios Majestēs de la Religion Brilliante du Ta-ts'in, par lesquelles on obtient le salut"，轉引自佐伯好郎（P.Y. Saeki），《中國之景教文獻及其遺跡》（The Nestorian Documents and Relics in China），東京 The Maruzen Co. Ltd.，1951，頁 269。
另外穆爾翻譯爲 "A Hymn of the Brilliant Teaching to the Three Majesties for obtaining salvation" 參穆爾，1930，頁 53。

〔註24〕佐伯好郎 1915 年的翻譯爲 "the Nestorian Hymn in Adoration of Trinity" 見佐伯好郎，1951，頁 269。

救贖〔註25〕？

　　佐伯好郎先前 1915 年的說法，必須回答為什麼《尊經》裡可以將《三威蒙度讚》稱為《三威讚經》？因為如果「威蒙度」是 imuda 專有名詞的音譯，那麼《三威讚經》的簡稱就極不妥了。

　　佐伯好郎顯然自己也發現原來的說法有問題，所以才在《中國之景教文獻及其遺跡》再版中改其前說。可是修改的說法也不盡高明。他第一個要解決的是《尊經》裡稱《三威蒙度讚》為《三威讚經》的問題，他改讀「三威、蒙度」，基本上是沒錯的，可是把「蒙度」看作是音譯敘利亞文的 motwa，就值得商榷了，與其從時隔久遠《尊經》〔註26〕的《三威讚經》簡稱——既可省略「蒙度」——推測其意為 motwa，實不如直接從《三威蒙度讚》經文中用語，即可知其義，吳其昱說：「案此讚累用『蒙』、『度』二字，非對音也」〔註27〕。所以我們從內容看，讚文乃依次頌揚聖父、聖子、聖靈，與洗禮無關。更進一步的是頌詞第一段兩次用到「蒙」字，「人元真性蒙依止」與「蒙聖慈光救離魔」中的蒙字意思相同，為蒙受、承蒙之意，一定與讚文的名字有關。當然我們也該考慮《三威蒙度讚》題目可能產生語意矛盾的問題，是否一定要解釋為三位一體真神仰望救贖？我認為從讚詞經義來看，此讚乃是頌讚三位一體真神與大聖子彌師訶救度眾生的恩典，因此題意即是頌讚三一神與救贖恩典。因此《三威蒙度讚》即合《三威讚》與《蒙度讚》為一的讚美詩，所以《尊經》裡才簡稱《三威蒙度讚》為《三威讚經》。

　　《三威蒙度讚》被景淨選擇譯成漢語（據《尊經》的說法，包括此讚在內共三十部經典全出自景淨譯筆），當作景教徒崇拜時會眾頌讚上帝之用。這篇頌文翻譯自敘利亞文的《天使頌》，而敘利亞文的版本又是翻譯自希臘文的《榮歸上帝頌》（最遲為第四世紀作品）〔註28〕，另外也有拉丁文的版本題作《榮歸上帝頌》（Gloria in excelsis Deo）或《天使頌》（Hymnus angelicus）。

　　《榮歸上帝頌》或《天使頌》事實上是源自《聖經》〈路加福音〉耶穌基督降生時，「有一大隊天兵同那天使讚美神，說：『在至高之處，榮耀歸與神！在地上平安，歸與他所喜悅的人』！」（2：13～14）此讚美之詞即《三威蒙度讚》的前四句。

〔註25〕見佐伯好郎，1951，頁 269～271。

〔註26〕因《尊經》按語提到「唐太宗皇帝」，學者多推估當是唐亡十世紀後，至敦煌封洞十一世紀末之前的作品。詳見林悟殊，《唐朝景教再研究》，（北京：中國社會科學出版社，2003），頁 140～141。

〔註27〕吳其昱，〈景教三威蒙度贊研究〉，《中央研究院史語所集刊》57 本第 3 份，頁 413。

〔註28〕吳其昱，〈景教三威蒙度贊研究〉，頁 413～414。

但是耶穌基督降生，爲何要讚美神？因爲神要藉耶穌實行祂的救贖計畫，所以天使將頌讚歸與神。然而無論是敘利亞文版的《天使頌》或漢語版的《三威蒙度讚》裡，對神的頌讚即是對三位一體的敬拜，如敘利亞文的第十四行漢譯爲「我歎慈父海藏慈，大聖兼及淨風性」〔註29〕，可見三一神論對東方教會的重要性。

　　事實上整個景教徒的活動，在中國地區一直斷斷續續，在《元代景教大德西行偉蹟記》〔註30〕中記載，十三世紀末的元代（元世祖忽必烈時代），有兩位景教徒法師，一是住北京的司馬（Bar Sawma），一是從歸化城來的馬可斯（Markos），決定遠赴耶路撒冷朝聖。兩人在 1287 年到達拿坡里，目睹索爾連吐灣（Bay of Sorrento）海戰，也見證了艾脫那火山（Mount Etna）爆發，數日後到達羅馬，與梵蒂岡十二位紅衣主教論述景教神學。實際上在整個討論過程中，從頭到尾都圍繞著三位一體的神學〔註31〕，無論是救恩的安排或位格的規劃，都與五百年前的景教徒意見相當一致。

◎上帝是一個整體

　　基督教的系統神學中有所謂的「神學主體」（theology proper），專指對父神的研究。我們從景教碑文一開頭就開宗明義解說上帝的作爲，在早期的經典《一神論》更是以一整卷經文描述上帝的各個面向，可見「神學主體」的論述對景教的重要性。

　　回到《三威蒙度讚》，此讚大致可以分爲六個韻文式的段落，依序頌讚聖父、聖子、聖靈。對於聖父阿羅訶的敘述採取一種輻湊式的修辭，亦即萬物與上帝的關係乃是一種仰角集中式的輻湊，讓我們來看第一段：

　　　　無上諸天深敬嘆，大地重念普安和。

　　　　人元眞性蒙依止，三才慈父阿羅訶。

　　　　一切善眾至誠禮，一切慧性稱讚歌。

　　　　一切含眞盡歸仰，蒙聖慈光救離魔。〔註32〕

　　首二句誠如翁紹軍的註解：「可參照新約路加福音：『在至高之處榮耀歸於神，在地上平安歸於祂所喜愛的人。』（2：14）」然而無論是深敬嘆或是重念普安和，

〔註29〕英譯作 "Glory to God thy Father, and to thee, and to Spirit Holy." 參同上，頁 419。
〔註30〕此版本爲羅香林所譯。見羅香林，《唐元二代之景教》，（香港：中國學社，1966），頁 225～300。
〔註31〕同上，頁 252～253。
〔註32〕翁紹軍，1995，頁 190。

最終極目標都指向上帝；再下來人元真性蒙依止，上帝還是人本真性的依靠與歸宿；最後三個「一切」句之「蒙依止、稱讚歌、盡歸仰」，終極目標仍是上帝。萬物和人類與上帝的關係，就是歸向、仰望、輻湊於造物主，上帝成為一切善的價值的來源，人元真性、一切善眾、一切慧性、一切含真都要在上帝那裡找到存在的價值與終極意義：亦即這是一個存有價值的循環，上帝創造人與萬物（三才慈父阿羅訶），人與萬物又在上帝那裡找到存在意義與價值。

當我們把焦點放回到《三威蒙度讚》第二段開頭「難尋無及正真常，慈父明子淨風王」這兩句時，似乎也回應了前面《大秦景教流行中國碑》文裡三百六十五種「人為理論」無法追求到真理一樣，真正永恆不變的是三位一體的真神，然後這一段的其他六句全用來闡述三位一體的神性（兩句一組〔註33〕）：

> 於諸帝中為師帝，於諸世尊為法王。
> 常居妙明無畔界，光威盡察有界疆。
> 自始無人嘗得見，復以色見不可相。

顯然將聖父、聖子、聖靈當作一個整體的概念來表述，正符合了《尊經》「三身同歸一體」的說法。「於諸帝中為師帝，於諸世尊為法王」，意即聖經中稱頌基督所用的「萬王之王，萬主之主」（啟示錄 17：14）來讚美上帝的榮耀尊貴一樣。

「常居妙明無畔界，光威盡察有界疆」，意思是三位一體的上帝不被空間所限制，而且可以巨細靡遺地知道有限空間所發生的一切，換句話說上帝是無所不在的、也是無所不知的。最後一句則針對神的形象而論，沒有人看過上帝的形象，想用視覺的方式來感知祂是不可能的。

關於上帝的空間屬性，在另一篇景教的文獻《一神論》裡，有更詳盡的論述。《一神論》包括三篇小品經文：〈喻〉第二、〈一天論〉第一與〈世尊布施論〉第三，根據〈世尊布施論〉中有「向五陰身，六百四十一年不過」來看（耶穌道成肉身、降世為人至今六百四十一年〔註34〕），寫成年代應該在唐太宗貞觀十五年前後，屬景教傳入中國後的早期文典。

〈喻〉第二中從空間與時間兩方面，更深地描述神的屬性〔註35〕：

> 天下有一神，在大堂無接界，總是一神，亦不在一處，亦不執著一處，亦無接界一處兩處，第一第二時節可接界處。喻如從此至波斯，亦如從波斯至拂林，無接界時節。如聖主風化見今，從此無接界，亦不起

〔註33〕同上，頁 192。
〔註34〕同上，頁 147。
〔註35〕同上，頁 113。

作，第一第二亦不復得。

此一神，因此既無接界，亦無起作。一切所有天下，亦無接界，亦無起作，亦無住處，亦無時節，不可問，亦非問能知。

一神何處在？一神所在無接界，亦無起作。一神不可問何時作，(何)時起，亦不可問得，亦非問所得。常住不滅，常滅不住。一神所在，在於一切萬物常住，一神無起作，常住無盡。(一神) 所在處，亦常尊在，無 (見) 亦常尊在。

這裡顯然有兩個專有名詞必須抽出來做定義分析：接界、起作。接界其實就是《三威蒙度讚》中的畔界，畔是田與田的邊緣交界，因此接界就是接觸的界限與界線，主要針對空間的區隔與限制。起作則是一個時間的分析概念，指事件的開始發生與持續作用。另一個時間的概念則是時節，就像竹子可以分為一節一節的，時節之意是指分割時間成為時間單位。

《一神論》透過空間、時間的觀點分析上帝，得到一個非常重要的結論：上帝是一個整體存在，無法分割，甚至於所有的分析性理解與接近都將徒勞無功 (亦即引文所謂「不可問，亦非問能知」)，此處運用空間與時間的概念所進行的分析，就是一次最佳的示範：一種路徑不對的接近，無法觸及上帝的真相。這樣的方法論也不是全然的絕望，至少我們獲得一種否定的理解：上帝不是各式各樣的分割概念與分析方法可以掌握，任何想用限制性的定義企圖框架上帝都將失敗，於是我們知道：上帝是一個整體：**一神**(就如此經的標題，一是獨一的，也是整體的)。

上帝是一個整體，無法用任何方式去切割、定義。從空間與時間的觀點來看，在世界和天堂都一樣，都是一個神，中間沒有界線，神無處不在，不會只在一處，我們無法說祂在這一處、不在那一處，同樣地我們無法說此一時刻有神、彼一時刻無神。

在此作者用了一個比喻，好比從中國到波斯、再到羅馬帝國，是延綿不斷的，時間、空間皆如此 (如果有時、空上的界線與分野，純粹是人為的)。所以很清楚地作者凸顯了上帝神性中的整體特性，空間上祂無所不在、且無限大、不可限制；時間上祂一直存在，是宇宙的開始與終結，甚至在萬物開始之前、終結之後，祂仍舊存在，此即《大秦景教流行中國碑》文所謂：「先先而無元……後後而妙有」〔註36〕。

作者雖然強調上帝「不可問，亦非問能得」，然而它他自己還是問了：「一神

〔註36〕翁紹軍，1995，頁45。

何處在？」。這樣的一個論述的內在矛盾，顯示出當我們用特定的觀點，嘗試以語言去詰問、分析、掌握上帝的屬性，是無效與無益的；然而作者還是要提問的理由在於：對於一個基督徒而言，上帝是他們生命的中心，認識上帝是他們信仰的迫切任務，雖然問了無益，然而還是要問。這形成了一個存有上的驅迫性：一種奇異的追尋之旅，不能靠近、還是要靠近，想靠近、卻離得更遠。無論用任何特定觀點，想更精確地、縮小範圍地分析切割上帝的屬性，結果都將得到一個更普遍性的、無法限制與規範的結論：上帝是一個整體性的存有。時間、空間性如此，其他的屬性亦如此。

◎專屬上帝的名字

　　爲什麼我們這麼推論呢？因爲《一神論》中所提示的一個特殊命題：「自聖」。在〈喻〉第二中說：「一神……自聖亦無盡」（翁紹軍，1995，頁 114），在〈一天論〉第一中說：「一神自聖化神。」（翁紹軍，1995，頁 125）根據翁紹軍的說法，「自聖亦無盡」的意思是「自唯一神之下也無窮無盡」〔註 37〕，我想他的解釋很難令人滿意。首先，加字解經應該盡量避免（除非有特殊理由）；其次，相同解釋套在「自聖化神」也不通。

　　我認爲在《一神論》中的「自聖」是一個特殊的宗教用語。這其實和《舊約聖經》中提到上帝的名字有關，特別是〈出埃及記〉3：14 中上帝對摩西說的話：「我是自有永有的。」（和合本中文聖經）這句話指的就是耶和華這個上帝的名字的意義，在希伯來文中作 Yahweh，是譯自一個四個子音的希伯來字 YHWH，這個自字原本就沒有母音，此字的正確發音已不可考，一般英譯爲 Jehovah（耶和華）。根據一般的學者的看是：「神在這裡用耶和華這名字去介紹自己……這個希伯來文的神聖名字——耶和華——是與 3：14 的片語緊連在一起的，那片語有不同的翻譯，『我是那我是』（I Am Who I Am），『我永遠是那永遠的我是』（I will be who I will be）……這名字與以往的名字不同，『耶和華』沒有將神的本性限制在任何特別的性質之下：『祂是祂的本是』（He is who He is）。再者，祂的本性不會改變，……」〔註 38〕耶和華是一個非常特別的名字：一個專屬上帝的專有名詞，一個在語意上自我指涉、且自我定義的名字，在存有上自我滿足、自我印證的特殊符號。於是，我們發現用耶和華來指涉上帝，除了這個名字之外，無法獲得任何新的資訊與意

〔註 37〕同上，頁 115。
〔註 38〕鄧兆柏主編，《證主 21 世紀聖經新釋》，（香港：福音證主協會，1999），頁 102。

義，只知道「祂就是祂（的本是）」（He is who He is）。我們終於恍然大悟，原來在《一神論》裡所謂的「一神自聖化神」的意思，就是 "I Am Who I Am"、"I will be who I will be"，就是耶和華的意義；而作者也明白上帝以「耶和華」自稱，就是沒有將神的本性限制在任何特別的性質之下，因此又說：一神「自聖亦無盡」。我甚至於要大膽地推論：「自聖」就是原希伯來文「耶和華」首次出現在漢語中的義譯。

◎為什麼是一神？

我們知道景教主張獨一的真神。但是如何證明只有唯一的神？如何對當時的中國信徒或宣教的對象說明，是一大挑戰，因為不可否認的當時中國的宗教信仰狀況，如上文所論，一般而言是以多神論或泛神論為主的。

在《一神論》中的《喻第二》花了不少篇幅，從創造論的觀點，論證獨一真神的存在。然而總的來說，最主要的論點是：天體得以高懸，不崩塌、恆常如此，必有一個創造與維持的力量，作者認為來自獨一的真神：

> 天無柱支托，若非一神所為，何因而得久立，不從上落？此乃一神術妙之力，若不一神所為，誰能永久住持不落？……譬如人射箭，唯見箭落，不見射人，雖不見射人，之箭不能自來，必有人射，故知天地一神任力，不崩不壞，由神力故能得久立……譬如射人，力既盡，箭便落地。若神力不任，天地必壞，由是神力天地不敗。……
>
> 譬如一個舍，一個主人，一身一魂魄。若舍饒主，則舍不得好；一人身饒魂魄，則人不得為善。故人魂魄無二，亦無三。譬如一個舍，一舍主無兩主，亦無三。天地唯有一神，更無二，亦無三……大智之聖，等虛空，不可執，唯一神遍滿一切處〔註39〕。

我們可以將之稱為「力學創造論」。作者從一個力學的觀點作分析，認為所有的現象背後都有一個推動的力量與原因。作者用了一個比喻作為說明：看見一支箭飛來，可以推論出一定有人發射這支箭，這支箭在運動中，則必須要有一個發動的力量與維持飛的力量。如果這道力量（因摩擦力）消失，箭就墜落。就是這個墜落的力學，讓作者認為——天體無支撐的柱子，何以能在空中高懸不墜落？而且看起來已歷經了數千萬年不墜，為什麼能有這樣看不見又永恆的支撐力量？於是推論有一個超自然的力量創造這一切、維持這一切、主宰這一切：上帝的神力。

〔註39〕翁紹軍，1995，頁 111～112。

也許有人質疑說：「好，我相信背後有超自然力量介入，但為什麼是一神？而不是泛神、多神——每一個自然現象後面都有一個掌管的神？」於是作者又作了兩個類比：一個家庭應該只有一個主人，一個身體應該只有一個魂魄。如果一個家庭好多主人，則永無寧日；一個身體如果太多靈魂，難免精神分裂。一個人擁有單一的精神、靈魂，這是好的、健全的；只有一個一家之主，就不易有紛爭。推而廣之，宇宙萬物背後，也應該只有一個創造、維繫、主宰的力量：一神。

這一整篇證實上帝的大能與其獨一性，其修辭策略基本上是用類比（analogy）的形式，此所以篇名為《喻第二》。但為什麼用類比的形式？我相信原因是來到長安的這些景教宣教士的護教學（Apologetics）論述，認為獨一上帝的存在是無法用直接正面的方法進行分析，因此文中說「以此**譬喻**，則知一神神妙之力」，這與我們先前在「上帝是一個整體」那一節裡所說的上帝是無法用特定觀點進行分析的情形相同。我們只能在外圍類比：一切的類比都是間接的說明，都是外圍的論述。一方面，從定義的觀點來看，可以發現因為沒有直接證據可以證明上帝的存在，此即《序聽迷詩所經》說的：「在於眾生無人得見天尊」。所以修辭的語言成為一種迂迴的說明，成為一種無法接近上帝的包圍途徑。另一方面，從上帝屬性的觀點看，類比的修辭策略實際上是一種意義開放的動態說明，例如「譬如一個舍，一個主人」的類比，將為上帝的屬性不只帶來獨一性，也帶進主宰性，甚至於帶進家庭的親屬關係性。每一個加上的類比說明，除了想說明的上帝屬性之外，都帶進更多具開放性的附加意義——然而弔詭的是類比原本想讓我們接近上帝的屬性，可是這些附加意義卻有可能使我們離上帝的屬性愈來愈遠。

第二節 景教救贖論——帶入上帝的生命中

有一個極重要但卻無學者提及的專有名詞：聖化，我們將在此一併討論。

唐代漢語景教經典中，《一神論》無疑是最富基督教神學色彩的文本，其中有許多克服語言障礙、極具有創意且精確的神學引介與命名：「自聖」是其一；「聖化」也具有同樣的重要性〔註40〕。

〔註40〕此詞與「自聖化神」相同，大約是借用《孟子·盡心篇》的語言：「大而化之之謂聖，聖而不可知之之謂神」，一樣可見景教不只借用佛、道教語言，也借用儒家的語言。同樣地景教碑文中呈顯出的尊君思想，固然可能是《聖經新約》中〈羅馬書〉13：1～2 的教導：「在上有權柄的，人人當順服他，因為沒有權柄不是出於神的。凡掌權的都是神所命。所以，抗拒掌權的就是抗拒神的命；抗拒的必自取刑罰。」

「聖化」這個詞在九篇景教精經典中出現十次，全集中在《一神論》的第三卷〈世尊布施論〉中，很明顯這絕對不是偶然〔註41〕，我們可以看出必然與世尊的布施有極密切的關係。以下列出這十處經文〔註42〕：

1、有石忽人，初從起手，向死予前，三日早約束竟。一切人於後，欲起從死，欲上天去。喻如聖化作也。

2、所以彌師訶不是（世）尊，將身作人，有（世）尊自作於無量聖化，所作不似人種，所作（世）尊種。

3、於彼時節，所以與命，地動、山崩、石磬，上甈甌蹋壁，彼處張設，聖化擘作兩段。

4、彼處有墓自開，聞有福德死者，並從死得活，起向人處來。亦有十四日一月，亦無時日不見暗所，聖化爲此，三時日如此。

5、喻如暗裡一切物，人眼不能得見，聖化可耳聞眼見。所以彌師訶上懸高，求承實世尊。

6、欲得淨風天向汝等，彌師訶從明處空中看見，天上從有相，大慈風中坐，爲大聖化，於天下示（亦）見。

7、天下分明見得天尊處分，誰是汝父來向天下，亦作聖化，爲我罪業中，於巳（己）自由身上受死，五陰三日內從死起，憑天尊，氣力尚上天來，末（未）也聞。此天下，是彌師訶自譽處起……生欲與一切人。

8、此云向説世尊聖化預知，後於無量時，預前須自防備。

9、有誰事彌師訶者，亦道名字分明見，是天下所作{作}處，世尊化術異種作聖化，計較籌量，亦是他自家所作。

10、自餘人總禮拜世尊、欝數彌師訶，並云：「此等向天下世尊聖化行，亦無幾多時」，所以分明自示己來。

我們將從第 2 個引文開始討論。我的標點與其他學者略有出入〔註43〕，爲何

泛指一般在上掌權者，未必指君王。更可能的是根據是儒家的尊君思想，因爲對宣教有助益。此點將在〈跨越語言文化的難題〉一章中詳論。

〔註41〕有一個可能的例外，即《一神論》中的〈喻第二〉有一句「聖主風化見今」，意指耶穌基督的教化沒有時空的限制。「聖主風化」僅出現一次，著實很不易從上下文判斷與「聖化」之間的關係。

〔註42〕翁紹軍，1995，頁 137～144。

〔註43〕這段標點主要參考的是龔天民的標點——參龔天民，1960，頁 142，僅稍微不同。另外翁紹軍與羅香林的句讀全同，顯然翁採羅的標法：「所以彌師訶不是（世）尊，將身作人，有（世）尊自作，於無量聖化所作，不似人種所作，（世）尊種亦有愛身……。」——羅香林，1966，頁 202。

採如此標點，原因在於：一、承上文的語意，二、聖經的根據。

引文 2 所承的上文「亦吃彼樹……不合將自家身詐做神，合死」，指的是《創世紀》中上帝不准人類吃分別善惡樹的果子，吃的話必死，而蛇引誘夏娃吃的理由是「你們便如神能知道善惡」（2：15～3：5）——說的是人想要作神的欲望。而這接下來的一段說的是耶穌基督與人正好相反，祂是神，卻放棄作神的特權；成為人，為要完成上帝的救贖工作，將人從原罪中釋放出來，與神從新和好。

於是上帝採取了一個救贖計劃：道成肉身〔註 44〕，亦即此處所謂的「將身作人」。「彌師訶不是世尊，將身作人，有世尊自作於無量聖化，所作不似人種，所作世尊種」——這句話「彌師訶不是世尊」的說法相當奇特，必須與前面猶太人指責耶穌自稱是基督的話「從自家身上作語是世尊兒，口論我是彌師訶」並觀：亦即三位一體中，耶穌基督是子，上帝世尊是父；從位格的觀點看，子與父是有分別的，故說「彌師訶不是世尊」。然而耶穌基督與聖父卻是一體的，祂是神（也是神的兒子），卻願意成為人，此即《新約聖經·腓利比書》所謂：「祂本有神的形象，不以自己與神同等為強奪的，反倒虛己，取了奴僕的形象，成為人的樣式，既有人的樣子，就自己卑微，存心順服，以致於死，且死在十字架上。」（2：6～8）

這又當與第 5 條資料並觀：「喻如暗裡一切物，人眼不能得見，聖化可耳聞眼見。所以彌師訶上懸高，求承實世尊。」耶穌基督被釘死十字架上，為的是順服上帝的旨意（救贖人類的計劃）——這也是路加福音說的：「父啊！你若願意，就把這杯撤去；然而不要成就我的意思，只要成就你的意思。」（22：42）——很明顯地，此處所言正是〈腓利比書〉的「存心順服，以至於死，且死在十字架上」。

分析至此，我們開始對聖化的意思有初步的把握。首先，1、3、4、5、7 都與耶穌基督釘十字架，第三天死而復活有關，這其實就是聖化的第一層意義。在引文 1.中說的是耶穌預言自己死後三日復活，此即〈馬太福音〉記載的，耶穌死後第二天，祭司長與法利賽人去見巡撫彼拉多說的：「人人，我們記得那誘惑人的還活著的時候曾說：三日後我要復活。」（27：63）以後所有人想要死而復活，上天堂，都會像耶穌基督所做的——「一切人於後，欲起從死，欲上天去。喻如聖化作也。」

3、4、5 是連續的文本，從 3 到 4 的一半：「於彼時節……起向人處來」，即《聖經·馬太福音》所記：「耶穌又大聲喊叫，氣就斷了。忽然，殿裏的幔子從上到下裂為兩半，地也震動，磐石也崩裂，墳墓也開了，已睡聖徒的身體多有起來的。

到耶穌復活以後，他們從墳墓裏出來，進了聖城，向許多人顯現。」(27：50～53)
聖殿的幔子之所以斷裂爲二，乃因聖化之故：「上甎甂蹋壁，彼處張設，聖化擘作
兩段〔註45〕。」聖殿的幔子斷裂爲二半，其實有極深的神學象徵意義《聖經靈修
版》這麼解釋〔註46〕：「聖殿有三個主要部分：外院、聖所——只有祭司可以進去，
至聖所——只有大祭司每年一次，爲全體百姓的罪獻贖罪祭時才可以進去。耶穌
死的時候，分隔聖所和至聖所的幔子裂成兩半，象徵神和人之間的阻隔已經除去
了，現在所有人都可以自由地到神那裡，因爲基督的祭已經爲我們贖了罪。」

所以，聖殿的幔子——據景教《一神論》的神學觀點來看——之所以會裂成
兩半，神與人之間的阻隔之所以會除去，全因藉著耶穌基督的釘死，爲我們人類
贖了罪——這就是聖化之功。故此我們知道，「聖化」從狹義的耶穌基督就死、復
活的意義，擴展到整個上帝的「救贖」計劃。

我們把這樣的解釋放回 4 和 5 兩個引文（因爲此二者乃承 3 引文而下，同爲
一段，是最接近的文本），看理解上能否通過？如果解釋沒有問題，我們再應用到
其他 2、6、7、8、9 和 10 的引文，檢驗是否切合？——我相信在所有目前可見的
漢語景教文獻中，「聖化」出現十次，且都集中在《一神論》中，那麼很顯然的，
這是《一神論》特別要提出討論的神學觀念，而且這十個重複的詞必得有一致的
解釋才是。

引文 4「亦有十四日一月，亦無時日不見暗所，聖化爲此，三時日如此。」指
的是正月十四日以色列人的逾越節，亦即《舊約・利未記》所載：「正月十四日黃
昏的時候是耶和華的逾越節」(23：5)。嚴謹的意義來看，逾越節指的就是正月十
四日晚上的聚會，通常會有一頓宴席，預備有羊羔、無酵餅等食品，耶穌與門徒
的最後晚餐就是這個晚上的事，亦即從這夜起發生了一連串的事件：包耶穌被捕、
受審、釘十字架、埋葬，之後三天復活——基督受難不僅天地眞的爲之黑暗〔註
47〕，也象徵在祂復活之前的這三天，世界陷入全然的黑暗——「聖化爲此」的意

〔註45〕此處我的標點與諸學者不同，龔、羅、翁均作：「石礐上甎甂蹋壁，彼處張設聖化，
擘作兩段。」我認爲不妥，原因是：他們將石礐當作石磐很有問題，一不妥是：聖
經分明說「磐石也崩裂」，故我以爲石礐當與山崩、地裂同列，亦即山崩了，地裂
了，磐石也震垮了；二不妥是：即使將石礐當作石磐，我們知道幔子從不掛在磐石
上，而是在聖殿的聖所與至聖所之間，且「彼處張設聖化」，又當如何解釋？按我
的標點「彼處張設」的意思，即聖殿彼處張設幔子。——參翁紹軍，1995，頁 140。
〔註46〕《靈修版聖經》(Chinese Life Application)，(香港國際聖經協會，新約，1999)，頁
90。
〔註47〕〈馬可福音〉15：33——從正午到申初，遍地都黑暗了。

義就是「爲此聖化」：爲了救贖，耶穌基督三天在死亡墳墓的黑暗之中。

所以接下來 5 引文「喻如暗裡一切物，人眼不能得見，聖化可耳聞眼見。所以彌師訶上懸高，求承實世尊」，耶穌被釘十字架，是順服上帝的旨意：這一切過程（聖化），當時人都耳聞眼見，是實在發生的事。

回到 2 引文：「有（世）尊自作於無量聖化，所作不似人種，所作（世）尊種。」聖化——救贖的計畫是上帝的旨意，其意義深遠，擴及全人類的生命，因此稱之爲無量（無法量度的）聖化。這樣的救贖作爲，非人類可完成，乃是上帝親自的作爲〔註48〕。

我們來看 6 引文「欲得淨風天向汝等，彌師訶從明處空中看見，天上從有相，大慈風中坐，爲大聖化，於天下示（亦）見。」所承上文：「彌師訶弟子……比到盡天下」，先說的是〈馬太福音〉28 章末耶穌交代門徒〔註49〕，要使天下萬民做基督的信徒，接下來一段：「聞有三十日中……並向汝等俱說」——指的是〈使徒行傳〉第一章耶穌在復活之後、升天之前向門徒說明神國度的事〔註50〕且要門徒「受聖靈的洗」所指正是引文中的「欲得淨風天向汝等」。之後耶穌升天〈使徒行傳〉記載有兩位天使說：「加利利人哪，你們爲甚麼站著望天呢？這離開你們被接升天的耶穌，你們見他怎樣往天上去，他還要怎樣來。（1：11）」預言最後審判時耶穌的再來。於是《一神論》就把彌師訶升天說爲「大聖化」——這將是一個更大的救贖計劃：耶穌基督必然再臨！

6 與 8 有一些關連，都與〈使徒行傳〉密不可分。我們先看 8 引文：「此云向說世尊聖化預知，後於無量時，預前須自防備。」所承上文「所以拂林向石國伊大城裡，聲處破碎……唯有運業能得，彌師訶弟子並煞卻滅祚。」——談到耶穌死後，從耶路撒冷開始門徒大受逼迫，〈使徒行傳〉記載許多人被殺、被捕，更多人四散奔逃，卻也促成福音的廣傳。然而這一切都在神的救贖計劃中，像這樣的逼迫劫難，往後還有無數，要門徒心理上要有防備。所以下文才說：「汝等誰事世尊，自籌量計較……得汝情願」，所說不外是要堅定信徒的心。

第 9 第 10 引文再次強調世尊與聖化的關係：「世尊化術異種作聖化，計較籌量，亦是他自家所作。」與「自餘人總禮拜世尊、罄數彌師訶，並云：『此等向天

〔註48〕有關救贖與神的關係，可參〈馬太福音〉9 章與〈路加福音〉5 章所記載，有關耶穌赦罪癱子的事件，當時的宗教領袖文士與法利賽人議論此事：這說僭妄的是誰？除了神以外，誰能赦罪呢？

〔註49〕〈馬太福音〉28：18～20。

〔註50〕〈使徒行傳〉1：3～5，聖經上記載耶穌用 40 天教導門徒，此處不知何故僅 30 日？

下世尊聖化行，亦無幾多時」，所以分明自示己來，彌師訶向天下見也。」整個救贖的安排與計劃全在上帝手中，且對於初代教會的敘利亞人而言，世尊向全天下人類展開聖化的救贖行動，才是沒多久之前的事，世人很明顯地都看到了耶穌基督的自願受死復活。

◎聖化最清楚的定義

第 7 引文：「天下分明見得天尊處分，誰是汝父來向天下，亦作聖化，爲我罪業中，於巳（己）自由身上受死，五陰三日內從死起，憑天尊氣力尚上天來，末（未）也聞。此天下，是彌師訶自譽處起……生欲與一切人。」可以說是聖化的最清楚定義了。耶穌基督受死的原因是「爲我罪業」；復活（從死起）的目的是「生欲與一切人」（欲給予一切人生命與永生）：這就是神的救贖聖化。上帝用自己兒子（耶穌）的生命來買贖我們陷於罪惡中的生命，要讓世人得到自由與新生命，成爲自己的親人與兒女，所以此處不再用世尊，而是用「汝父」，強調上帝乃是我們在天上的父。

在基督論中，救贖意指「被帶入神的生命中」或「被塑成神」，傳統上用「神化」來表達這觀念〔註51〕。希伯來文中有一個極特別的動詞 g'l，意思是拯救、贖回，其名詞是 go'el，意爲一個拯救者——在其他閃族語言並無相當的詞。G'l 的文化背景是法律——猶太人的律法：《舊約·利未記》記載如果一個人被迫賣掉土地財產他的親戚應該施行 ge'ulla，亦即其親戚當買回土地財產歸還原主：「在你們所得爲業的全地，也要准人將地贖回。你的弟兄（弟兄是指本國人說；下同）若漸漸窮乏，賣了幾分地業，他至近的親屬就要來把弟兄所賣的贖回。若沒有能給他贖回的，他自己漸漸富足，能彀贖回，就要算出賣地的年數，把餘剩年數的價值還那買主，自己便歸回自己的地業。倘若不能爲自己得回所賣的，仍要存在買主的手裏直到禧年；到了禧年，地業要出買主的手，自己便歸回自己的地業。」（25：25～30）在猶太人的法律中——亦即《舊約聖經》的規定——窮人有機會收回自己的財產土地，但是出手幫助買贖（ge'ulla）的人必須是宗族間的親戚（買贖者叫 go'el）。〔註52〕

以色列之所以會有這樣的法律，是因爲「贖回」此概念與上帝有密切的關係：

〔註51〕 麥葛福 A，1999，頁 344～5。
〔註52〕 參雷利柏（Leopold Leep），《聖經的語言和思想》，（北京：宗教文化出版社，2000，）頁 26～7。

「地不可永賣，因爲地是我的；你們在我面前是客旅，是寄居的。在你們所得爲業的全地，也要准人將地贖回。」（〈利未記〉25：23～4）上帝才是土地的眞正主人；而人也是屬於神的，人在世上，不過是寄居的、是客旅，眞正的目的地是歸回上帝。

買贖者可能是親戚，而神更是我們生命的買贖者：「萬軍之耶和華如此說：『以色列人和猶大人一同受欺壓；凡擄掠他們的都緊緊抓住他們，不肯釋放。他們的救贖主大有能力，萬軍之耶和華是他的名。他必伸清他們的冤，好使全地得平安，並攪擾巴比倫的居民〔註53〕。』」耶和華神要救贖以色列人與猶太人脫離欺壓者——巴比倫政權且要爲他們伸冤。這讓我們連想到上帝帶領以色列民族出埃及的壯舉：「耶和華你們的救贖主、以色列的聖者如此說：因你們的緣故，我已經打發人到巴比倫去；並且我要使迦勒底人如逃民，都坐自己喜樂的船下來。我是耶和華你們的聖者，是創造以色列的，是你們的君王。耶和華在滄海中開道，在大水中開路，使車輛、馬匹、軍兵、勇士都出來，一同躺下，不再起來；他們滅沒，好像熄滅的燈火〔註54〕。」

上帝不只是以色列人民的神，更是他們的親戚與救贖主。這也帶出來救贖的另一層意義：統治者的替代。以色列人原先在埃及法老的奴役之下，上帝拯救他們脫離異族的統治，之後頒布十誡與律法，成爲他們新的國王（所以說：「是你們的君王」）——救贖之後，這個民族按照上帝的規定，建立一個新的合理社會；就個人而言，則是擁有一個新的生命，如前《一神論》所說「生欲與一切人」，亦即《新約》說的：「若有人在基督裏，他就是新造的人，舊事已過，都變成新的了〔註55〕。」

另一個與贖回相關的詞是 pdh，在各閃族文化中比較普遍，也是法律用語，與 g'l 的分別是：g'l 與宗族親戚有關，pdh 則與商業有關。〈出埃及記〉提及牲畜傷人的具體處理法規：「牛若觸死男人或是女人，總要用石頭打死那牛，卻不可喫他的肉；牛的主人可算無罪。倘若那牛素來是觸人的，有人報告了牛主，他竟不把牛拴著，以致把男人或是女人觸死，就要用石頭打死那牛，牛主也必治死。若罰他贖命的價銀，他必照所罰的贖他的命。牛無論觸了人的兒子或是女兒，必照這例辦理。牛若觸了奴僕或是婢女，必將銀子三十舍客勒給他們的主人，也要用石頭把牛打死〔註56〕。」「贖命的銀價」希伯來文作 pidjon，是 pdh 的名詞。另外《舊

〔註53〕《聖經》舊約〈耶利米書〉50：33～4。
〔註54〕《聖經》舊約〈以賽亞書〉43：14～7。
〔註55〕〈哥林多後書〉5：17。
〔註56〕〈出埃及記〉21：28～32。

約‧詩篇》也提到相同的贖價觀念：「那些倚仗財貨自誇錢財多的人，一個也無法贖自己的弟兄，也不能替他將贖價給神，叫他長遠活著，不見朽壞；因為贖他生命的價值極貴，只可永遠罷休。」人的生命無價，然而上帝卻願意用自己的獨生子的生命作為贖價（pidjon），將人從罪惡的必死生命中救出贖回──神要作人的救贖主（go'el）；而贖回的人民，最終的目的是：神要他們作祂的親戚、作祂的兒女，所以祂自稱為「汝父」──這就是世尊的**聖化**作為：救贖的安排。

救贖的安排──聖化了的人，他們的生命有新的目的。施洗約翰的父親撒迦利亞說道：「主以色列的神是應當稱頌的！因他眷顧他的百姓，為他們施行救贖，在他僕人大衛家中，為我們興起了拯救的角，……拯救我們脫離仇敵和一切恨我們之人的手，……叫我們既從仇敵手中被救出來，就可以終身在他面前，坦然無懼的用聖潔、公義事奉他〔註57〕。」一個被救贖的人應該過著公義、聖潔的生活，來服事上帝。

於是在上面 7 引文末「生欲與一切人」之後，《一神論》緊接著說：「此天下亦報償、亦有信者向彌師訶處，取禮拜世尊者於彌師訶父處，將向天堂至常住處，亦與長命快樂處；於彼彌師訶處，無行不具足。受世尊處分，喻如自父〔註58〕。」這裡我們看見一個基督徒在被救贖重生之後的生命改變。我們將整段文字以現代漢語語譯：

> 有人感動回應、得到信仰，來到耶穌基督面前；有人趨向天父面前，
> 禮拜上帝。天堂將是他們未來永恆的住處，也是永生得到喜樂的地方。
> 他們在耶穌基督身上──得著改變生命的能力──行為因之得以完備；
> 生命受上帝調教，好像自己的父親管教一般。

這就是被拯救贖回的人！他們感動，他們相信，他們敬拜，他們有永生的盼望，他們生命有見證，他們願意被上帝管教！──他們**成為上帝的人**，這個過程就是**救贖**，就是：**聖化**。

第三節　景教的基督論──東西神學的分與合

我們回到《三威蒙度讚》對三位一體的論述，更廣泛地探討唐代景教文獻中聖子耶穌基督的救贖工作。在頌讚完三位一體之後，作者就聖子的工作，做了基

〔註57〕〈路加福音〉1：68～75。
〔註58〕龔天民，1960，頁146～7。

本的描述〔註59〕。

　　　　彌師訶普尊大聖子，廣度苦界救無億。

　　　　常活命王慈喜羔，大普耽苦不辭勞。

　　　　願捨群生積重罪，善護眞性得無縣。

　　　　聖子端任（在）父右座，其座復超無鼎高。

　　　　大師願彼乞（允）眾請，降筏使免火（大）江漂〔註60〕。

　　這一段是標準地針對基督（彌師訶）所作的「救恩的安排」的描述，基督是
大聖子〔註61〕，祂降生人世的主要目的就是把人類從罪惡中救贖出來，祂不辭勞
苦、爲人捨命，所以獲得天父右座的尊榮地位。大師指的是耶穌基督。

　　　　大師是我等慈父，大師是我等聖主。

　　　　大師是我等法王，大師能爲普救度〔註62〕。

　　　　大師慧力助諸贏，諸目瞻仰不暫移。

　　　　復與枯燋降甘露，所有蒙潤善根滋。

　　　　大聖普尊彌師訶，我嘆慈父海藏慈。

　　　　大聖謙（兼）及淨風性，清凝法耳不思議〔註63〕。

　　在這一段中我們又看到三位一體那種既具合一性、又有獨特性的一種整體
性。前面我們說到大師是耶穌基督，此處又指出祂的三種身分：慈父、聖主、法
王。聖主、法王，我們可以理解，但是前面才說是大聖子，爲何又說是慈父？表
面上看起來是矛盾的，但是仍然刻可以理解，因爲人類都從救主基督重生，彷彿
是從基督所生，說祂是慈父也不爲過；又因爲「三身同歸一體」（參見《尊經》），
看到聖子的大作爲，也似乎窺見了聖父的慈愛。

　　最後三句則更進一步說明了聖子與聖靈的密切關係。「復與枯燋降甘露」的主
語是大師耶穌聖子，明顯地是耶穌基督對枯萎的生命施與甘露，什麼是甘露？其
實就是約翰福音7：37～39所說的：「人若渴了，可以到我這裡來喝。信我的人，
就如經上所說：『從他腹中要流出活水的江河來。』耶穌這話是指著信他的人要受

〔註59〕翁紹軍，1995，頁193～196。

〔註60〕吳其昱對照敘利亞文的《天使頌》，括弧内爲校對的結果——使得漢語誤抄之處，
　　　　皆得辨正。詳見吳其昱，〈景教三威蒙度贊研究〉，頁415～416。

〔註61〕《新約·希伯來書》1：6：「神使長子到世上來的時候」。

〔註62〕這兩段引文中，我們看到救度的觀念：「廣度苦界救無億」、「大師能爲普救度」，我們
　　　　知道「度」是佛家語，度（渡）到彼岸，亦即離俗出生死之意。救贖的觀念原非漢
　　　　語的詞彙，因此《一神論》的作者才自創「聖化」一詞，凸顯神救贖的計畫。

〔註63〕謙當作兼據吳其昱的校對參吳其昱，〈景教三威蒙度贊研究〉，頁415。

聖靈說的。」（和合本譯文）渴了的人就是枯燋的生命，從耶穌基督而來的聖靈活水就是甘露。這也再一次印證了《大秦景教流行中國碑》文中所謂的耶穌基督「設三一淨風無言之新教」，聖靈不只從聖父而出，也從聖子而出。

景教會有這樣的洞見，我相信與當時基督教世界的神學發展有密切的關係。七世紀唐太宗時正式在中國立基的景教，有一套自成體系的神學，也與西方基督教神學的潮流有互動。一般而言，三一神學是大家共同關切的問題，其中聖靈究竟從聖父而出，或者從聖父及聖子而出，引發了東、西方教會的分裂，根據麥葛福的分析：「到了第九世紀，西方教會的慣例是將這句話改為聖靈『由父和子而出』。拉丁文 *filioque* ──和子，就是指此處添加的字；西方教會以將其視為標準，也接受它所表達的神學觀。這種聖靈的雙重源出的觀念，希臘的作者很不以為然……許多學者認為這種反感促成了 1054 年東、西教會的分裂〔註 64〕。」

事實上，景教源自敘利亞的安提阿教派（Antioch），因為教主聶斯多留（Nestorius）在 431 年以弗所會議中鬥爭失敗，被對手亞歷山大主教區利羅（Cyril of Alexandria）結合東羅馬皇帝狄奧多西（Theodosius）二世將其遣送安提阿、後流放至埃及；其擁護者轉往薩珊王朝（Sassanids）的波斯發展、後於七世紀傳入中國。

雖然聶斯多留與區利羅兩位主教勢不兩立，可是在聖靈所出的見解上，卻是一致的。麥葛福如此說：「亞歷山大的區利羅毫不遲疑地說靈屬於子，而相關的觀念很快就在西方教會內發展開來〔註 65〕。」這樣的看法在奧古斯丁（Augustine of Hippo）的手中獲得了充分的發揮，他在《論三位一體》中說道：「我們亦不能說，聖靈不是由子而出。畢竟，聖靈既是父的靈，也是子的靈……聖靈不單源出於父，也源出於子〔註 66〕。」奧氏又說：「聖靈並非單單屬父，亦非單單屬子，乃是同時又屬於父又屬於子〔註 67〕。」

奧古斯丁的《論三位一體》大約在 400～415 年間寫成，我相信對於景教的神學也大有影響，於是在後來唐代景教的文獻也表達出相同的神學觀，包括上面所引論的《大秦景教流行中國碑文》、《三威蒙度讚》、與《尊經》。因為兩位大主教的教義分歧，而引致的教派政治鬥爭，從三位一體的觀點來檢視，其實並非神學

〔註 64〕此處東西方教會的分裂，東方指的是希臘與俄羅斯的東正教傳統。顯然在此，從三位一體教義的分析上來看，操敘利亞語的景教（東方）教會，更接近西方教會的意見。麥葛福 A，1999，頁 323。
〔註 65〕同上，頁 324。
〔註 66〕同上，頁 324。
〔註 67〕同上，頁 138。

上的大對立，而是異中有同，甚至於是同多異少〔註68〕。

◎重回異端現場

　　早期一般學者將聶斯多流視爲異端。他們的理由是什麼？從唐代的漢語景教文獻中的基督論（特別是神人二性的問題），我們再重新檢驗：景教眞是異端嗎？

　　從基督教史來看，康士坦丁堡主教聶斯多留是在 431 年由東羅馬皇帝狄奧多西二世召開的以弗所會議上，因爲聶氏的敘利亞支持者遲到，被死對頭亞歷山大主教區利羅利用機會將其撤職〔註69〕。兩者的對立，固然有神學上的爭論，實際上更多的可能是權力的鬥爭。因此麥克唐納（H. Dermot Mcdonald）說：「他（區利羅）和聶斯多留的衝突，一部分是亞歷山大和康士坦丁堡敵對教區之間的衝突」〔註70〕。

　　一般而言，學者大多認爲聶斯多留派（景教）的異端〔註71〕，肇因有二：一.theotokos（bearer of God，聖母瑪利亞是否為神之母）的問題；二.是耶穌基督的神人二性問題——其實此二者乃區利羅特別爲文攻擊聶斯多留的重點。在此我並不想重建他二人複雜的神學辯論（事實上也不可能），或者分析聶氏是否爲異端，而是想釐清敘利亞教會下景教傳統的神學立場。

　　首先，我們發現在唐代的景教文獻中，提及聖母瑪利亞之處，確實沒有任何特別尊崇敬奉之意，這與所謂的西方基督教（即天主教傳統）有極大差異。亞歷山大的區利羅論瑪利亞說道：

　　　　奧秘聖潔的三一眞神，我們在此向你歡呼！你招聚我們一同聚集在
　　上帝之母神聖的瑪利亞的教會之中，上帝之母瑪利亞我們向妳歡呼致
　　敬！妳是宇宙萬物中最神聖的寶物，是永遠不落下的星，是童貞的冠冕，
　　是正統律法的權威，是不會朽壞的聖殿，是無可比擬者的居所……通過

〔註68〕另一方面，到了元代，在《景教大德西行偉蹟記》中，司馬法師與梵諦岡教廷紅衣主教的對於「和子」filioque 辯論來看，此時景教的三一神學或許是與東正教相互影響，又偏向所謂（操希臘語爲主）東方教會的思考。在論戰中，司馬法師主張：「聖父是能造之主，聖子是所造之主，聖靈是所自出。」而紅一衣主教則不認同，堅持：「我們相信聖靈是聖父與聖子所自出的。」此所代表的正是典型西方教會的聖靈觀。羅香林 1966，頁 252～3。

〔註69〕這段歷史由賴特（David F. Wright）主述，從安提阿派神學到以弗所會議的過程相當清楚。參陶理博士，《基督教二千年史》（香港：海天書樓，1997），頁 178～181。

〔註70〕同上，頁 182。

〔註71〕直到 20 世紀的中國天主教學者仍持此看法，參朱謙之 1993，頁 23～5。

我們歌頌永遠的童貞女瑪利亞，她是神聖的教會……〔註72〕。

不僅推崇備至，甚至將之提高到一個（幾乎）與神同等的地位。因爲我們知道《聖經》只說耶穌基督是教會的頭（除此之外，我們無法看到《聖經》曾以任何形式的書寫來如此推崇一個人的地位到與神聖的教會同等）。《新約·以弗所書》說道：「……基督是教會的頭；他又是教會全體的救主。……基督愛教會，爲教會捨己。要用水藉著道把教會洗淨，成爲聖潔，可以獻給自己，作個榮耀的教會，毫無玷污、皺紋等類的病，乃是聖潔沒有瑕疵的。」（弗5：23～27）反觀《聖經》從未對聖母瑪利亞有太多的討論與描述，除了她是耶穌的生母這點之外。

亞歷山大的區利羅論瑪利亞的意見，在羅馬天主教傳統中一直延續到現代的天主教教義，不僅宣告其無罪，也突出她作爲恩典的中保及耶穌基督救贖工作的參與者。教皇比約九世（Pius IX）於1854年宣告：「充滿恩寵的童貞女瑪利亞，其始胎無染原罪，是由於全能者的單獨恩寵與特許，爲了耶穌基督全人類救主的功德，得以無染原罪，這教義是上主所啓示的。」而教皇利奧十三世（Leo XIII）在1891年的通諭（Octobri Mense）中宣告：「除了藉著聖子，沒有人能到達至高天父之前；某程度上說，就除了透過聖母，沒有人能到達聖子之前……瑪利亞就是那一位：瑪利亞配得一切的稱頌，她有能力，是全能天主之母……所以上主把她賜給我們……我們應該在她的蔭護之下，擺上自己，我們的心思意念，我們的純淨和懺悔，我們的悲傷和喜樂，以及我們的祈求與願望。這所有屬於我們的一切，我們都應該交託她……〔註73〕。」把原先對耶穌基督的信仰態度——透過他我們得以到上帝那裡——完全轉交給聖母瑪利亞，瑪利亞承接這一切，因爲唯有透過她，我們得以到耶穌基督那裡。整個信仰程序向後退一步：從耶穌基督退到聖母瑪利亞，於是離那位信徒眞正想倚靠信託的上帝就愈來愈遠了。

反觀我們來看聶斯多留對此的保留。署名爲蘇格拉底（Socrates）編輯的一本《教會歷史》（Historia Ecclesiastica）認爲聶斯多留是在爲亞拿斯大修（Anastasius）辯護：

> 聶斯多留有一位從安提阿帶來的同工——亞拿斯大修長老，他非常尊敬這位長老……有一天，亞拿斯大修在教會中講道，他說：「我們不應當稱瑪利亞爲生神之母，因爲瑪利亞不過是一個人，而神不可能是由一

〔註72〕出自《以弗所會議訓誡四》（Homily at the Council Ephesus），參麥葛福B（A. E. McGrath），《基督教神學原典菁華》，（台北：校園書房出版，1999），頁187～8。
〔註73〕殷保羅（Paul Enns），《慕迪神學手冊》，（香港：福音證主協會，1991），頁514～515。

個人所生出來的。」……聶斯多留不希望見到他如此尊重的一個人被控為褻瀆，反而急於建立亞拿斯大修的論點……他採取保守的態度，甚至全然揚棄生神之母一詞〔註74〕。

不管聶斯多留是否是為了維護亞拿斯大修長老的聲譽才有此舉，然而在那個極尊崇聖母瑪利亞的時代，敢於堅持反對意見，不僅需要勇氣，也需要真正神學上的體認。我們從這段文字可知 theotokos 的問題，其實與基督的神人二性有極密切的關係。對於聶斯多留而言，如果真要以 theotokos 稱呼瑪利亞，就必須加上一些限制——牛津大學神學教授凱利（J. N. D. Kelly）說道：「他（指聶斯多留）可以允許一般人以此頭銜稱呼瑪利亞，只要他們不認為瑪利亞本身有神性，他自己喜歡用『生基督的』或者『接納神的』〔註75〕。」顯然他認為區利羅一干人已賦予瑪利亞神性因而不滿——這又與基督的道成肉身有關。

聶斯多留指出：「道那位神，以及他所成為的那人，在數目上絕非兩位，因二者在尊貴榮耀上是一個位格，被萬有敬拜，從來不會以任何方式被不同的目標或意志分開。」另外，他又說：「身為基督，祂不可分；身為神人，祂有二性……我們不知道有兩個基督、或兩個兒子、或獨生子、或主，不是這個和那個兒子，不是第一和第二基督，而是相同的一位——我們從祂被造和非被造的本性中看到祂〔註76〕。」

聶斯多留花了許多力氣，重要的是要還給耶穌基督的人性一個應有的地位。凱利如此評述：「他再二說基督的人性是 hypostasis（指具體的存在）或 prosopon（指位格，此處的意思是外在的性質和形式，就個別而言），這並不是指那是一個獨特的位格，而只是說那是客觀的事實。他對後者的堅持應算上一筆功勞，其主要動機是要還主人性一個應有的地位〔註77〕。」

我們現在來看景教經文中提到瑪利亞的地方：

1、神天宣慶，室女誕聖於大秦。（景教碑）

2、天尊當使涼風，向一童女，名為末艷。涼風即入末艷腹內，依天尊教，當即末艷懷身，為以天尊使涼風，伺童女邊，無男夫懷任（孕）。令一切眾生見無男夫懷任，使世間人等見即道：天尊有威力……末艷懷孕，後產一男，名為移鼠。（序聽迷詩所經）

〔註74〕參麥葛福 B，1999，頁 184～5。
〔註75〕凱利（J.N.D.Kelly），《早期基督教教義》，（台北：中華福音神學院，1998），頁 217。
〔註76〕同上，頁 215～6。
〔註77〕同上，頁 218。

當然此二者均只就聖經所記載的瑪利亞稍作敘述，僅僅說明她的事跡、她的故事、她的歷史，在可見的唐代漢語景教文獻中，我們看不見任何有關瑪利亞的神學書寫，因爲對景教徒而言，她只是一個人，沒有必要以她爲中心發展神學——如區利羅所爲的一般——而這也確實是景教（聶斯多留派）的神學特色。

◎基督的神人二性

現在我開始來探討唐代景教文本中有關「神人二性」的問題——這其實就是〈約翰福音〉所謂的「道成肉身」的救贖觀。討論「道成肉身」，不能不回到「大秦景教流行中國碑」的碑文：「我三一分身，景尊彌師訶戢隱眞威，同人出代，神天宣慶，室女誕聖於大秦……煉塵成眞……開生滅死〔註78〕。」這裡我們特別可注意者：作者景淨強調彌師訶（彌賽亞基督）收歛隱藏其眞實的威光（——神之大能），取了與人相同的形式出世〔註79〕。同人，不只是與人相同的肉身形式，也一併擁有與一般人相同的人性——這點仍舊是聶斯多留派的嫡傳，突顯基督的人性眞實。

這裡我們可以探討爲何稱耶穌基督爲三一分身？在唐代景教經文中眞正提出三一神論的經文爲景教碑文、《尊經》與《三威蒙度讚》。以下我們分列三經對三位一體的命名：

景教碑文：三一妙身無元眞主阿羅訶、三一分身景尊彌師訶、三一淨風

《三威蒙度讚》：慈父、明子（或大聖子）、淨風王

《尊經》：妙身皇父阿羅訶、應身皇子彌師訶、證身盧訶寧俱沙〔註80〕

我們歸納分析之後三位一體的命名基本上可以分爲兩組：一、父、子、聖靈；二、以「身」爲主的一組名字。聖父、聖靈（稱妙身、證身）沒問題，倒是耶穌基督稱爲「分身」，相當可深究。我們可以說「分身」指的是妙身所從出、分出之意，不過似乎亦可作另外一解，亦即「本性兩分」（devided in nature）〔註81〕，指基督的神性人性兩分——然而眞可作如此解釋嗎？

「分身」此詞出現兩次，都在景教碑文中：一者爲「我三一分身，景尊彌師

〔註78〕翁紹軍，1995，頁49。
〔註79〕同人出代：意即與人一樣出世：「代」應作「世」，避唐太宗李世民諱。
〔註80〕據佐伯好郎的考證「盧訶寧俱沙」的中古漢語讀音與敘利亞語的 "Ruha-de-Kudsha" 相當即聖靈的譯音，靈 ruha, 聖的 de-kudsa.——參佐伯好郎，1951，頁277，翁紹軍，1995，頁202。
〔註81〕此爲威烈的解釋，參翁紹軍，1995，頁49。

訶戩隱眞威，同人出代」，提及「分身」就說明神性戩隱、人性出代，另一處經文則再次強調前面所論的：「眞主無元，湛寂常然，權輿匠化，起地立天。分身出代，救度無邊……」〔註82〕其實僅可視爲是前論的結語詩，並無新意。

　　根據明代天主教宣教士陽瑪諾的解釋：「分身者，乃天主第二位也。」果眞如其所言，則聖靈淨風爲天主第三位，也應稱爲「分身」——然而經文卻不如此說話〔註83〕。另外穆爾引述黑福瑞（Havret）的說法道：「黑福瑞發現『分身』一般的用法乃是一個屬靈體（spiritual being）同時於多處現身，或者以人體的形式出現。」〔註84〕「分身」在經文中此處的用法如爲前者（即同時於多處現身），則明顯地聖靈比基督更適合「分身」之意。聖經中使徒保羅說：「豈不知你們的身子是聖靈的殿嗎？這聖靈是從神而來，住在你們裡頭的〔註85〕。」顯然聖靈住在眾人之中，正是同時於多處顯明祂自己。如果「分身」是像黑福瑞所說的後者，乃靈體以人體的形式出現，則正符合此處的經文「彌師訶戩隱眞威，同人出代」的意思。

　　再者，就景教的神學傳統的詮釋來看，基督原本是神人二性、一個位格，因此說「分身」是特別指聶斯多留派所謂的「身爲神人，祂有二性」的基督二性論（dyophysitism）：此即三一分身另一極有可能的解釋。

第四節　景教的聖靈論

　　漢語景教文本中，對於聖靈此一神學專有名詞基本上有兩種翻譯：一、音譯爲囉稽、盧訶寧俱沙；二、義譯爲風、涼風、淨風。以下我們先列出音譯各引文：

> 一切眾眞景教……初累積無邊囉稽淲福，其福重極萬億，圖其帝山，譬所莫及，然可所致……如是無量囉稽淲福，廣濟利益，不可思議。
> ——《志玄安樂經》

> 敬禮妙身皇父阿羅訶，應身皇子彌施訶，證身盧訶寧俱沙，已上三身同歸一體。——《尊經》

　　音譯這一部分，若只從《志玄安樂經》上下文來推敲文意，仍不免失望。只知「囉稽淲福」爲極大福份，究竟內容爲何，誠如經文所說乃「不可思議」。除非回復爲敍利亞文 Rukha，才知其意爲「靈」，即使知道此字原意爲「靈」，仍不知所

〔註82〕參翁紹軍，1995，頁70。
〔註83〕同上，頁49。
〔註84〕穆爾1930，頁36，註19——本註爲筆者自譯。
〔註85〕新約〈哥林多前書〉6：19。

指爲何靈。至於《尊經》的「盧訶寧俱沙」，我們至少知道其所指爲三位一體中，父、子之外的第三位；如果可以對照《一神論》或景教碑文，即知其爲「淨風」，與聖父、聖子乃一體的關係。其實說明至此已大致清楚了，如果還能夠找回敘利亞原文 Ruha da qadsa，意思就更完整了：Ruha 爲靈，da qadsa 爲聖〔註86〕，合起來即「聖靈」之意。

以下爲義譯引文：

彌師訶弟子，分明處分，向一切處，將我言語示語一切種人，來向水字，於父、子、淨風，處分具足……欲得淨風天向汝等，彌師訶從明處空中看見，天上從有相，大慈風中坐，爲大聖化，於天下示（亦）見。

於後彌師訶，向上天十日，使附信與弟子，度與淨風。從天上看弟子，分明具見度與淨風，喻如火光，住在弟子邊頭上，欲似舌舌，彼與從得淨風，教一切人種性處，有彌師訶。——《一神論》

三一分身景尊彌施訶，……設三一淨風無言之新教，陶良用於正信……法浴水風，滌浮華而潔虛白——景教碑文

復與枯燋降甘露，所有蒙潤善根滋。

大聖普尊彌師訶，我嘆慈父海藏慈。

大聖謙（兼）及淨風性，清凝法耳不思議。——《三威蒙度贊》

「涼風」一詞僅見於《序聽迷詩所經》，然而此經有一段專論「風」的神學論述：

爲此天尊容顏似風，何人能得見風？天尊不盈少時，巡歷世間居編（遍），爲此人人居帶天尊氣，始得存活……所在人身命器（氣）息，總是天尊使其然……眾生身命爲風，無活臨命之時，風離眾生。心意（臆）無風，爲風存活。

天尊當使涼風，向一童女，名爲末豔。涼風即入末豔腹內，依天尊教，當即末豔懷身，爲以天尊使涼風，伺童女邊，無男夫懷任（孕）。……末豔懷孕，後產一男，名爲移鼠。父是向涼風，有無知眾生，即道若向風懷孕生產。

彌師訶入湯了後出水，即有涼風從天求（來），顏容似薄閭，坐向彌師訶上。

從《序聽迷詩所經》、《一神論》、景教碑文與《三威蒙度贊》中對聖靈的翻譯

名字來看，「風」或者「涼風」應該是比較早期的譯名〔註87〕，仍然在尋找一個適當的語言；而到了《一神論》之後，就基本上穩定下來，主要以「淨風」爲主，此與耶穌基督的譯名情況完全一致。

　　《序聽迷詩所經》中翻譯耶穌／基督的名字爲「移鼠」（一次）、「移鼠迷師訶」（一次）、「彌師訶」（23次）。而在《一神論》裡的翻譯則是「客怒翳數」（Kados-Ishu 聖—耶穌，一次）、「翳數彌師訶」（一次）、「彌師訶」（37次）。據朱維之的看法，對重視名教的中國人而言，「移鼠」確實大不敬，而《一神論》裡的「客怒翳數」則加上「神聖」的尊稱，應屬後來改善之舉〔註88〕。另一方面「迷／彌師訶」的譯名也不統一，更證實《序聽迷詩所經》爲目前可見的最早漢語景教文獻。於是《一神論》之後的《志玄安樂經》、景教碑文、《三威蒙度贊》與《尊經》各經中可看出譯名已固定下來爲「彌師訶」。譯名一旦固定，就沒有再變動的必要了。

　　從以上幾段經文來看，景教對於「聖靈」此一神學專有名詞的義譯「風」，基本上給與讀者的第一個概念是：有一種風（涼風、淨風），完全不在我們文化掌握和語言理解之內的風，與我們原先所認識的那個一般詞項「風」的指示義（denoted meaning，即字面的直接意思）完全無關，它所承載的語意也不是漢語裡「風」的內涵義或引申義（connoted meaning），而是另一個文化（希伯來文化）另一個範疇（神學）的信息。這個「風」確實帶來一股全新的信仰與神學的認識。

　　至於爲什麼用「風」作爲聖靈譯名的主調？一方面，我們在〈專有名詞的借用與命名〉一章中的「回歸神學的原點」那一節裡討論過的，在舊約聖經中的 ruah，一般譯爲「風、氣、氣息、靈」，可以指風與人的靈（生命氣息與心理狀態）以外，就是指神的靈了。風是神的氣息，上帝也用祂的氣息來造人、給予人生命：「耶和華神用地上的塵土造人，將生氣吹在他鼻孔裏，他就成了有靈的活人，名叫亞當。」（創2：7）神的靈與氣是同一個字，是可以互相解釋的。

　　另一方面，在最早的漢語景教經典《序聽迷詩所經》最初要引介翻譯聖靈此一詞時，其論述與舊約神學完全一致：「爲此天尊容顏似風，何人能得見風？天尊不盈少時，巡歷世間居編（遍），爲此人人居帶天尊氣，始得存活……所在人身命器（氣）息，總是天尊使其然……眾生身命爲風，無活臨命之時，風離眾生。心意（臆）無風，爲風存活。」雖然因上帝無形無體、不可見，又充滿在宇宙世界

〔註87〕我們將在〈專有名詞的借用與命名〉一章中（「回歸神學的原點」那一節），探討聖靈的譯名問題——回溯到舊約聖經的文本與語源，去尋找景教經典中有關「淨風」（風、涼風）系列譯名的歷史性語意根源。

〔註88〕參翁紹軍，1995，頁100。

中，故用風來形容神的形狀。然而這決不止是比喻形容而已，而是因為上帝確實是一個如風一般靈的存在〔註89〕，而人身上這股使人得以存活的氣，其實就是來自上帝的風，也就是神的靈——聖靈。

我們試著用上述引文的上下文，對此「風」作一次類似語意學中的語意要素的分析：一、與三位一體的上帝有密切關係，其位格是聖父、聖子之外的那一位（證身盧訶寧俱沙／父、子、淨風）；二、此風為上帝所差遣，讓童女瑪利亞懷了孕，且生下耶穌（涼風即入末豔腹內，依天尊教，當即末豔懷身。……後產一男，名為移鼠）；三、耶穌受洗時，涼風如鴿子一般，從天降下在耶穌身上（彌師訶入湯了後出水，即有涼風從天來，顏容似薄闍，坐向彌師訶上）；四、一般人要奉父、子、淨風之名受洗，且要受水和淨風的洗禮（來向水字，於父、子、淨風，處分具足／法浴水風）；五、耶穌設立淨風——新的教導人的方式：默示（三一分身景尊彌施訶，……設三一淨風無言之新教）；六、神賜下風，形成人的生命氣息；七、淨風使人生命得滋潤（復與枯燋降甘露，所有蒙潤善根滋。……大聖謙及淨風性，清凝法耳不思議。）；八、耶穌基督把弟子交給淨風（度與淨風——）：淨風如火舌，一降在弟子頭上，弟子就被聖靈充滿，具有極大能力，使世人認識耶穌基督（彼與從得淨風，教一切人種性處，有彌師訶）。

所以我們看到聖靈（風、涼風、淨風）不僅是三位一體上帝的聖靈，且與信徒發生密切的關係：神的靈賜予人生命氣息，默示教導人的生命道路，更進一步聖靈要充滿人，與人同在，使人得著能力，然後把福音傳揚出去。人因為與聖靈同在，也就時刻與神同在。**人與神最實際的關係和互動，是與聖靈之間發生的。**

第五節　景教的人論——靈魂的位置

一般而言，在基督教的神學裡，「人論」討論的是人的起源、人的生命組成與人的墮落〔註90〕。同樣地，景教也對人與神的關係建構了一套「人論」。

在唐代景教經典中，對「人的生命組成」此一問題的規劃，以《一神論》著墨最多。我們先來看〈喻第二〉與此有關的幾段經文〔註91〕：

　　1. 譬如一個舍，一個主人，（一）身一魂魄。若舍饒主，則舍不得好；

〔註89〕參《新約・約翰福音》4：24「神是靈」。據 The Greek-English Interliner New Testament, 1993 N. R. S. V.逐字的翻譯為 Spirit God（is）——英譯為 God is Spirit.
〔註90〕參殷保羅，1991，頁 291～305。
〔註91〕翁紹軍，1995，頁 111～115。

> 一人身饒魂魄，則人不得為善。故人魂魄無二，亦無三。

2. 一神在天地不可見，亦如魂魄在人身，人眼不可見。魂魄在身，既無可執見，亦如（一神在）天下不可見。魂魄在身，人皆情願執見。大智之聖，等虛空，不可執，唯一神遍滿一切處。將魂魄在身中，自檀（擅）意亦如此。

3. 天尊處天下，有者並可見，亦有無可見。譬如見魂魄，人不可得見，有可見欲，似人神識。一切人見二種，俱同一根，喻如一個根，共兩種苗，譬如一人共魂魄並神識，共成一人，若人（無）身不俱足，人無魂魄，人亦不俱足，人無神識，亦不俱足。

從 1.、2.條引文來看，一個人只有一個魂魄（靈魂），且是不可見的，其存在的形式是遍佈充滿全身的，宛如上帝遍滿宇宙天地一般。於第 3.引文我們看到人類存有的三角結構：肉身、靈魂、神識──這三方面構成一個人存有的整體。神識是什麼？對景教而言靈魂或魂魄是不可見的，然而我們卻一直有想見魂魄的欲望，此欲望與神識有極相似的關係，亦即：「譬如見魂魄，人不可得見，有可見欲，似人神識」因此黃夏年認為：「人無魂魄不成其身；人無神識不成其人」〔註92〕，亦即他認為神識就是產生欲望的源頭。但我們要注意經文只說「『似』人神識」，而不是「是人神識」，我們只能說兩者有相似的關係，欲望是人想取得外界事物以獲得滿足的一種生理心理機制，這是從肉體的本能來的，而神識則與認識外在事物、建立知識體系有關，亦即人的認識能力。我們來看〈一天論〉的一段經文：

> 神力意度如風，不是肉身亦神識，人眼不見少許。神力所遣、神力所喚，物當得知……大有萬物，安置一神，舉天下共神力。畜牲蟲虎，不解言語無意志……若個萬物，二共一、三共二，不相似，一一天下不可見。是以人疑，心中思餘神彼相：「分明萬物作，更有神彼相！」誰不分明萬物作──因此餘神彼相，不分明萬物作〔註93〕。

「神力意度如風，不是肉身亦神識，人眼不見少許。」語譯就是：神的意念不是人用肉身或神識可以猜測得知，且感官也完全無法感知（如同眼睛無法看見神一般）──這就是《聖經舊約‧以賽亞書》所說的：「耶和華說：我的意念非同你們的意念，我的道路非同你們的道路。天怎樣高過地，照樣我的道路高過你們的道路，我的意念高過你們的意念。」（55：8～9）而接下來的經文「神力所遣、

〔註92〕參黃夏年，〈景經《一神論》之「魂魄」初探〉，《基督宗教研究》2，（北京：社會科學文獻出版社，2000.10），頁451。
〔註93〕翁紹軍，1995，頁118。

神力所喚，物當得知……大有萬物，安置一神，舉天下共神力。」意思是神的能力的作爲，被造物（包括人類）應該可以知道：萬物是有一個造物主，宇宙天地全體都是神大能的作爲──這也就是《聖經新約·羅馬書》說的：「自從造天地以來，神的永能和神性是明明可知的，雖是眼不能見，但藉著所造之物就可以曉得，叫人無可推諉。」（1：20）

然而這個「物」（被造物）卻單單指的是人，因爲下文又說：「畜牲蟲虎，不解言語無意志……若個萬物，二共一、三共二，不相似，一一天下不可見。是以人疑，心中思餘神彼相……。」蟲魚鳥獸不具有認識外在世界的能力，只有人有。因此當人類觀察萬物，發現萬物各不相似，一個一元的世界並不存在。於是人懷疑在獨一的眞神之外，是否有其他神祇參與創造之功。

這個能夠觀察、思考，企圖理解，嘗試解釋，進而建構知識的能力──我認爲就是經文所指的「神識」。所以這段一開始就點出肉體、神識雖然無法直接認知神的意念，卻可以透過神大能所造的萬物「間接」認識神──此認知的能力即肉體的感官與「神識」的共同運作：感官接收萬物資訊，神識（透過人獨有的言語意志的思想能力）分析感官資訊，從萬物的分別性建立範疇式的知識。

另一方面，我們也不能否認作者用「神識」一詞來指涉人存有中的一個必要部分，一定有其用意。劉偉民認爲《一神論》作者會用「神識」一詞的原因有二：一、轉化佛家五陰的識蘊，因爲識蘊有「了別」之意，亦即思想、思維，又下文有「神識是五蘊所作」，可見二者的關係；二、可能是作者精通希臘哲學，如巴門尼底斯（Parmenides）赫拉克利圖斯（Heraclittus）等人均主張人於感官（即肉體）之外，還有所謂理性（reason）或稱精神（nous）〔註94〕。劉氏的解釋與我們對上述的文本理解相當符合。

然而我卻認爲肉體、魂魄、神識的存有結構，未必要從希臘哲學繞圈子建立神學。在《聖經新約·帖撒羅尼迦前書》已有類似的三角結構：「願你們的靈與魂與身子得蒙保守」（5：23）聖經中此三字有其對應的希伯來文與希臘文（本文再加上英文）以及使用語意。我們將其中靈與魂分列於下：

靈－ruah（H）－pneuma（G）－spirit（E）

魂－nefesh（H）－psuche（G）－soul（E）

朱謙之認爲魂魄就是魂（soul），而神識就是靈（spirit）〔註95〕。但他並未說

〔註94〕參翁紹軍，1995，頁115～6。
〔註95〕參朱謙之1993，頁119。

明原因，也許他認為不言可喻。然而問題並非如此簡單，我認為必須看《聖經》與景教經文二者間是否有神學的對應。〈詩篇〉16 篇說道：「因為你必不將我的靈魂撒在陰間，（For thou wilt not leave my soul in hell）」，此處和合本的翻譯「靈魂」（有呼吸的造物，soul-nefesh-psuche），即上述的「魂」，亦即《一神論》中的「魂魄」，理由是下陰間地獄的既是靈魂，則上天堂的應該也是靈魂。《一神論・布施論》說：「一切人誰欲解，於一神處分具足，於魂魄上天堂，亦需依次法行……若有不樂者，可自思量，共自己魂魄一處。若有不樂不聽者，即共惡魔一處，於地獄中永不得出〔註96〕。」很清楚此「魂魄」與〈詩篇〉的「靈魂」及〈帖撒羅尼迦前書〉的「魂」有相對等的關係。

　　談及天堂與地獄的問題，不能不討論基督教的末世論，亦即往天堂去是以一個怎麼樣的形式存有？復活是怎麼一回事？（復活的身體是怎麼樣的身體？）以及另一方面，靈魂與身體的關係又是一個什麼樣的結構？我先來看一段《一神論》的經文：

> 喻如說言，魂魄在身上，如地中麥苗在，後生生子。五陰共魂魄，亦言麥苗生子，種子上能生苗，苗子亦各固自然生，不求糞水。若以刈竟麥入窖，即不藉糞水暖風出。如魂魄在身，不求覓食飲，亦不需衣服。

> 若天地滅時、劫更生時，魂魄還歸五陰身來，自然具足，更不求覓衣食，常住快樂，神通遊戲，不切物資身。喻如飛仙快樂，若快樂身遊戲〔註97〕。

　　這兩段文字歷來學者並未多所著墨，甚至連黃夏年的〈景經《一神論》之魂魄初探〉專文也忽略了。我卻認為其中透露了很重要的魂魄與肉體的關係，處理完這個問題，我們就能更進一步處理「復活」的課題。

　　首先，我們必須處理麥種生苗的比喻。我們一定要問：為什麼「魂魄在身上」或「五陰共魂魄」會是麥的種子在土壤中不需糞水（肥料），可以自然發芽生苗、成長結實？麥種代表什麼？麥的成長代表什麼？土壤又是何意？這段文本從「魂魄在身上」到「魂魄在身」，可以很清楚知道主題是在探討「魂魄在身上」是一個怎麼樣的情況，亦即真正得土語是「魂魄」。

　　因此，「魂魄在身上，如地中麥苗在，後生生子」的意思，就是魂魄在身上的狀況，就像麥苗在土壤中它自然會生長，結出麥實，亦即魂魄在肉體中形成生命，

〔註96〕翁紹軍，1995，頁 147～9。
〔註97〕同上，頁 121。

具有成長的潛能，能夠自然生長。身體的功能在這個比喻中，就像土壤一般，只是提供麥子生長的必要環境。我們先確定此處的生長乃是魂魄的成長，而非指身體的生長，所以才強調：「魂魄在身，不求覓食飲，亦不需衣服。」這裡其實要表明一個特別的觀念：亦即靈魂不是人的一部分，而是人的自我，是人的生命；生命的成長，重點不在身體，而是在靈魂。按《一神論》的神學來看，不能說「人有靈魂」，而必須說「人是靈魂」。

從這樣的觀點，我們再來看《一神論》的另一段文字就更能明白其用意：

> 魂魄種性：無肉眼不見，無肉手不作，無肉腳不行……此神力不用人力，自然成就，皆是一神之力。喻如魂魄、五陰，不得成就，此魂魄不得五陰，故不能成……由（猶）如魂魄執著五味，如五陰為天下魂魄美味〔註98〕。

我們一定要特別注意，這裡的語意並不是說人身無肉眼、肉手、肉腳，不能看、作、行，而是魂魄要見、要作、要行，就必須透過眼睛手腳。看、作、行的主體是魂魄（靈魂）。魂魄與五陰的關係是：藉由五陰（肉身），魂魄被成就；更不尋常的說法是，能把握五味的是魂魄，五陰肉身的作用乃是為魂魄增添美事（美味的「美」乃動詞）。據此我們更加認定《一神論》的神學見解是：人的生命與自我在乎魂魄：**存在的中心是靈魂真正的位置**。

我們也不能忽略魂魄與五陰肉身的「作客論」：

> 彼天下快樂，亦如魂魄遊在身上快樂。彼魂魄如客，在天下快樂處。於此天下五陰身共作客，同快樂於彼天下。喻如魂魄作客此天下，亦是五陰身此天下作客。魂魄彼天下無憂快樂，為是天尊神力使然。如魂魄向依，魂魄共五陰身作客主，天下常住。

> 覓魂魄何許富在前，借貸五陰，誰貧彼此勿疑。若五陰貧，不能償債，如魂魄富飽，貸債於五陰。五陰若貧，魂魄富飽，因此無疑，不能償債。得此言說五陰貧、魂魄富飽，亦無別計真實〔註99〕。

「魂魄共五陰身作客主，天下常住」這句話令學者有了「魂魄為客，五陰為主」的解釋〔註100〕。但這是我無法同意的。在陳述我的論點之前，我們先要處理「彼天下」、「此天下」的問題。第一句「彼天下快樂」乃承接上文「若天地滅時、

〔註98〕翁紹軍，1995，頁 119～121。
〔註99〕同上，頁 122。
〔註100〕參翁紹軍，1995，頁 123；與黃夏年，2000，頁 452。

劫更生時……」，因此很清楚「彼天下」指得是天堂（永生的世界）〔註 101〕，而「此天下」指得是這個當下我們活動的世界。

　　首先我們要確定：在「此天下」作客的是魂魄與五蔭身二者，因為「彼天下」才是人類生命眞正的歸宿，它們要一起「同快樂於彼天下」。二者在存有上是一體不可分的，然而卻有存有上的優先順序之分——魂魄自有其優先性，所以說「魂魄作客此天下，亦是五蔭身此天下作客」——魂魄如此，五蔭身也如此。也因此下文才說：「覓魂魄何許富在前，借貸五蔭」。「在前」二字重要，第二段引文其實就在講「魂魄富飽、五蔭貧」，於是魂魄借貸於五蔭。但為何說「在前」——此即存有上的優先性。

　　此存有上的優先性，並非實指時間上的提前，如初代教父俄立根所認爲的「神造靈魂靈魂先於身體而存在」的說法〔註 102〕。我認爲應該從「魂魄不滅，神力種性，人魂魄還即轉動」〔註 103〕的觀點理解「種性」。我認爲黃夏年的解釋不錯：「種性亦是佛教用語，它有多種意思，這裡主要指高低不同的等級差別性。神力種性最高，魂魄種性次之〔註 104〕。」魂魄何以不滅，乃因神力直接作爲之故，人的魂魄只要一還歸五蔭肉身，立即可以運作。雖然《一神論》作者未曾直接明言五蔭身的種性次於魂魄，然從魂魄是神力直接的作爲，且在存有上的價值被賦予富飽的正面義（五蔭身卻貧），又強調其「在前」，因此之故我們認爲魂魄在存有上具優先性的結論是恰當的。

　　因此我們再回頭看「魂魄共五蔭身作客土天下常住」這一句，第一須注意是「魂魄共五蔭身」的一體性，它們是一起共同爲客於世界的；其次是即使要在生命內部定位誰爲主、誰爲客，以魂魄的存有優先性（它在前、富飽，又借貸予五蔭身），我仍認爲魂魄才是主、五蔭反爲客——也就是回到前所說《一神論》的靈魂觀：人的生命中心是魂魄。（或許有另一個可能性：「主」字乃承「客」字而誤寫，本當作「此」字，亦即原文當是「作客此天下常住」。）

　　前面我們曾提及「魂魄」在「此天下」之後會有一個「彼天下」的存在狀態，可能是在天堂，可能是在地獄；而人之所以會下地獄的原因是：「不取一神處分，

〔註 101〕翁紹軍認爲「彼天下指來生，下一世」，實在誤解得厲害，緣於未從景教倫理學（參本論文第三章〈景教文獻的倫理處境化問題〉第一節「景教倫理學」）與基督教末世論的觀點來理解，參其注書頁 120。
〔註 102〕參凱利 1998，頁 240。
〔註 103〕參翁紹軍，1995，頁 119。
〔註 104〕參黃夏年 2000，頁 452～3。黃氏引《瑜伽師地論》卷 21 釋「種性」文極具參考價值。

作罪業者」〔註105〕，亦即人不順服上帝的誡命與命令——從《聖經》的觀點來考察，這顯然與撒旦脫不了干係。因此景教（基督教）的人論中有關人生命的墮落，是因為罪的關係；而人之所以會產生罪，則與撒旦（娑殫）有密切關係。娑殫惡魔的作為，在大秦景教流行中國碑文中有詳細的解釋：

> 泊乎娑殫施妄，鈿飾純精。間平大於此是之中，隙冥同於彼非之內。
> 是以三百六十五種，肩隨結轍，競織法羅：或指物以托宗，或空有以淪
> 二，或禱祀以邀福，或伐善以矯人。智慮營營，思情役役。茫茫無得，
> 煎迫轉燒，積昧亡途，久迷休復〔註106〕。

娑殫即敘利亞文、英文中的 satan，和合本聖經譯為撒旦，即魔鬼之意。這段文字說明了人類墮落的原因。人之所以會犯罪，乃是撒旦胡作非為，將人原有的純真與精誠遮掩了。至於這個施妄的作為就是：「間平大於此是之中，隙冥同於彼非之內」，這兩句的正確解釋，至今仍舊是漢學家最為頭痛的，翁紹軍認為：「許多外國漢學家對此節都不敢作肯定性的注釋」，而《唐朝景教碑文注釋》則說：「這一節在碑文中被看為是解釋上最棘手之一」〔註107〕。

我認為此節要作一個正確的疏解，必須從上一段看起。在《大秦景教流行中國碑》文開頭，論述三一妙身阿羅訶創造宇宙萬物的一連串作為，其實是將《舊約聖經》的〈創世紀〉第一章濃縮改寫，以下我們將二者作一對照比較。

鼓元風而生二氣：對照〈創世紀〉1：6～8，神說：諸水之中間要有空氣，將水分為上下。神就造出空氣，將空氣以下的水、空氣以上的水分開了。事就這樣成了。神稱空氣為天。

暗空易而天地開：對照〈創世紀〉1：9～10，神說：天下的水要聚在一處，使旱地露出來。事就這樣成了。神稱旱地為地。

日月運而晝夜作：對照〈創世紀〉1：14～19，天上要有光體，可以分晝夜……於是神造了兩個大光，大的管晝，小的管夜，又造眾星，就把這些光擺列在天空，普照在地上，管理晝夜，分別明暗。

匠成萬物：對照〈創世紀〉1：20～24，神說：「水要多多滋生有生命的物，要有雀鳥飛在地面以上，天空之中。」神就造出大魚，和水中所滋生各樣有生命的動物，各從其類；又造出各樣飛鳥，各從其類。神看著是好的。神就賜福給這一切，說：「滋生繁多，充滿海中的水；雀鳥也要多生在地上。」有晚上，有早晨，

〔註105〕翁紹軍，1995，頁149。
〔註106〕翁紹軍，1995，頁47。
〔註107〕翁紹軍，1995，頁48。

是第五日。神說：「地要生出活物來，各從其類；牲畜、昆蟲、野獸，各從其類。」事就這樣成了──經文分別描述神創造雀鳥、魚類、水中動物、以及牲畜、昆蟲、野生動物等陸上生物。

然立初人，別賜良和，令鎮化海：對照〈創世紀〉1：26～27，神說：我們要照我們的形象，按著我們的樣式造人，使他們管理海裡的魚、空中的鳥、地上的牲畜和全地，並地上所爬的一切昆蟲。

接在上帝創造宇宙萬物之後，景教碑文就提及撒旦的作為，與聖經〈創世紀〉的順序不謀而合，亦即始祖被誘惑犯罪。因此我認為「間平大於此是之中，隟冥同於彼非之內」的確解應當於此點著手，所以前半句所指乃撒旦誘惑夏娃說的「因為神知道你們吃的日子眼睛就明亮了，你們便如神能知道善惡」（創 3：5），此處吃指的是吃分別善惡數上的果子（創 2：17），撒旦欺騙夏娃吃了以後可以和上帝一樣，這就是「平大」（與上帝一樣，撒旦的原意是抵擋者、想要與上帝相抗衡、成為與上帝一樣的至高者〔註108〕），「間平大於此是之中」的意思是撒旦將要與上帝同大的欲望置入這個人（指夏娃、亞當，與所有的人類）的原本純良之心（此是，即前面所說的「渾元之性」）中。而「冥同」則是指人未墮落之前與上帝的合一關係，亦即〈創世紀〉所謂神就照著自己的形象造人（創 1：27），「隟冥同於彼非之中」指的是隔斷與上帝合一的關係使之進入墮落與罪惡的錯誤之中〔註109〕。

〔註108〕殷保羅，1991，頁 282～283。

〔註109〕有關這二句的注解，翁紹軍引了陽瑪諾、穆爾、伯希和三人的說法，然後沒有特殊理由與解釋，翁採用陽瑪諾的注解──這顯然不是正確的學術態度，也許是他的直覺，也許是他認為只有陽說解釋得通。然而我們仔細分析，三人的解釋都有不足。

陽瑪諾的注釋是，始祖亞當：「緣聽魔妄，掩飾本美，與平大之真性間隔，與冥同之真愛仇隟也。」他認為「平大」指真性，而「冥同」指真愛──首先我們很難認同這樣的解釋；其次是對「此是」、「彼非」也未予以處理。

A.C. 穆爾的注解則分為兩截："He insinuated（the idea of）equal greatness（with God）into the original good;he introduced（the theory of）the mysterious identity（of being and not-being）into the evil that had resulted" 前半段配合《創世紀》闡述人類墮落的神學，後半段理論上也應循此原則詮釋。然而穆爾不這麼做，卻援引伯希和的說法，將「冥同」解釋為克服有無二見或空有二執的佛家哲理──此解釋又是從宋朝呂氏（Pen-chung, 本中？）的詩「有無自冥同」而來，另一方面伯氏認為下文有批判「空有以淪二」的思想，故此說當為確解。（見穆爾1930，頁 35～36，及其注文 15）。

可是我不認同，原因如下：一、引述後代（宋代）思想家的詩文為證，沒有任何有效性；要引文為證，當引前代的文本，這才可能構成唐代景教文獻的語境，成為其論述的語言意義網絡與根據。二、注解文本必須顧及前後文──這兩句話乃

兩句的語意重點都在人與上帝的關係的改變，前者偏重人被撒旦引誘，後者重在人背離上帝。解碑文至此，我們知道景教碑文的行文，在某個程度上，相當貼近聖經脈絡。因此這兩句話可以說就是前一句碑文「娑殫施妄，鈿飾純精」的具體化，亦即《新約‧哥林多後書》11：3 使徒保羅所謂的「我只怕你們的心或偏於邪，失去那向基督所存純一清潔的心」。

人在偏離上帝之後，用自己的努力和想像尋找生命的意義，各宗各派相繼而出，編織理論，有人崇拜具體的事物與利益，有人淪入空有之辯，有人想用祈禱祭祀來邀福份，有人誇耀功德來贏得別人的尊重。這一切全是人為的虛偽構思，失去了與上帝的連繫，都將淪為枉然，反而因為走錯了道路，生命成為煎熬的過程，長久的迷失終至於無法回頭。

◎魔鬼的名字

景教《一神論》中的〈一天論〉花了頗大的篇幅討論惡魔的問題，相當值得注意。前面我們曾經說過惡魔會迷惑人遠離神，而接近他自己，〈一天論〉甚至將此解釋為罪惡的來源：

> 眾人緣人間有怨家，惡魔鬼迷惑，令耳聾眼瞎，不得聞戒行。眾人先自緣善神，先自有善業，為是愚痴，緣被惡魔迷惑，未得曉中事⋯⋯不解禮敬一神，亦不解祠祭惡魔等、與惡魔相遠，使人迷惑，惡入惡怨家，無過惡魔等。但有愚人，皆是惡魔等迷惑使墮惡道⋯⋯故便有痴騃，在於木石之上，著神名字，以是故說，惡魔名為是人間怨家。是以須知名字為人論說，使人知善惡深淺，若人不解思量者，還是緣惡魔迷惑，不能修善，以是亦須思惡魔。若人能靜惡魔，使逐覺悟，其惡魔亦如天上飛仙等同一種。
>
> 以是自用惡，故回向惡道。喻如愚痴人，亦皆善，緣自用惡故，轉轉便思惡見；緣惡見故，此人即是一神及諸眾生等惡怨家無異，便遂飄

一方面承接上文上帝創造萬物與人類，切美好純真，但撒旦施妄，破壞這一切，於是造成這兩句的結果；另一方面開啟下文，因為人與上帝的關係斷裂，於是人類自我構思種種所謂的「存在的真理」（是以三百六十五種肩隨結轍），其中有「空有以淪二」的佛學謬誤，也有編織法律網羅、指物托宗、錯誤的祀奉禱告、誇示自我的功德等等。我們要問：為什麼「冥同」不指涉下文的其他問題，單單涉及佛學之偏差？所以，沒有必要先引宋詩，將「冥同」釋為泯除空有之見，再將之說為預涉下文的「空有以淪二」——這樣的解釋太彎曲，也與上下文語境脫離結構關係。

落，離於大處；緣神惡故，非獨一身不離三界，亦出離眾善眷屬，因即
名惡魔鬼〔註110〕。

我們先來處理一個相當新鮮的語詞（雖然存在至少已有一千二百年以上的歷
史，卻因掩埋以及不起眼，從未被正視）：人間（有）怨家。「眾人緣人間有怨家」
是什麼意思？甚至於用「人間怨家」來定義惡魔的名字，為什麼？

人間並不難理解，其實真正要處理的是「怨家」。簡單地說，怨家就是被魔鬼
迷惑墮入罪惡之道的人，所以「怨家」也可稱為「惡怨家」。為什麼要叫「怨家」？
從〈一天論〉上文來看就很明白了：

春秋迎代，寒暑往來，四時成歲，將兼日夜，相添足決辰。還緣一
神賢聖，智慧自然，常定無虧無盈。喻如善響自在，故自然還自應，一
神圓滿自在，故自然法教具足，勝於諸天子〔註111〕。

從創造論來看，上帝的創造非常圓滿，一切具足。從大自然觀察，即可知神
的智慧與教導。人若是專心跟隨，生命自然有所成就。所以說：「如功德無天尊證，
即不成就」（景教的功德觀是建立在上帝身上，意即若非神的旨意，人一切的努力
盡皆枉然；換句話說，存在的意義是環繞著上帝而定義的），這就是所謂的「善響
自在」。如若人不跟隨上帝的教導，就失去了圓滿具足的生命，而成為不滿足、有
怨尤的人生——此即「怨家」之名由來。

怨家——罪惡的人生，緣於惡魔的迷惑。景教似乎不贊同「原罪說」：「眾人
先自緣善神，先白有善業，為是愚痴，緣被惡魔迷惑，未得曉中事」，人原本是從
美善的神而來的（神按自己的形象造人），是善的人生，人之所以會犯罪是因為被
撒且魔鬼欺騙迷惑。〈一天論〉會如此論述，是把《聖經·創世記》亞當夏娃的犯
罪原型化，亦即將亞當以後的人類的犯罪，仍舊歸咎於撒且的迷惑，換句話說，
人類每一次犯罪，都是亞當原型的再現——責任在魔鬼的身上。

原罪的概念裡，很重要的是人必須為白己的罪負責。尼布爾（Reinhold
Niebuhr）論原罪說道：「基督教教義中，傳統形式的罪論，主張人無可避免會犯
罪，是命運中不可避免的宿命，雖然人犯罪是無法逃避的命運，但是他仍然要為
此負責〔註112〕。」

然而事情似乎又不如此簡單。〈一天論〉的作者似乎在「被惡魔迷惑」這樣的
論點之外提出對立的概念，亦即：人的自由意志。人要是有自由意志，就必須為

〔註110〕翁紹軍，1995，頁129～130。
〔註111〕翁紹軍，1995，頁127。
〔註112〕麥葛福，1999，頁319。

選擇負責。我們仔細檢視經文：「以是自用惡，故回向惡道。喻如愚痴人，亦皆善，緣自用惡故，轉轉便思惡見」，本來善的人，爲什麼會墮入罪惡之道？除了魔鬼的迷惑欺騙之外，我們發現是人自己選擇犯罪的（自用惡）——這也是犯罪的必要條件。人類「自用惡」包括最初的人（亞當）與後來的人類（亞當的後裔），雖然〈一天論〉並未點出人犯罪的必然性，但是顯然已指出犯罪是人自己主動的選擇，必須負責。

後出的《景教碑文》所持的看法，則僅只將魔鬼的作爲視爲罪惡的開端：「然立出初人，渾元之性，虛而不盈，素蕩之心，本無希嗜。洎乎娑殫（即魔鬼）妄施，鈿飾精純……是以三百六十五種，肩隨結轍，……積昧亡途，久迷休復。」〔註113〕只有最早的人類擁有純眞無邪的本性，魔鬼的破壞與介入之後，人類離開神、在錯誤的道路上，愈走愈遠。這似乎隱含一個推論：人有犯罪的本性，而此本性源自亞當的犯罪的遺傳。

眞正論及原罪的景教經文應屬《宣元至本經》〔註114〕：「原始以來，生死罪讁，一得還原，可以頓免」〔註115〕，那種從生命一開始就帶來的罪，可以因耶穌基督的救贖而得赦免，而此罪乃承自亞當的犯罪（原始以來），其後裔必須承擔。這也就是十八世紀神學家愛德華滋的見解：「原罪一詞最慣常的意義，是指人心深處的罪惡敗壞……不但是指人性敗壞，更包括將亞當的第一個罪行歸算在人的帳上，亦即在神的審判之中，亞當的後裔有義務承擔亞當的第一個罪行的刑罰〔註116〕。」從這裡來看，景教是肯定原罪的。

對於景教宣教士而言，名字非常重要，如果可以深入理解魔鬼名字之意，就能夠避免被迷惑，所以說：「是以須知名字爲人論說，使人知善惡深淺」。然而爲什麼論說名字可以免被欺騙？從「惡魔名爲是人間怨家」似乎可以窺見〈一天論〉是用惡魔的作爲定義其名。如果明白名字的意義，自然可以得知其作爲與陰謀（所謂「使人知善惡深淺」）。我們再來看看其他惡魔的名字：

> 緣神惡故，非獨一身不離三界，亦出離眾善眷屬，因即名惡魔鬼，改名娑多那。喻如胡號名惡魔……愚癡人皆緣惡魔迷惑，故回心向惡者，名字同鬼，亦如魍魎……遂便出離於天堂，天下惡所是其住處……然其下處惡中，最大號名參怒，自外次第號爲鬼也。

〔註113〕同上，頁45～7。
〔註114〕關於此經的眞僞問題，詳見第二章〈小島文書眞僞考〉。
〔註115〕翁紹軍，1995，頁159。
〔註116〕麥葛福B，1999，頁308。

　　　　然此鬼等，即與惡魔離天堂，其明同歸惡道。緣參怒常設數種惡方便，迷惑眾人，故使其然也。惡魔嫉妬眾人爲善，以是緣不令人遵敬一神……〔註117〕。

　　　　在惡魔鬼旁名撥脫，從人處死得活〔註118〕。

我們看到幾種鬼魔之名：

1、惡魔鬼（即惡魔，娑多那，或譯撒旦）：嫉妒眾人爲善，迷惑眾人向惡，不令人尊敬上帝。

2、參怒：常設數種惡方便——以合理化人的罪行，也是爲迷惑人。

3、鬼：與魍魎類似，與惡魔一起離開天堂（被迷惑的人一心向惡，他們的名字與鬼一樣），層級上低於參怒。

4、撥脫：惡魔鬼旁的跟班。

以撒旦爲首的惡魔一幫，其作爲全針對人，目的就是要迷惑人遠離上帝、天堂，使人墮入罪惡，最後與他們下到地獄，生活在永火之中，所以《一神論・世尊布施論》說：「不取一神處分，作罪業者……向地獄共惡鬼等，時墮入地獄，常在地獄中，住辛苦處〔註119〕。」

◎錯認假神爲眞神

景教碑文所謂「茫然無得，煎迫轉燒，積昧亡途，久迷休復」的行爲導致的結果，亦即《序聽迷詩所經》所謂的「如有惡業，眾墮落惡道，不見明果，亦不得天道」，然而另一方面更大的問題在於人類錯認假神偶像爲眞神〔註120〕：

　　　　天尊受許辛苦，始立眾生。眾生理（離）佛不遠，立人身自專。善有善福，惡有惡緣，無知眾生，遂造木駝眾牛驢馬等。眾生雖造形容，不能與命……眾生自被狂惑，乃將金造象，銀神像及銅像，並造神像，及木神像，更作眾眾諸畜產，造人似人，造馬似馬，造牛似牛，造驢似驢，唯不能行動，亦不語話，亦不吃食息，無肉無皮，無器無骨。令一切由緒，不爲具說……遂將飲食，多中嘗少，即知何食有氣味無氣味。

這裡的「佛」乃是借用〔註121〕，龔天民的解釋相當可信：「很明顯地《序》

〔註117〕翁紹軍，1995，頁130。

〔註118〕上同，頁143 此爲《一神論・世尊布施論》第三經文。

〔註119〕同上，頁149。

〔註120〕翁紹軍，1995，頁86～7。

〔註121〕關於景教專有名詞的問題詳見中卷第四章〈景教文獻的語言與界限〉。

經中的『佛』可分成『諸佛』和『佛』兩類，必須予區別上的解釋不可。筆者以為凡單數的佛當然是指上帝而言……諸佛指舊約聖經中的諸神或天使而言……是指神以外的靈體而言〔註 122〕。」

這一段《序》經的引文，乃景教文獻中最直接針對假神偶像問題的論述。事實上，這一段文字可以說是聖經舊約〈出埃及記〉中的事件與教導的回應，當摩西將以色列人民（出 24～32）帶領出埃及之後，上帝數次單獨召喚摩西上西奈山，其中一次摩西與約書亞一起上山四十天，接受上帝對聖所建造製作的指示以及十誡法版（〈出埃及記〉24～31），沒想到一下山，他的哥哥大祭司亞倫和百姓因為等摩西等太久了，以為他二人遭遇不測，就收集百姓女子的金飾，熔鑄成大金牛，作為上帝的代表來敬拜（出埃及記 32 章）。上帝為此大大震怒，甚至想滅絕以色列全族。摩西也為此將兩塊法版摔碎，後來神饒恕以色列人，再度頒布十誡法版，其中居最重要的首條「我是耶和華你的神……除我之外，你不可有別的神」之後的第二條，就是「不可為自己雕刻偶像」。（出 20：1～6）由此看來，很清楚地《序》經的論述乃是對此的回應。就在當時神所在的西奈山腳下，才四十天的光景，以色列人就忍不住造偶像金牛來崇拜，此即《序》經所謂的「眾生離佛不遠，立人身自專……無知眾生，遂造木駝眾牛驢馬等」，但為什麼《序》經的作者會用如此明顯的方式指出偶像問題（——其他景教文典都未曾觸及此敏感問題）？

一方面固然是因為在摩西的時代，美索不達米亞地區的文化最重要的就是宗教崇拜（多神崇拜），莊新泉表示說：「美索不達米亞在西元前 3000 年時就已經有大大小小近四千位的神祇，幾乎每個村落城市都有專屬的個別神祇〔註 123〕。」以色列人入境隨俗、迫不及待也要開始他們的造偶像運動，金牛犢看得見、摸得著，踏實多了（一個無所不在卻又看不見、摸不著的獨一神，對才離開另一個多神崇拜大國埃及的以色列人而言，確實有適應上的困難）；另一方面景教進入中國的時機，正當唐朝最國際化的鼎盛時期，加上民間宗教的大力經營，自然也是屬多神崇拜的文化地區，此所以《序》經的作者要提出針砭之言。然而為什麼只有《序》經有反對拜假神偶像的言論？

這我認為與《序》經譯成漢語的年代有關。一般而言，學者對於《序聽迷詩所經》的譯成漢語年代的意見與判斷並沒有太大的出入，幾乎可以說是一致的。朱謙之認為：「這部書……大約成立時代在貞觀九年景教傳入以後數年，是 635 至

〔註 122〕龔天民，1960，頁 55～56。
〔註 123〕莊新泉 A，《美索不達米亞與聖經》，台北聖經資源中心，橄欖基金會共同出版，
　　　　2002，頁 238。

638 年間的作品，可算是漢文中最古老的聖經了。現存經卷的書寫年代，據書法風格當爲中唐以前繕寫〔註124〕。」朱維之則說：「耶穌，這個名詞在基督教中是生命所寄託的名詞……在中國一千三百年來從未用過好看的字。……其不敬之尤者，要算《序聽》中所用的『移鼠』二字了……《一神論》裡用『客怒～翳數』，客怒是敘利亞文，神聖的意思比較好些了。由於這一點的改正，可知《序聽》撰於《一神論》之前。至於本經題目上用『序聽』二字代替經文中的『移鼠』是什麼緣故呢？大概是因經文出來之後受外界的譏評，因此邅遽，也可看出該經用詞的不統一性，也可當作最初草創的一個證據〔註125〕。」另一位學者龔天民也持相同意見：「《序聽迷詩所經》，是景教入唐後不久寫成的景教中最古的經典〔註126〕。」而羅香林的意見與朱維之相近：「以其譯名較《一神論》爲古拙觀之，或即阿羅本等於貞觀九年至十二年左右在『翻經書殿，問道禁闈』時，所傳譯也〔註127〕。」

相當有可能，《序經》乃是景教入唐後譯出的第一部經典，前半部是敘述教理，後半部則是耶穌行傳。而就在這第一次的語言接觸，《序經》直言無諱，提出了基督教信仰在中國的一大危機（當然這也是以色列人的信仰問題）：偶像崇拜。我相信這絕非無的放矢，而是《序經》的憂慮與堅持，因爲他知道偶像崇拜將是中國基督徒信仰的最大障礙，把信徒導向錯誤的方向，遠離唯一的眞神上帝。這也是爲什麼聖經中的十誡，在第一條「我是耶和華你的神……除了我以外，你不可有別的神」，之後第二條立即再強調一次：「不可爲自己雕刻偶像」（〈出埃及記〉20：1～6）。

一方面，我們看到《序經》的神學緊緊跟隨聖經的教導，將基督教的一神信仰的排他性表明出來；另一方面，也顯示了景教與中國文化碰撞之際所產生的衝突矛盾與猶豫不決：中國是一個多神崇拜文化〔註128〕，特別是民間信仰化的道教與佛教，對景教的宣教而言是一大障礙與挑戰。當《序經》主張不可拜偶像，必然會挑起傳統信仰的反彈，這對宣教而言是極大的阻力。可是有兩點我們必須注意：一是景教碑所記唐太宗貞觀十二年秋七月時（638）所頒布的一道詔書中說：

〔註124〕朱謙之，1993，頁118。
〔註125〕翁紹軍，1995，頁100。
〔註126〕龔天民，1960，頁52。
〔註127〕羅香林，1966，頁32。
〔註128〕據秦孝儀研究，一般而言中國的神祇分四大類：一是帝、上帝、天帝；下轄許多自然神，另外加上無數的神靈、神仙與神化的英雄人物是屬第二類；三是遠祖崇拜；四是祖先崇拜。參秦孝儀，孔思漢，《中國宗教與西方神學》，（台北：聯經出版社，1997），頁16與頁150。

「大秦國大德阿羅本，遠將經像，來獻上京。……所司即於京義寧坊造大秦寺一所，度僧二十一人。」後來甚至於在寺內繪上皇帝的畫像：「旋令有司，將帝寫眞，轉模寺壁，天姿泛彩，英朝景門。」（翁紹軍，1995，頁 55）似乎阿羅本這位景教領袖已經在這一點上有所妥協退讓？顯然他不止帶來聖經，也有一些聖像同行。更不可思議的是：將皇帝的肖像畫在教堂牆壁上，從景教教義來看，簡直離經叛道。

關於前者，我們還可以說這與羅馬天主教、東正教（希臘、俄羅斯）的習俗遺傳相符，然而這點卻原是景教與其他兩派的大分別。我們來看朱謙之引佐伯好郎對聶斯多留特點的描述〔註 129〕：

1、不拜瑪麗亞，不承認瑪麗亞爲天主之母（mother of God），此點最與希臘（即東羅馬所奉，今俄國亦奉之）及羅馬天主教相異，歐洲信徒攻擊聶斯多留派爲邪說者，亦即以此。

2、不用偶像、保留十字架，此亦與希臘、羅馬兩派殊異。

不拜瑪麗亞，這原本是聶斯多留派的獨特主張，也因爲這堅持被貶爲異端，當然也就不會像其他二派敬拜聖母像。我們再想，聖母尚且不拜，更何況其他君王寫眞畫像的崇拜？

阿羅本的妥協，本是爲了達到宣教目的所採取的權宜之計，卻失去了其神學的堅持與宗旨。所以我認爲《序經》的作者如果眞是阿羅本〔註 130〕，此二者之間極大的衝突（甚至於產生初代教會的分裂亦在所不惜的衝突），一定必須有一個極好的解釋。這已涉及文化障礙的問題，此不贅述〔註 131〕。

第六節　景教的末世論——天堂裡的遊戲

我們再來看前面論及的末世論引文〔註 132〕：

若天地滅時、劫更生時，魂魄還歸五陰身來，自然具足，更不求覓衣食，常住快樂，神通遊戲，不切物資身。喻如飛仙快樂，若快樂身遊戲。彼天下快樂，亦如魂魄遊在身上快樂。

這裡《一神論》的作者所關注的顯然是復活的生命。從經文來看復活是有特

〔註 129〕朱謙之，1993，頁 134。
〔註 130〕翁紹軍，1995，頁 21、羅香林 1966，頁 32 所主張的。
〔註 131〕此點將在下卷第七章〈景教宣教策略的處境化選擇與結果〉再詳論。
〔註 132〕翁紹軍，1995，頁 121。

定的時刻，亦即天地滅劫更生之時。然而，這又是什麼時候？根據《聖經·啓示錄》的說法，世界將面臨大災難而毀滅，然而這也同時伴隨耶穌基督的再臨與審判（第一次降臨乃道成肉身）。在處理再臨與審判的問題之前，我們繼續分析復活的神學意義。這裡有許多問題企待解決（其實初代教會的教父與大師們已經將問題探討到極細緻複雜的地步〔註 133〕）：死後到復活之間靈魂在哪裡？復活的身體與原來的肉體的關係又如何？

　　前個問題《一神論》的另一章提及，〈世尊布施論〉第三說道：「五蔭三日內從死起……起從黃泉……」耶穌基督自己的復活是從陰間黃泉起來的，且死而復活的身體是五蔭身，而我們知道基督徒的復活必須以耶穌基督爲範本。《聖經》說：「但基督已經從死裏復活，成爲睡了之人初熟的果子。」（林前 15：20）顯然一般人的復活也是複製耶穌基督的經驗，其靈魂會待在陰間等候耶穌基督再來之時，重新回歸五蔭肉身。但是，是那具已然腐朽的軀體嗎？《一神論》沒說，只說復活之時，靈魂與肉體的結合是自然具足的一種完滿狀態——這是另一種生命層次，不需物質的支持，擁有持續的心理（或靈魂）滿足狀態。

　　另外最特別的是還具有一種「遊戲」的生命情調——這是極有趣的描述：天堂裡有遊戲，且不只是靈魂的活動，與身體也有極密切的關係。「神通遊戲」是什麼意思？「飛仙快樂」又和「快樂身遊戲」有什麼相似性？「魂魄遊在身上快樂」又是何意？另外，在天堂可以作什麼遊戲？天堂裡若有遊戲，是什麼遊戲？這確實是一個充滿挑戰與想像力的問題：是一個人玩？或許多人一起玩？是靈魂與靈魂玩、身體與身體玩？或交叉式的，靈魂可與身體玩？又或者完全超出我們的想像，畢竟那是天堂、**彼世界（other world）**發生的事，是一個它者（other）的世界：一個不只用生與死隔開的世界，是比生死更寬更大的鴻溝隔離的世界；一個在時間上延續到世界結束，在狀態上等待到所有死亡必須復活的那一點，在事件上則標示一個臨界點（耶穌基督再來）的世界。

　　因此上述有關天堂（與遊戲）的問題的答案，都將付之闕如，所有的正面解釋都是一種對它者世界的勉強想像，因爲很明顯地我們無法越過耶穌基督再臨與死亡的鴻溝，我們能做的僅僅是站立在此世界對這「無法解答」進行描述：那是一種不可知的狀態（不可知的快樂），雖然說是不可知但作者仍然勉強進行描述性的想像：靈魂與身體會產生一種超自然且滿足的結合（至於那具早已腐朽的屍骨如何結合靈魂的技術性問題，就歸屬於它者的世界去解決吧！給所有不可知的疑問一個總括且

〔註 133〕參凱利，1998，頁 317～330。

適切的名字就是：**彼世界**），所以說：「魂魄還歸五蔭身來，自然具足」。

　　至於這樣的滿足快樂是什麼樣的滿足快樂？作者用了一連串的比喻：「喻如飛仙**快樂**，若快樂身**遊戲**。彼天下**快樂**，亦如魂魄遊在身上**快樂**。」（底線是我自加的）很有意思的是作者不斷地用比喻，企圖說明復活時身體與靈魂重新結合的快樂。第一個比喻是像天使一般快樂，然而我們一定要問：天使如何快樂？作者又加以說明像一個快樂的肉身在遊戲——這樣的比喻與說明似乎還不奏效，所以再次比喻，就像靈魂在身上遊玩一般快樂。不斷的說明代表一個事實：語言即使窮盡其說明的功能，仍無法解釋明白；另一個語言已然詞窮的證據就是：想要說明彼天下是如何「快樂」的狀態，接連三個比喻卻依然只能在「快樂」這個形容詞上打轉。

　　想要給**彼世界**下定義或一個清晰的說明，在語言的操作策略上似乎只有：環繞其不可知的本質不斷地自我循環、且無益地自我指涉的說明。

◎最後的審判

　　天堂不是死亡之後的事，而是復活之後的世界，它不只需要與耶穌基督一般復活，且要面臨「審判」。《一神論・布施論》道：

> 一切人誰欲解，于一神處分具足。於魂魄上天堂，亦須依次法行……
> 若有不樂者，可自思量，共自己魂魄一處——若不樂不聽者，即共惡魔
> 一處、於地獄中，永不得出〔註134〕。

　　「一神處分具足」代表的就是上帝的作為充分圓滿，人必須完全認識理解且順服。靈魂想要復活上天堂，人生必須依照神的旨意而行，這也就是《聖經》中極為強調的「順服」，甚至耶穌基督自己也須完全順服：「基督在肉體的時候，既大聲哀哭，流淚禱告，懇求那能救他免死的主，就因他的虔誠蒙了應允。他雖然為兒子，還是因所受的苦難學了順從。」（《新約・希伯來書》5：7～8）在《一神論》中多次提及「一神處分」，意思都是上帝的旨意與作為。人必須離棄罪惡，遠離假神偶像的崇拜，專以上帝的旨意為旨意：

> 一切人浪行者，其作罪業，從錯道行，亦從罪業裡回實，亦須依一
> 神道上行，取一神處分。自餘無別道，人須向天堂，唯識一天尊，亦處
> 分其人等，人受一神處分者。若向浪道行者，恐畏人承事日月星宿、火
> 神禮拜，恐畏人承事惡魔鬼、夜叉羅剎等，隨（墮）向火地獄裡常住所……

<u>不依一神處分</u>〔註135〕。

　　無論是取一神處分、受一神處分、依一神處分，意思都是「依一神道上行」，亦即順從神的道與旨意而行，因爲最後的審判是不可免的，於是經文又再次表明說：「向末世俗，死人皆得起依處分」〔註136〕——亦即在末世之際，死去的眾人都得依照神的審判而復活，去其所當去處。而這句話的說者乃耶穌基督自己他在敘述了兩種人（造諸惡業惡性行人者與向實處作功德者）之後，宣告在「劫欲末時」彌師訶與一神「天分明見」（在天上分明顯現、臨到），要來審判萬民的一切作爲——顯然審判的權力在耶穌基督與上帝（天父與聖子）的手中，而將在再臨之時執行使用這權力。

　　論及基督教的末世論，《一神論》與聖經一樣，也對「敵基督」提出警告：

　　　　劫欲末時，惡魔即來，於人上共作人形，向天下處分現見，於迷惑

　　術法中，作無量種罪業，作如此損傷一切人：離一神遠、近己身處安置

　　〔註137〕。

　　在末世之時惡魔會以人形現身，用神奇的法術迷惑世人，使人墮入罪惡之中。它們的一切作爲，目的不外乎使人遠離神，來與惡魔自己接近〔註138〕。《新約‧帖撒羅尼迦後書》說道：「人不拘用甚麼法子，你們總不要被他誘惑；因爲那日子以前，必有離道反教的事，並有那大罪人，就是沉淪之子，顯露出來。他是抵擋主，高抬自己，超過一切稱爲神的和一切受人敬拜的，甚至坐在神的殿裏，自稱是神。」（2：3～4）《聖經》中的沉淪之子指的就是《一神論》中的惡魔撒旦，《聖經》的「抵擋主」就是《一神論》裡要人「離一神遠」，《聖經》的「高抬自己」就是《一神論》說的要人「近己身處安置」：景教《一神論》所闡述的末世論，在這點上與《聖經》是貼近的。然而就前論提及魂魄處於一個「遊戲的天堂」而言，我們卻要說相當有創意，甚至於是《聖經》與歷來的神學家皆未有過的觀點：一個全新的想像。

〔註135〕同上，頁147～8，底線乃我自己加的。
〔註136〕同上，頁149。
〔註137〕翁紹軍，1995，頁149。
〔註138〕翁氏認爲「近己身處安置」的「己」，指人，其實是不確切的，從上下文脈絡看，當指惡魔才是。

中卷　唐代景教文獻的漢語語境化研究

第四章　景教文獻的語言與界限

　　唐代的景教文獻大量採用佛、道教語言，而與佛教的關係更加密切，幾乎到了盤根錯節的地步，不僅採用佛教語言、專有名詞，更套用其敘事模式，甚至產生思想靠近的危險，使得其信仰主體愈加難以辨識。

　　在本章我們將討論一個極關鍵的問題：景教經典如此大量且全面地使用佛道教語言，難道只是在尋找一種說話的方式？只有這一種說話方式可以採用嗎？在這中間我們要深入探討一個問題：亦即專有名詞的借用——借用的定義與分際；另一方面爲了讓「借用」此課題更加清楚，我們會對照討論「借用專有名詞」此觀念的另一面——新的命名。在討論過程中，我們會看見景教在基本教義上所受到的重大衝擊與扭曲，然而我們也嘗試再現景、佛、道語言之間的影響與互動。

第一節　兩篇三教同源的怪經典

　　在景教諸篇文獻中，《志玄安樂經》、《宣元本經》在整體上與佛學的關係最爲密切，因爲不只借用其語言，且襲取其表述形式。

　　《志玄安樂經》原爲李盛鐸收藏的敦煌寫本，當時的學者如王國維、抗父、陳垣、羽田亨等都曾見過，也發表過意見，也記載在他的《李木齋氏鑑藏敦煌寫本目錄》13 號，後於 1935 年賣到日本〔註 1〕。一般而言，學者都無異議，《志玄安樂經》乃眞正的敦煌寫本。

〔註 1〕榮新江，《鳴沙集》，1999，（台北：新文豐出版社），頁 70～74。

　　龔天民將《志玄安樂經》與淨土宗經典比照，發現二者之間極大的相似性，他說道：「景淨住在長安，淨土宗光明寺不遠，看到了長安城中強大的淨土念佛運動，定是心中有所感觸，他也許得到了淨土宗關係的人物之助而寫了這本『七分淨土、二分道教、一分基督教』的類似三教同源的怪經，亦未可知〔註2〕。」龔天民之所以會推論有一位淨土宗的關係人物居中幫助，乃是因為一方面他同意日本學者羽田亨及佐伯好郎的判斷：「《志玄安樂經》並非是什麼譯文，而是吸收了中國已有的宗教思想而寫成的〔註3〕。」

　　一般而言，龔天民的分析是相當有說服力的，學者也多持接近的意見〔註4〕。龔天民認為《志經》無論在形式與思想上都不出淨土宗的範圍。形式上淨土宗所信奉的三部經典《無量壽經》、《觀無量壽經》及《阿彌陀經》，起首皆為弟子圍坐釋迦牟尼開始說法，結論則是類似「……聞佛所說，皆大歡喜，禮佛而退」〔註5〕，《志經》則依樣畫葫蘆：「聞是至言時，無上一尊彌詩訶，在與脫出愛河，淨虛堂內與者俱。岑穩僧伽與諸人眾，左右環繞，恭敬侍坐。岑穩僧伽從眾而起，交臂而進作禮贊，白彌詩訶言……時諸大眾，聞是語已，頂受歡喜，禮退奉行〔註6〕。」

　　以上的分析還止於形式上的相似，接下來龔天民更從佛教專有名詞進行分析，包括無所障礙、善根、善知識，以及《志經》中的定善十觀與淨土宗的《觀無量壽經》中的觀想——定善十三觀〔註7〕，其中除了善知識以外，餘三者皆與其他景教文獻的神學（或基督教基要真理）有直接矛盾處。

　　另一篇景教經典《宣元本經》也是類似三教同源的怪經，同為李盛鐸收藏的敦煌寫本。此經曾有一段時間被學者誤以為只有十行，原因是李盛鐸在1930年曾展示該經給陳垣看，陳垣抄錄了前十行文字提供給佐伯好郎研究，1934年佐伯好郎將這十行文字刊行在《輔仁學誌》，並加英譯；1935年將此文編入《景教之研究》

〔註2〕參龔天民，《唐朝基督教之研究》，（香港：基督教輔僑出版社，1960，頁62。
〔註3〕兩位日本學者持如此看法的理由，很明顯因為《尊經》列出三十部經典認為都是譯作：「房玄齡、魏徵宣譯奏言，後召本教大德僧景淨譯得以上三十部卷。」其中就包括《志玄安樂經》，以《志經》攙和佛、道教語言來看，確實非譯作。參龔天民1960，頁66。
〔註4〕朱謙之，《中國景教》，（北京：人民出版社，1993），頁124；翁紹軍，《漢語景教文典詮釋》，（香港：漢語基督教文化研究所出版，1995），頁39；以及趙璧楚的意見（參林治平，《基督教與中國本色化》，（台北：宇宙光出版社，1990），頁182～7），一方面同意《志經》受佛教的影響極大；另一方面，也不否認道教的色彩極濃。
〔註5〕龔天民，1960，頁61。
〔註6〕參龔天民，1960，頁61；翁紹軍，1995，頁187。
〔註7〕龔天民，1960，頁62～76。

一書中，但誤以爲十一行，且聲稱十二行以下佚失，學界無緣得見，信以爲眞〔註8〕。後來1958年《宣元本經》的照片在《羽田博士史學論文集》刊出，共二十六行、465字，與原先李盛鐸1928年向學者羽田亨透露的很接近。羽田亨說：「據李氏所言，其經不過二、三十行文字耳。」然而學者多未留意及此，僅榎一雄博士曾注意到這個問題，並否定佐伯氏的說法〔註9〕。

林悟殊在其〈敦煌本《大秦景教宣元本經》考釋一文〉中將全文刊出：〔註10〕

1、大秦景教宣元本經
2、時景通法王，在大秦國那薩羅城，和明宮寶法
3、雲座，將與二見，了決眞源，應樂咸通，七方雲集。有
4、諸明淨士，一切神天等妙法王，無量覺眾，及三百
5、六十五種異見中民，如是族類無邊無極。自嗟空
6、昧，久失眞源，罄集明宮，普心至仰。時景通法王，端
7、嚴進念，上觀空皇，親承印旨，告諸眾曰：善來法
8、眾，至至無來，今柯通常，啓生滅死，各圖其分，靜
9、諦我宗。如了無元，礙當隨散。即宣玄化匠帝眞
10、常旨：無元無言，無道無緣，妙有非有，湛寂然。吾
11、因太阿羅訶，開無開異，生無心湸，藏化自然渾元
12、發。無發無性無動，靈虛空買，因緣機軸，自然著
13、爲寫本，因緣配爲感乘。剖判參羅，三生七位，湸
14、諸名數，無力任持；各使相成，教了返元眞體。夫爲
15、匠無作以爲應旨，順成不待而變，合無成有，破有成
16、無。諸所造化，靡不依由，故號玄化匠帝無覺空皇。
17、隱現生靈，感之善應，異哉靈嗣，虔仰造化，迷本
18、匠王，未曉阿羅訶，功無所衒，施無所仁，包洁察微，
19、育眾如一。觀諸湸有若之一塵，況是一塵亦非塵。
20、（無）見非見，悉見見故；無界非聽，悉聽聽故；無界無〔註11〕
21、力，盡力持故。無界無鄽，無像無法，所觀無界無
22、邊，獨唯自在：善治無方，鎮位無際；妙制周臨，

〔註 8〕榮新江，1999，頁72～76。
〔註 9〕榮新江，1999，頁72～76。
〔註10〕林悟殊，2003，頁176～177。
〔註11〕括弧內的「無」字，乃我自己據後文所補。

23、物象咸楷。唯靈或異，積昧亡途。是故以若教之，

24、以平治之，以慈救之。夫知改者，罪無不捨。是謂

25、<u>匠帝</u>能成眾化不自化，成是化終遷。唯<u>匠帝</u>不

26、虧、不盈、不濁、不清，保住真空，常存不易。

林悟殊說：「《宣元本經》的寫法與佛經類似……模仿漢譯佛經自撰的……文字又多充滿道味。」〔註12〕經文應該還未抄寫完，原因不明。

整體而言，經文的主題就在開頭的四個字「了決真源」，而動機即「自嗟空昧，久失真源」，因為人類不明白萬物真正的源頭，即上帝阿羅訶，因此造成生命的迷失。所以經文第17～18行說：「異哉靈嗣，虔仰造化，迷本匠王，未曉阿羅訶」，「靈嗣」所指即《聖經》〈創世記〉說的：「神就照著自己的形象造人，乃是照著他的形象造男造女。」（1：27）《宣元本經》第23行又說：「唯靈或異，積昧亡途」，說明人類因為不認識上帝，而離開上帝，生命就成了罪惡的經歷。

所以至少在我們看的到經文來看，經文旨在使人重新認識上帝、回歸上帝，說明闡述宇宙萬物的源頭阿羅訶上帝的奇妙造化及其旨意作為，亦即環繞著「創造論」的主題發展全文。而景教另一個討論創造論最多的文本，即景教碑文，兩經使用的語言有許多類似處，因此林悟殊在比較之後，推論二者當同為景淨之作，應該是沒有問題的〔註13〕。

對於上帝的名字與稱號，《宣元本經》一方面與其他經典相同的是「阿羅訶」，另一方面則是與道教靠近的命名「空皇」、「匠王」、「匠帝」、「玄化匠帝」與合併的「玄化匠帝無覺空皇」。「匠」是個關鍵字，強調的是上帝的**創造之功**：「夫為匠無作以為應旨，順成不待而變，合無成有，破有成無。諸所造化，靡不依由，故號玄化匠帝無覺空皇。」

另一方面，對於上帝的其他屬性也一併描述，如第23～25行述說上帝的慈愛：「唯靈或異，積昧亡途。是故以若教之，以平治之，以慈救之。夫知改者，罪無不捨。是謂匠帝能成眾化不自化，成是化終遷。」此與《聖經》〈出埃及記〉上帝在摩西面前的宣告異曲同工：「耶和華，耶和華，是有憐憫，有恩典的神，不輕易發怒，並有豐盛的慈愛和誠實；為千萬人存留慈愛，赦免罪孽、過犯和罪惡……。」（34：6～7）然而上帝能改變教化人、赦免人，祂自己卻是永恆不改變的——這就是神的另一個屬性：永恆，《宣元本經》第25～26行經文說：「唯匠帝不虧、不

〔註12〕林悟殊，2003，頁181～182
〔註13〕林悟殊，2003，頁183～185。

盈、不濁、不清，保住眞空，常存不易。」

上帝全知全能的屬性，也是《宣元本經》所要述說的，第20～23行：「（無）見非見，悉見見故；無界非聽，悉聽聽故；無界無力，盡力持故。無界無嚮，無像無法，所觀無界無邊，獨唯自在；善治無方，鎮位無際；妙制周臨，物象咸楷。」萬物都在神的管理與掌握當中，是沒有限制的、沒有範圍的，且無形跡可尋、無特定方式的，因此第9～10行說：「即宣玄化匠帝眞常旨：無元無言，無道無緣，妙有非有，湛寂然。」就是這樣對上帝的造化之功的理解，使得《宣元本經》與道教的進路愈來愈靠近，一方面固然是強調「無」這個關鍵字的運用，另一方面更進一步的是對語言的概念的轉變，亦即所謂的「無言，無道」，而這與《聖經》的神學是違背的。〈詩篇〉說：「諸天藉耶和華的命而造，萬象藉他口中的氣而成。他聚集海水如壘，收藏深洋在庫房。願全地都敬畏耶和華，願世上的居民都懼怕他！因爲他說有就有，命立就立。」（33：6～9）而另一段新約〈約翰福音〉論宇宙萬物的創造：「太初有道，道與神同在，道就是神。這道太初與神同在，萬物是藉著他造的，凡被造的，沒有一樣不是藉著他造的。」（1：1～3）這個「道」就是希臘文的 Logos，亦即話語之意：神是用話語創造世界的，故《聖經》〈創世記〉敘述上帝的過程都是以「上帝說」爲開頭，然後事情就照著成就。這是《聖經》神學非常特殊的一點，與佛教的「緣起」、道家的「自然之道」乃截然不同。

也就是在「道、話語」這一點上《宣元本經》與《宣元至本經》有絕對的分歧，《宣元至本經》說：「法工善用謙柔，故能攝化萬物，普救群生，降伏魔鬼……妙道生成萬物……信道可以驅逐一切魔鬼，長生富貴，永免大江漂迷。」「道」創生萬物，是信仰的對象，且可以驅逐魔鬼；而可以驅逐魔鬼，乃因爲法王耶穌基督的緣故。從「道、話語」的概念分析可知《宣元至本經》與《聖經》神學是相合相通的。

第二節 士來馬赫的異端判準

在前一章我們曾引述士來馬赫《基督教信仰論》〔註14〕中論述基督教的四個「自然異端」之前的一段序言，表達出兩個層次的判教問題，亦即：一、基督教與否的判準；二、（基督教內部）正統與異端的判準。根據士來馬赫的看法，否定

〔註14〕士來馬赫（Friedrich Schleiemacher）"The ChristianFaith" T.&T. Clark, 1928, Edinburg, p.98.

神藉耶穌基督救贖人類，就是否定基督教宣告的基要眞理：是基督教與否，就看是否接受此一原則而定。第二個問題的判準，亦即正統與異端的區別，則在於接受此一原則之後，對它如何解釋——換言之，異端並非不信的一種模式，而是信仰內部的現象：基督教信仰中某種不完備或不可靠的模式。

對於龔天民提出的《志玄安樂經》裡的「善根」問題，我認爲已然撼動了景教（或基督教）的基要眞理——亦即士來馬赫所說的第一層次的判教問題。到底《志玄安樂經》的論述是否屬基督教神學可容忍的範疇？我們先來看有關「善根」的經文：

> 彌施訶又告岑穩僧伽及諸大眾曰：此經所說，神妙難思，一切聖賢流傳法教，莫不以此深妙眞宗而爲其本……若使復有人，於此經文聞說，歡喜親近，供養讀誦受持，當知其人，乃祖乃父，非一代二代，與善結緣；必於過去，積代善根，於我教門，能生恭教，因茲獲祐，故懷願樂。
>
> 譬如春雨沾洒，一切有根之物，悉生苗牙；若無根者，終不滋長〔註15〕。

首先經文強調此經乃一切教法的根本眞宗，這與基督教其他神學作品以《聖經》爲唯一最高指導文本的態度迥然不同。如果其神學見解與《聖經》相容，也就罷了；但是顯然其神學體系與《聖經》有極大牴觸，「善根」即其一例。有關於這一點龔天民說道：「根據《志經》所載，人能夠相信景教而發生信仰並善讀《志玄安樂經》的原因，並非單靠父親組祖父結下之緣，而是從過去所積的善根而來。所謂善根（kusalamata），佛教中是指產生諸善的根本而言。《入阿毘達磨論》曰：『能成根而生其餘善法，故稱善根』〔註16〕。」然後他認爲這與基督教最根本的矛盾在於基督教主張「原罪說」，根本沒有所謂「過去善根」的思想。確實如此。

另一方面，《志玄安樂經》又說「若無根者，終不滋長」的教導，亦即人若無前幾代的信仰經營，是無法得到神的恩典與美善，這也與《聖經》不合。〈約翰一書〉：「我們若認自己的罪，神是信實的，是公義的，必要赦免我們的罪，洗淨我們一切的不義。」（1：9）人又有原罪，所以所有人都必須經過認罪悔改的過程，神赦免的恩典才會降臨，如此才能與神建立關係，亦即《志玄安樂經》說的「與善結緣」。「與善結緣」不是歷代祖先積德的結果，乃是人認罪回到神面前所受到的恩典。

可能有學者會說，此處所謂的「善根」乃僅僅是借用佛教語而已，指的是過

〔註15〕翁紹軍，1995，頁175。
〔註16〕龔天民，1960，頁64。

去數代祖先能對景教生恭敬之心。這樣的心，借用佛家語稱之爲「善根」。所以《三威蒙度贊》也說：「復與枯燋降甘露，所有蒙潤善根滋」〔註17〕，這裡的「善根」一樣，也是指對景教有仰慕敬拜信靠的心。

對於《三威蒙度贊》中善根的用法，我們可以認同僅僅是借用語言，這個情形與《宣元至本經》說「信道，善人」是一樣意義。然而對於《志經》中的「善根」，我們無法認同，因爲作者還用譬喻加以說明：春雨降下，有根之物生出苗芽，亦即善之所以滋生，乃因人身上擁有爲善的根本。但這是違反《聖經》的神學的，《馬可福音》說：「耶穌出來行路的時候，有一個人跑來，跪在他面前，問他說：『良善的夫子，我當做甚麼事纔可以承受永生？』耶穌對他說：『你爲甚麼稱我是良善的？除了神一位之外，再沒有良善的。』」（可 10：17～18）人是沒有良善的，更別說有「善根」這一回事。新約《羅馬書》也說：「因爲世人都犯了罪，虧缺了神的榮耀」（3：23），原罪才是《聖經》的「人論」（anthropology）的眞正主張。「原罪」與「善根」正好是「人論」中的兩極。「原罪的人」需要上帝的救贖，而具有「善根的人」呢？

◎如果人能自救

推論是：如果人有「善根」，人就能自救；如果人能自救，那麼耶穌基督爲眾人而死與復活的救贖計劃，就不是絕對與必然的。《志玄安樂經》果眞如此主張，那麼根據士來馬赫的判教原則：《志玄安樂經》表述的思想，實在是與基督教神學無關。以下我們將就此點作更深入的檢視。

《志玄安樂經》假設了一個對話場景，由岑穩僧伽（即耶穌門徒西門彼得〔註

〔註17〕 這兩句在敘利亞文的《榮歸上帝頌》中未見。參吳其昱，〈景教三威蒙度贊研究〉，中央研究院史語所集刊 57 本第 3 份，頁 419。

〔註18〕 日本學者羽田亨從唐音、波斯語與土魯番發現的敘利亞文之蘇克度語，明白得知「岑穩僧伽」對音即 Sim-won Sang，名字前段爲西門 Simon，後爲蘇克度語的磐石 rock，即彼得之意。但是佐伯好郎認爲「岑穩僧伽」應該景梵語的對音，因爲在此經第 100 行的「眾天」，即梵文的 Samgha-deva，而「僧伽」的梵文對音爲 Samgha，意爲祭司，「岑穩僧伽」即「西門祭司長」（Simon, the chief of priesthood）。

然而我們知道《尊經》中記載了「岑穩僧法王」，而所載的各法王均記其名，後接法王之封號，實無必要在法王前再加另一頭銜，成爲「祭司長法王」，顯然疊床架屋；而且「僧伽」的梵文對音爲 Samgha，無法拆開單行「僧」字，但蘇克度語 Sang 顯然可以只對「僧」字。因此羽田亨的説法爲是。

詳參佐伯好郎（P. Y. Saeki），《中國之景教文獻及其遺跡》（The Nestorian Documents and Relics in China），東京 The Maruzen Co. Ltd., 1951，頁 305～306。

18﹜）提問，彌施訶（即彌賽亞耶穌基督）作答。岑穩僧伽問了什麼呢？由於此處是殘文，我們只可略知其詳。他所問大約是的：「我等眾人，迷惑固久……何方便救護有情……？」整篇《志玄安樂經》就是環繞此一主題，由彌施訶從各個不同觀點回答。

理論上或教義上，對景教徒或基督徒而言，「何方便救護有情」（語譯即：救贖人類的方法為何？），主要答案只有一個：亦即耶穌基督的救贖。目前可見的景教經典，除了《尊經》（因其體例特殊有其特定功能〔註19〕）之外，其他六部經典包括「景教碑文」、《序聽迷詩所經》、《一神論》、《宣元至本經》、《大聖通真歸法贊》與《三威蒙度贊》，各經、論、贊都將救贖的唯一方法與希望指向：耶穌基督〔註20〕。對照之下，《志玄安樂經》的主題鎖定救贖人類，雖然說話者是彌施訶，其計畫與內容卻從頭到尾隻字不提耶穌基督的救贖行動：為眾人釘死復活。

我們來看彌施訶對救護有情眾生的答案是什麼：

> 岑穩僧伽，凡修勝道，先除動欲，無動無欲，則不求不為。無求無
> 為，則能清能淨。能清能淨，則能晤能證。能晤能證，則遍照遍境。遍
> 照遍境，是安樂緣……是故我言：無欲、無為、無德、無證，如是四法……
> 得最勝故，名安樂道〔註21〕。

對於《志玄安樂經》的作者而言，救護（或救贖）已成為一種自救行動。在第二章〈景教文獻的思想解讀與綜觀〉中，我們探討基督論中的「救贖」意指「被帶入神的生命中」或「被塑成神」，傳統上用「神化」來表達這觀念，而在《一神論》中則使用「聖化」這個新的、自定的專有名詞。然而此處的救贖計劃，已然失去那種從神出發、回到神裡，以神為中心的救贖觀，變成一種以人的存有本體式的努力為中心的修行觀。人只要依無欲、無為、無德、無證四勝法，就可以得到真正的安樂，也找到了人生的最終意義（得最勝故）。《志玄安樂經》這麼說：

> 惟此景教勝上法文，能令含生返真智命：凡有罪苦，咸皆滅除。若
> 有男女，依我所言，勤修上法，晝夜思維，離諸污染，清淨真性，湛然

〔註19〕《尊經》原是用來為生者祈福消災與為死者禱告的位牌（diptych），而目前所見的《尊經》內容稍轉化，成為一部禮贊的經典：前半禮贊三一真神與眾聖徒，後半禮贊三十五部景教經典。故穆爾譯為 "Honoured Persons and Sacred Books"。參穆爾（A. C. Moule），"Christians in china Before the Year 1550", MacMillan Co.，1930，頁 55；翁紹軍，1995，頁 200。

〔註20〕《宣元本經》的狀況有一點複雜，我們將在下文詳加說明。

〔註21〕翁紹軍，1995，頁 168～9。

圓明，即知其人終當解脫〔註22〕。

所言所論再清楚不過，人生的罪苦能夠除滅，最終極的答案竟然是對此篇經文的辛勤修行，可以說對於基督教（或景教）的救贖論完全抹煞。救贖論主張惟有耶穌基督在十字架上所流的血，有此洗淨罪污的功效，此所以《新約‧使徒行傳》說：「你們所釘十字架，神叫他從死裏復活的拿撒勒人耶穌基督的名；……除他以外，別無拯救，因為在大下人間，沒有賜下別的名，我們可以靠著得救。」（4：11～12）

◎景教經典兩階段論

在《志玄安樂經》裡，我們看到一種借用語言的極端形式。在各個景教經典裡，借用語言基本上是一種普遍現象，幾乎每一篇經文都多多少少借用了佛教、道教的語言——這其實也是每一個學者都注意到的問題，有些學者甚至也將此歸入景教之所以衰亡的原因之一〔註23〕。在這個問題上龔天民提出了借用術語的看法他說：「初唐時的經典，雖然用了許多佛教術語，但都僅係借米解釋景教而已。但景淨時代的經典，與其說是借用佛教術語，毋寧說是吸收了佛教的思想，而變成了非景非佛、似景似佛，景佛融合的經典了〔註24〕。」

顯然龔天民認為景教經典可以分為兩個時期來看：一是初唐太宗時由阿羅本「翻經書殿」（景教碑文語，《尊經》也說他「奏上本音」）的論述之作，如《序聽迷詩所經》、《一神論》皆出其手，基本上神學立論與基督教基要教義大致相符〔註25〕；一是寫作景教碑文的景淨，至少《尊經》認為當時的三十部經典出其手，包括現在可見的《宣元本經》、《志玄安樂經》與《三威蒙度贊》，其中《志玄安樂經》與（《老子》62章有密切關係的）《宣元至本經》二經在信仰的教義上，尤其引起學者不滿〔註26〕。

〔註22〕同上，頁183～4。
〔註23〕翁紹軍認為：景教「以附庸佛道為價值取向，把教理的傳述定位在並非聖教正脈的玄無之義上。談玄說無本是中土強項，班門弄斧，景教的命運也就可想而知了。」參同上，頁36。
〔註24〕龔天民，1960，頁60。
〔註25〕龔天民與翁紹軍皆採取此立場。翁說詳見其書導論二，翁紹軍，1995，頁21～41。
〔註26〕朱謙之，翁紹軍是其代表，而龔天民僅只對《志玄安樂經》多所微詞。唯有趙璧礎從本色化的觀點，予以相當程度的肯定，參林治平編，《基督教與中國本色化》，（台北：宇宙光出版社，1990），頁182～187。不過，這又是另一方面的問題了，我將在第七章〈景教宣教策略的處境化選擇與結果〉中詳論。

有關《宣元至本經》是否如翁紹軍所言爲道教附庸，或如朱謙之說的爲《老子》注文被人錯認，我們已經在上一章〈小島文書眞僞考〉中辯明，其神學符合基督教基要眞理，非如朱、翁二人所言。

對於景教經典有所謂的兩階段論的看法，我認爲只能從一個觀點去解釋，亦即操作漢語的熟練性。我相信《序聽迷詩所經》、《一神論》是屬唐代初期的作品，只因宣教士初來乍到，急於介紹一個新的宗教給長安與中國的人民。於是，文字的傳播變得非常重要，故而有譯經與論述之舉。然而當採用語言傳教之時，就必然受到語言的限制。在無法熟稔漢語的情況下，有了像《序聽迷詩所經》、《一神論》的作品產生；而之後的作品如《宣元至本經》、《宣元本經》、《志玄安樂經》、景教碑文等，比較起來就文從字順多了。然而我們也知道《宣元至本經》與《大聖通眞歸法讚》事實上是開元時期的作品，非出景淨之手，應該與屬景淨的作品隔開處理所以，似乎應該是三階段論。如果我們還要考慮《尊經》的製作年代，亦即唐亡後到敦煌封洞前的這段時間〔註27〕，果眞如此，是否四階段論更符合歷史實況。

僅僅就操作語言的熟悉度而言，我認可景教經典兩階段論的看法。然而若是從神學角度作解釋，我則認爲目前可見的經典除了《志玄安樂經》與《宣元本經》之外，均與基督教神學相容，換句話說，所謂的兩階段論並不成立。

第三節　語意價值的轉投資

同樣是大量借用佛教道教語言，我很想問一個問題：爲什麼有些經典仍可充分表達景教神學立場，如《一神論》；有的經典卻會引起學者高度質疑，如《宣元至本經》；又爲何有的經典完全偏離景教神學主題，成爲它借用語言的相對應表達，如《志玄安樂經》與《宣元本經》？我換句話問：同樣使用他者的語言，會造成與不會造成困擾和誤解的界線在哪裡？亦即在什麼情況下，借用的語言不會成爲認識的障礙？

簡單地說，這是一個表達與理解的問題，而其對象卻是一個全新的事物（宗教）。對一個表達者而言，如何將景教這個對當時中國人民全然陌生的宗教引介出來，確實是一個難題：他們要使用什麼語言，才能讓唐人明白他們在說些什麼？

在本章的一開頭，我們曾經問道：對於在景教經典中大量使用佛教與道教語

〔註27〕林悟殊，2003，頁 140～141。

言的現象，我們應該如何來看待？只是為了找到一種說話的方式嗎？而且只有這種說話方式嗎？這其實是景教在自我表達上一個策略使用與選擇的問題，基本上是相當關鍵性的。事實上，這個問題佛教一樣遭遇到。佛教比景教早四百餘年於東漢入中國，在引介佛學思想與翻譯經典上，早已出現了類似問題。湯用彤說：「通佛法有二難，一名相辨析難，二微義證解難。中華佛教進至什公之時，一方經譯既繁，佛理之名相條目各經所詮不一，取捨會通，難知所據〔註 28〕。」名相辨析難指的就是佛學術語、專有名詞的分析定義困難；另一方面專有名詞的翻譯不統一，又是一大困難。這樣就中國的讀者來看，就會產生理解上的困難。湯用彤又說：「魏晉以來，佛玄合流，中國學人僅就其所見以臆解佛義〔註 29〕。」佛玄合流指的是佛教在此時期，因為魏晉玄學的興起而依附之，大為士大夫所激賞。事實上，在更早之時，佛教甚至於被視為是道教的一支：「佛教在漢世，本視為道術之一種，其流行之教理行為，與當時中國黃老方技相通〔註 30〕。」無論是掛在道教或玄學之下，雖然較易被接受，但卻是在錯誤理解中接受；另外也因類似附庸的地位而不受重視：「牟子理惑論云『世人學士多譏毀之』，又云『俊士之所規，儒林之所論，未聞修佛道以為貴』〔註 31〕。」

佛教進入中國，佛經也藉由翻譯進入中國，我們在上述湯用彤的敘述當中發現中國社會並非被動地接受佛教的傳輸，反而是漢語所構成的文本環境具有巨大的能動作用。此所以學者劉禾以跨語際實踐的進路探討中國的現代性問題時，對於歐洲語言翻譯成現代漢語這樣的話語實踐，將現代漢語命名為「主方語言」，而被翻譯的語言則為「客方語言」〔註 32〕。這樣的命名可以把所謂的「主方語言」的能動性給強調出來。劉禾說：「當概念從客方語言走向主方語言時，意義與其說是發生了『改變』，不如說是在主方語言的本土環境中發明創造出來的〔註 33〕。」

根據這樣的觀點來看，我們發現唐代的景教面臨與東漢魏晉時代的佛教同樣的狀況，景教甚至更進一步把佛教遭遇的雙重問題合併：借用佛道教語言作為自己的專有名詞與術語。

在討論這個問題之前，我們首先來看看一個景教與佛、道教之間的互動狀況。

〔註 28〕湯用彤《漢魏兩晉南北朝佛教史》，（臺灣商務印書館，1998），頁 293。

〔註 29〕同上。

〔註 30〕同上，頁 120。

〔註 31〕同上

〔註 32〕參劉禾，《跨語際實踐──文學，民族文化與被譯介的現代性（中國 1900～1937）》，（北京：三聯書店，2002），頁 35～38。

〔註 33〕同上，頁 36～37。

景教碑文說：

> 聖曆年釋子用壯騰口於東周，先天末下士大笑訕謗於西鎬。有若僧
> 首羅含，大德及烈，並金方貴緒，物外高僧，共振玄綱，俱維絕紐〔註34〕。

聖曆年是武則天的年號（698～700），釋子指的當然是佛教徒，東周則是武后時期的都城洛陽。第一句話的語譯，即武則天聖曆年間，佛徒勢力大盛，在洛陽展開對景教的攻擊誅罵。先天乃玄宗年號（712～713），先天末即為713年。西鎬是周武王的都城長安，「下士大笑」用《老子》41章的典故：「下士聞道，大笑之」，依其用典的原則看，釋子指佛教徒，「下士大笑」典出老子，則最可能指道教徒。此句語譯即是在唐明皇先天末年，不入流的道教徒在長安嘲笑毀謗景教。

景教在貞觀十二年（638）被唐太宗正式策封為一個官方認可的宗教，六十年後有佛教徒的攻擊，又十餘年後有道教徒的毀謗。顯然景教與佛道教有了正面的衝突，而景教中的重量級人物羅含、及烈出面，化解了一場宗教危機。

我可以來猜測：佛、道教人士究竟攻擊景教什麼？也許是其基要真理，亦即耶穌基督的救贖，上帝的創造，三一神學等等。但我認為最可能的攻擊點是：佛、道教人士熟悉，但對他們而言，看起來「似是而非」的論點——亦即景教經典中大量使用的佛、道教語言，一方面或許指其剽竊，另一方面應該是指出其「使用上」出了問題。

「使用上」到底出了什麼問題？我認為關鍵就是在「借用」語言上面。

什麼是借用語言？我們可以舉一個很近的簡單例子。上面的引文極有趣，才說了「釋子用壯騰口於東周」，接下來談到景教的教會領袖羅含時，稱他為「僧首」，彷彿羅含是佛教徒的領袖，而不是景教的教會領袖。下面更有一些景教教士被稱為「物外高僧」，我們為什麼知道他們是景教教士，而不是佛教僧侶呢？光看字面，反而應該是指後者才是。我認為原因出在上下文語境的限制與規範。

景教碑文說到初入中國長安、唐太宗之時建立了一所教會：「於京義寧坊造大秦寺一所，度僧二十一人」，高宗時則「於諸州各置景寺」，之後沒幾年武則天登基，就發生了佛教徒攻擊事件。從碑文文本的脈絡來看，上文既以寺、僧稱教會與教士，下文就沒有理由不稱寺、僧。從歷史事實來看，景教教堂一開始稱為波斯寺，之後玄宗將稱為波斯寺的教堂改名為大秦寺〔註35〕，然而一開始就稱寺、僧是沒錯的。但我們要問：為什麼？且對於景教經典所使用的一切佛道教術語，

〔註34〕翁紹軍，1995，頁59。
〔註35〕《唐會要》卷49：其兩京波斯寺宜改為大秦寺，天下諸府郡置之者亦準此。

甚至專有名詞，我們都要問：為什麼？

上下文的語境脈絡固然改變了語言的意旨（佛教的「寺、僧」變為景教的教堂與教士），然而這改變是有一個過程與規則的。

在景教經典中意旨被改變的佛道教語言，其實分為兩類：一是一般詞項，一是專有名詞與術語。一般詞項如「寺、僧」，其語意的指涉是極為寬泛的、鬆散的，並未嚴格定義的。

◎遊戲理論

維根斯坦有一個有趣的語言理論：**遊戲理論**。

語言遊戲理論主要是打破大家對語言思維的迷思，他舉「遊戲」（德文 spiele, 英文 game）這個詞（字）為例，說明在語言或命題中沒有所謂的共同本質屬性或共通性。看看他是怎麼說的：

> 下棋、紙牌、球類運動、奧林匹克運動會等等，它們之間的共同點是什麼？－可別說：「它們一定有共同點，要不然不會被稱為遊戲。」－請仔細觀看究竟有沒有共通點。－如果你真的觀察入微，將看不到什麼共同點，只有相似性、關係以及一系列這樣的東西。再說一次：不要想，但要看！－例如棋類遊戲，它們之間有多樣的關係；再看紙牌遊戲，它們與第一類遊戲有許多共通點，但許多共同特徵不見了，其他特徵則出現了。我們再跳到球類運動，許多共同點保留下來，但許多也不見了。－它們都是娛樂嗎？比較一下西洋棋和井字○※遊戲。玩遊戲的人之間是不是總有輸贏競爭？請想想一個人玩紙牌遊戲。打球有輸贏；可是一個小朋友把球扔向牆壁、再接住，輸贏的特徵不見了。看看那些靠技巧與靠運氣的遊戲；再比較下棋與打網球之間技巧的不同。現在想想小女生轉花環的遊戲，有娛樂成份，其他特徵卻消失了。以此方式我們可以繼續考察許多許多其他類別的遊戲，看到相似性如何出現與消失。

這種檢視的方式結果是：我們看到一種重疊交錯的相似性複雜網絡：有時是整體的相似，有時是細節的相似〔註36〕。

維根斯坦對於一般詞項語意的看法，一種重疊交錯的相似性複雜網絡：有時是整體的相似，有時是細節的相似，他另外給了語言意義這種「重疊交錯的相似

〔註36〕譯自維根斯坦（Ludwig Wittgenstein），"Philosophical Investigation" translate by G. E. M. Anscombe, Basil Blackwell & Molt Ltd.，1958，31e～32e.

性複雜網絡」一個比擬：**家族相似性**，好比家族成員之間存在不同的相似性：身材、特徵、眼睛顏色、走路方式、脾氣等等重疊交錯是一樣的。他的意思是像遊戲這樣的一般詞項，誠如洪鼎漢所解釋的：「並沒有固定的本質屬性為它所代表的那類事物共同具有的，這些事物所以構成一類，之所以我們能用某個一般詞項去指稱它們，並不在這些事物有什麼共同的本質屬性，而是在於它們之間有一種重疊交錯的『家族相似』。……一般詞項的意義，嚴格或鬆弛，統一或分散，變化或相對固定的性質，只可以通過考察它如何在一段時間內為一個語言共同體所實際使用來加以確定〔註37〕。」

於是維根斯坦給了語言一個完全不同的視角：「我不在我們所稱之為語言的東西中營造某種共同的東西，而要說這些現象沒有一種共同的東西，能使我們用同一詞項去代表所有它們——而是它們以許多不同的方式相互關聯，正是因為這種或這些關係，我們才把它們統稱為『語言』〔註38〕。」

景教的教堂與教士，就其宗教性質而言與佛教的寺、僧，顯然就是擁有某個程度上的「家族相似性」。一般詞項的語意其相似性的部分是穩定的，只要相似性維繫住，其語意的挪移，某個程度上而言是寬鬆的。

在景教碑文有關「寺、僧」的這個例子當中，情形比較單純，碑文本身只是就景教歷史加以陳述，然而我們發現這已涉及**翻譯**的語意挪用問題，雖然一般而言對改變佛、道教一般詞項的語意是比較容易被接受的——此時只要適當加上景教的識別標誌（如大秦寺、景寺等），總的來說，不易產生誤解混淆——然而像這樣的一般詞項都可以互通共用的話，卻更容易產生二者之間毫無界線的誤會。

這裡所謂的翻譯，指的是比較寬鬆的意義，亦即可以被理解為改寫、挪用以及其他相關的跨語際實踐的一種簡化表達方式。以唐代的景教為例，就是將原先使用敘利亞語操作的景教文本和神學系統轉而以漢語表述的跨語際行為。這當中一定會牽涉到專有名詞與術語的翻譯，在景教經典中，翻譯者大量借用佛、道教專有名詞，引起頗大的困擾〔註39〕。原因在於專有名詞是被精確定義的，彷彿被鎖死專用的投資，很難再加以挪用或轉投資。雖然吃力不討好，但畢竟景教經典還是這麼做了。景教的宣教士譯者是如何在翻譯過程中將語意予以轉移，我們要特別注意的。

〔註37〕洪鼎漢，《語言學的轉向》，（遠流出版，1992），頁207。
〔註38〕譯自維根斯坦，1958，頁31e。
〔註39〕事實上，也有借用儒家語言，然而例證不多，「聖化」借孟子語是其一。詳本論文
　　　　第三章〈景教文獻的思想解讀與綜觀〉第二節「景教救贖論——帶入上帝的生命中」。

◎詮釋的假設

我們舉個例子，比較容易看清楚語意轉移是如何進行的。《一神論》中的神學論述大量借用佛教術語：

彼天下快樂，亦如魂魄遊在身上快樂。彼魂魄如客，在天下快樂處。於此天下五蔭身共作客，同快樂於彼天下。喻如魂魄作客此天下，亦是五蔭身此天下作客〔註40〕。

五蔭，絕對是佛學的專有名詞。我們來看看兩為學者對《一神論》中的「五蔭」的解釋，翁紹軍說：「佛家語，又稱五蘊。蘊指積聚、類別，是對一切由因緣而生的事物和現象的概括。五蘊有廣狹兩義：狹義指構成現實人的五種事物和現象，廣義指物質世界（色蘊）和精神世界（受想行識四蘊）的總和〔註41〕。」另外翁紹軍也對「五蔭身」有解釋：「五蘊所構成的肉身〔註42〕。」另一為學者黃夏年解說：「五蔭是佛教劃分的色、受、想、行、識五種物質與精神的活動。這裡作狹義講，指人的肉身〔註43〕。」

為什麼二位學者都知道此處「五蔭」作廣義解，主要指人的肉身？這裡其實有一個「詮釋的假設」：我們必須假設景教經文的閱讀者或詮釋者他們都擁有景教的神學系統知識，於是當他們讀到「五蘊」此一專有名詞時，就能夠知道經文書寫者使用「五蘊」此一專有名詞時，作了一個調整，亦即將嚴格定義的術語鬆綁，降低其語意價值的專用性格，幾近轉化成為一個一般詞項，然後可以被景教的神學系統語言吸收使用。亦即當閱讀者或詮釋者接觸到被置於景教文本中的「五蔭」這個詞時，他們可以知道這個詞已失去其原有的專有名詞的特定性格，而僅僅是成為一個一般詞項，這點可以從《一神論》上下文找到許多具相互取代性的詞項，如身、肉身、五蔭身等可為證明。

「詮釋的假設」也是假設景教經文的作者在借用（佛、道教）專有名詞時，相當有意識地作了語意價值的調整，而其調整的根據是景教的神學（或基督教神學）。這裡我們看到一個「詮釋的相對逆向運作」，我們試以圖解說明：

景教（或基督教）神學──→景經書寫者──→借用佛、道教專有名詞──→**漢語景教文典**←　解釋景經中佛、道教專有名詞←──釋經學者（或「讀者」）←──景教

〔註40〕翁紹軍，1995，頁122。

〔註41〕同上，頁120。

〔註42〕同上，頁122。

〔註43〕這裡似乎黃夏年有筆誤，當作「廣義」解才是。黃夏年，〈景經《一神論》之「魂魄」初探〉，基督宗教研究2，（北京：社會科學文獻出版社，2000），頁451。

（或基督教）神學

於是我們從「詮釋的相對逆向運作」看到一個奇怪的現象：亦即我們在景教經典上閱讀到一個佛教術語，卻必須用景教的神學作出正確的理解，換句話說，從景經書寫者到閱讀者或詮釋者都無可避免地一致需要擁有景教的神學知識，如此才可完成所謂「正確的」詮釋行為。又或者，更實際的情形是閱讀者或詮釋者以他們自己的方式對文本進行理解，發明創造出各式各樣、無法預期的意義。

然而我們知道，無論是翁紹軍或黃夏年，都是二十世紀末的注家，比起漢語景教文典出現在中國的唐代，晚了一千餘年，對景教或基督教神學的認識，當然不可同日而語。於是我們要問：景教這麼一個全新的宗教，當時的讀者完全沒有景教（或基督教）神學的背景，試問，當他們讀到《一神論》中的「五蔭」時，是如何能夠正確地理解？難道這樣的借用不會造成認識的障礙，或者創意的理解？目前為止我們只討論單一的專有名詞的借用，可是當借用語言到達一個規模時，又會造成什麼效果？

唐代的讀者認識景教的主要基礎與根據是什麼？我認為還是以漢文景教文獻的傳播為主。當讀者還未有任何其他認識景教的參考架構時，景教經文提供的任何資訊，都將成為參考架構。而參考架構對於認識一個新的事物，是絕對必要的。可是，參考架構同樣也可能遮蔽或出乎意料之外地導引出我們對新事物的另一種認識。

我不得不說漢文景教文獻借用大量佛、道教專有名詞，一方面讓我們看到中國的主方語言在本土環境中確實擁有巨大的能動作用，對景教的經典翻譯造成實質的影響。此實質的影響就是使得景教宣教士在跨語際操作其神學語言時，為了拉近與唐代讀者的認識距離，做了一個策略上的選擇：與漢語文化中的其他宗教體系靠近，借用他們的語言，於是對讀者造成一種認識景教的異化文本與媒介。讀者太容易用佛、道教的觀念為參考架構去理解景教神學〔註44〕，特別當一篇經文中借用語言到達一個規模時，障礙更難突破，誤導也更為加深，《宣元至本經》的狀況就是如此。短短不到五百字的一篇殘文，就有一大段用《老子》62 章為基礎作文書寫，也難怪朱謙之會認為《宣元至本經》是偽作〔註45〕。如果《宣元至本經》不是偽作——如同我們在第三章〈小島文書真偽考〉第二節「重新定位《宣元至本經》」裡所論的，可是連學者都會有這樣的推斷，顯然這樣的語言操作對讀

〔註44〕這同時也是佛教進入中國時——在東漢與魏晉時代——所遭遇到的重大問題與挫折，總是被當時的知識份子和讀者用道教或玄學的角度進行詮釋與理解。
〔註45〕朱謙之，1993，頁 127。

者造成極大的困擾。

劉禾描述跨語際實踐的觀念時說道:「研究跨語際的實踐,就是考察新的詞語、意義、話語以及表述的模式,由於或盡管主方語言與客方語言的接觸／衝突,而在主方語言中興起流通並獲得合法性的過程〔註46〕。」我相信當時佛、道教人士的攻擊必然與景教大量挪用借用佛、道教語言有關,特別是景淨翻譯《大乘理趣六波羅蜜多經》被批評為「未明釋教」〔註47〕,此一重大翻譯事件必然決定也代表了佛、道教人士(武則天與玄宗時)對景教這個新興宗教人士運用佛、道教語言與其(充斥佛、道教語言)經典的看法。顯然從敘利亞文翻譯過來的景教文本在唐朝漢語主方語言中興起流通並獲得合法性的過程似乎並不順利(即使曾經有過碑文所謂「法流十道,國富元休,寺滿百城,家殷景福」的盛況〔註48〕),這點我們可以從唐武宗滅佛兼及景教、祆教、摩尼教三小宗教之後,景教幾乎就從中國的歷史舞台迅速消失看出;且碑文湮沒,在八百年後明代出土,知識份子中已無人識得,李之藻的一句話:「此教未之前聞」可為代表。

◎語言與真實的距離

其實景教的作品《志玄安樂經》對此作法有一個理論:「為化人故,所以假名,於真宗實無知見〔註49〕。」再一次我們看見《志玄安樂經》所呈現出的思想實在是與佛學走得比較近,與基督教或景教離得遠了。這段文本翁紹軍的解釋是:「佛家認為,諸法本來無名,是人給它假設了一個名字。這個名字既虛假不實,而且不合實體,……所以稱之為假名。這裡指借助名詞概念〔註50〕。」對《志經》而言,透過名字、名相、或名詞,是無法觸及永恆真實的實體。換句話說,我們可

〔註46〕劉禾,2002,頁36。

〔註47〕參圓照《貞元續開元釋教錄》中「般若所譯《大乘理趣六波羅蜜多經》」條。

〔註48〕景教宣教士從波斯東來中國留下了什麼影響?我們相信兩百年的宣教,不太可能沒有影響力(──只是時空離得太遠),加上三十餘篇經典的翻譯與書寫,另外唐玄宗也有詔文「波斯經教,出自大秦,傳習而來,久行中國」(參唐會要卷 49),也許史料文獻的記載遺留下來的有限,但我們相信一定有相當的影響力。就在唐武宗會昌五年頒布滅佛禁令後約三十年,黃巢之亂攻陷廣州之際(唐僖宗乾符五年即878～9年),據十九世紀阿拉伯人旅行家阿布賽哈珊(AbuZaid Hassan)所著的《阿拉伯人東方見聞錄》記載,約有十二萬至二十萬的回教徒、猶太教徒、基督徒、祆教徒被殺。若平均一下,基督徒(景教徒)被殺人數,光是廣州一地也有三至五萬人之譜。

〔註49〕翁紹軍,1995,頁 168。

〔註50〕同上,頁 172。

以推論出:《志經》不信任語言——語言的描述與實體是有差距的,人無法透過語言認識實體。所以《志經》會說:「是故我言……不徇己,能離諸言說」〔註51〕。

然而一般而言,景教或基督教是注重名實的。《一神論》說:「故便有痴騃,在於木石之上,著神名字,以是故說,惡魔名爲是人間怨家。**是以須知名字爲人論說,使人知善惡深淺**,若人不解思量者,還是緣惡魔迷惑,不能修善〔註52〕。」不僅神的名字不能亂安置,以免造成假神偶像,而且還得研究惡魔得名字,使人可以得知屬靈世界的眞實。因此我們知道,景教神學重要文獻《一神論》是注重名實關係的。另一篇重要經典《序聽迷詩所經》,同樣在論及假神偶像之時,也觸及語言問題:「令一切由緒,不爲具說。一切由緒內,略說少見,多爲諸人說,遣知好惡〔註53〕。」這裡的意思是:其他宗教的所有因由端緒,無法盡說,只說一端(假神偶像的無能),就可明白其餘的好壞。無論如何,《序聽迷詩所經》是看重「語言」的說明功能。

1、景教碑文也論到名的問題:

2、眞常之道,妙而難名,功用昭彰,強稱景教。

3、道常無名,聖無常體。隨方設教,密濟群生。

4、道無不可,所可可名;聖無不作,所作可述。

引文1與2,雖然說道「無名」或「難名」,但並不否認「名」的功用,依舊要「強稱」、要「設教」。引文 3 則更加值得注意,道是無所不能的,然而其所能的,都可以被命名——實際上已大大強調名字、語言的功能。

另外在《宣元至本經》裡如上文討論過的與《約翰福音》的「道」大底相同即希臘文即 Logos,英譯爲 Word〔註54〕,意思是上帝用祂的話語造成了世界,基督教神學是極看重「語言」的:語言與外在世界是有實質對應的連繫及關係——這是有神學的根據。

我們在此看到一個詭譎的、衝突的文本間錯綜複雜的關係。景教重視名實關係的語言觀念,無法說明景教文典借用佛道教語言的矛盾現象;反倒是與景教的救贖論產生斷裂的《志玄安樂經》所說的「爲化人故,所以假名」,擊中了此一問題的重心。

〔註51〕同上,頁 169。
〔註52〕同上,頁 128
〔註53〕同上,頁 88。
〔註54〕KIV 與 NIV 兩權威版本皆然。

◎逾越的語言借用

在借用語言上，我們看到確實產生了「離題」的現象（特別是《志玄安樂經》），讓人再也見不到景教神學的影子——與歷史上的景教（聶斯脫留派）的對應關係。可是這又產生一個認識的循環：我們要認識唐代景教的思想，需要透過漢語景教的文本。但是如果我們不瞭解歷史上的景教神學與基督教神學，似乎就無法在充滿佛道教借用語言的文本中，判斷何者屬景教系統神學，何者又是非基督教思想？亦即我們用來作為判準的系統神學，似乎原先就是我們想要透過景教文本理解的——我們不是應該從唐代漢語景教文本中，找出景教的神學系統，再來判斷何者為異端或正統？

事實上，這是有困難的。原因在於各篇漢語景教文本之間，存在著兩重巨大矛盾：一是語言上的，既有新的景教語言系統，又有佛道教語言系統；二是思想上的，確有兩種無法相容的思想系統並存（《志玄安樂經》在救贖論上有斷裂；《宣元本經》則在語言的觀念上有脫軌），因此之故我們只有尋找一個更高的判準，才有可能解決此一僵局。

如果我們不否認景教是基督教的一個支派，那麼以《聖經》與其所展現出來的基要神學，作為漢語景教文本判準，應該是相當合適的。事實上對《志玄安樂經》的判斷，完全是依據基督教最重要的基要真理「耶穌基督的救贖論」，這也是士來馬赫提出且特別強調的判準〔註55〕；而對於《宣元本經》的判教，我們則是用《聖經》創造論中「道——語言」的理論作為判準。

關於《宣元本經》是否符合基督教神學的判準，我們要再就新約的部分多加說明。基本上，新約是承繼著整個舊約的「創造—救贖」思想，進一步把焦點聚集在拿撒勒人耶穌的身上（很有意思的是：《宣元本經》正好用「時景通法王，在**大秦國那薩羅城**」作為論述神學的背景）。使徒約翰宣布那位道成肉身的，正是那位自太初即與神同在的神了：「萬物是藉著祂造的；凡被造的沒有一樣不是藉著祂造的」（〈約翰福音〉1：3）。新約的思想是：世界以及人類都要透過祂再被造，這就是新天新地與重生（Regeneration）的思想，亦是新約的核心思想。換句話說，創造、救贖與再米，全集中在耶穌基督的一生。所以談到「道——語言」的創造論，必然牽涉到道成肉身的耶穌與救贖。如果「道——語言」的創造論不成立，事實上耶穌的救贖也不成立。於是我們又回到士來馬赫提出的判準，因此追根究

〔註55〕參麥葛福（A. E. McGrath）B《基督教神學原典菁華》，（台北：校園書房出版，1999），頁 200～201。

底,《志玄安樂經》與《宣元本經》在基督教神學上,所面臨的是一樣的問題。

爲什麼《志玄安樂經》與《宣元本經》會有如此高度離題,且與景教(基督教)傳統斷裂的狀況出現?我認爲原因在於「逾越的語言借用」。在這裡我們要討論「借用的分際」的問題(誰影響誰?誰牽制誰?超過什麼界線,會失去自我?):借用同一範疇其他體系的語言(如景教與佛、道教,同屬宗教信仰範疇,卻借用其語言),來塑造自我體系的樣貌,必須要有一個內在的規範,作爲借用語言的標準,才能精確形塑自我體系。否則很容易因爲同屬一範疇之故,失去自我的主體,成爲其他體系的附庸。

如何能夠維繫住自我體系的完整性,不被借用的語言拖垮而崩解,如《一神論》、《序聽迷詩所經》與《宣元至本經》等,我認爲很重要的是:一者借用的語言與景教要表達的思想間,有某個程度的「家族相似性」,亦即是從景教教義中出發,尋找可類比的其他體系語言,予以借用,且可以從上下文中,將借用語言的專有名詞性格降低至一般詞項的水準,例如《一神論》中的「五陰」可與「肉身」或「身」替換使用,而沒有語意上的落差;二是重新定義借用的語言,使之成爲景教語言,如《宣元至本經》中將《老子》62章「善人之寶,不善人之所保」,重新定義爲:「善人之寶,信道,善人」與「不信善之人所不可保」——將原先在《老子》中沒有的信仰元素加入,於是《老子》語言一變成爲景教語言。

當然我們也看到借用語言的失敗例子,如《志玄安樂經》與《宣元本經》。當借用語言忽略了此使用語言的策略的重心是景教教義本身時,逾越了景教教義可支撐的臨界點,氾濫借用其他體系的語言,使得景教教義滅頂。就像《志玄安樂經》中「善根」、「十觀」與「四勝法」,以及《宣元本經》裡的「無元無言,無道無緣,妙有非有,湛寂然」與「無發無性無動,靈虛空買,因緣機軸,自然著爲寫本,因緣配爲感乘」,完全不從景教本身出發,而是強行移植佛、道教思想到一篇自我標榜爲景教的文獻之內。於是景教的陣地塌陷,無論如何詮釋,《志玄安樂經》與《宣元本經》都無法擺脫其爲佛、道教附庸的印象——被借用語言奪去主權的文本。我們稱這樣的狀況爲「**逾越的語言借用**」。

《志玄安樂經》與《宣元本經》這樣的景教經典,其信仰內容與思想被佛道教語言所吞滅,事實上,正好看出唐朝漢語所構成的文化能動力量,絕不是一個被動的、物化的文化接受體——它提供語言給景教,以表達其信仰的內容與思想;同時這個語言也牽制、連動與影響景教經典的書寫和再現能力。這樣的宗教文本在翻譯的旅行中,在跨語際的實踐裡,還在尋找一個能適切表達自我的語言時,就受到政治力的干預,從歷史的舞台上匆匆下臺。然而我們知道即使它能夠繼續

在舞台上,尋找台詞,展示它自己──它也不會再是原來的自己,這樣的表演應該會創造出一個不同的、新的劇本和劇碼。

一個新的宗教!一個只能稱爲**唐朝漢語式的景教**。而所有的經典都被翻譯、挪用、改寫成一部部完全**唐朝式的漢語景教經典**,即使像《三威蒙度讚》這樣找得到敘利亞文原版(《天使頌》)的經典,我們都看到多加入十個句子,滲透、改寫、重譯的動作。

對從波斯傳入的景教而言,漢語是材料,是系統,也是一具機器,且是一個具有生命力、改變力與影響力的活機器。**這個景教不再是敘利亞的景教,也不是波斯的景教,而是中國唐代的景教。**

第四節 中毒的文本

在借用語言這個問題上,還有一個極爲特別案例,值得拿出來討論一番,就是我們在上一章最後一節「一個可疑的人物」中,曾經觸及的有關呂洞賓〈救劫證道經咒〉中借用景教語言(或者說敬拜讚美詩更爲確切)的特例。我們又應該如何看待此一不尋常的狀況?

首先我們必須釐清:「景教借用佛、道教語言」與「佛、道教借用景教語言」是完全不同的狀況。我們要考慮一個歷史事實,亦即在唐代之時,佛、道教在中國已然擁有結構穩定的語言體系,甚至後來道教在唐武宗時定於一尊,而景教語言則是仍在成形當中,還在尋找適合表達自我的語言:嘗試尋找、定義自我。所以當道教文本借用景教語言時,就如呂洞賓在〈救劫證道經咒〉中以咒語的方式,將歌頌耶穌基督的讚美詩鑲嵌進經文中,由於道教的理論與語言本身極爲穩定,借用語意系統仍然脆弱的景教語言──我們不禁要問:會顯出什麼效果?

當然,呂洞賓採取了一種奇特的表現方式:咒語。而這種只留存聲音特性的外來語言形式,成爲一種神聖的語音語言,卻有一個千年來無法破解的密碼(敘利亞語),使其內容幾成爲永遠的謎語與秘密。或許這才是呂洞賓的眞正目的:一、永恆的秘密,保有永恆的魔力;二、耶穌基督的名字可以永久保留下來,在人唸誦咒語之時,以「無知」的敬虔,達到敬拜耶穌基督的目的;三、不欲人知呂祖自己與景教的關係。

最有意思的是既然不想曝光(耶穌基督的名字、呂祖與景教的關係、咒語的眞正內容),卻又進行書寫行爲。顯然其中有一種極大的驅動力,使得呂洞賓不得不留下一分詭秘的證據:既要人知、又要人不知的文本。是什麼驅動力?難道他

曾是景教中人，又或者是一位披著道教外衣的景教徒？

的確，〈救劫證道經咒〉與咒語景教頌詩之間不存在對話關係——直到被解密的那一天。沒錯，就在 1951 年明加納博士解開了這個咒語的真正內容：以敘利亞語對譯，終於真相大白——咒語密碼竟是景教敬拜詩〔註 56〕。我們非常好奇呂祖寫下咒語時，是否知其為敘利亞語音譯後的漢語？他應該是知道的。這大約是中國歷史上最特殊的一篇咒語了。一般而言，類似這種音譯的咒語是與梵語對譯，因多為佛教引進之故，與〈救劫證道經咒〉同卷的〈諸咒小序〉也說這些咒語「謂是梵音」，顯然輯書者劉體恕對這數句咒語，也是全然無知，雖然猜測是梵語，仍舊無法解譯其意義。

道教經典秘密地使用景教語言，未被解碼之前，一切相安無事。一旦知道其為敬拜耶穌基督的讚美詩，除了我們會對呂洞賓的身份重新質疑與定位之外，似乎也見到了一篇極其詭異的文本：耶穌基督硬生生出現在從來不曾被期待出現的道教文本之中，實在太不相容了！我們要問：二者之間具有對話效果嗎？或者只能是硬生生的並列與對立？解開咒語之後真相成為一種破壞力量嗎？我們再看一次〈救劫證道經咒〉四篇「靈章」全文並把咒語（標底線的部分）的譯文列於後：

天微章第一：

稽首乾天主，元和遍四方。大慈悲，救苦難。<u>唵刹哪唎囉咩哆質嘛娑訶</u>
（誠哉，耶穌昇至高天。）

常有大神通，亨達普昭靈。大慈悲，救苦難。<u>唵刹哪唎囉咩哆質嘛娑訶</u>
（誠哉，耶穌昇至高天。）

迭運歷今古，普濟於群生。大慈悲，救苦難。<u>唵刹哪唎囉咩哆質嘛娑訶</u>
（誠哉，耶穌昇至高天。）

聖慧顯真宗，清明永固持。大慈悲，救苦難。<u>唵刹哪唎囉咩哆質嘛娑訶</u>
（誠哉，耶穌昇至高天。）

地真章第二：

稽首后土君，黃閣面靈臺。大慈悲，救苦難。<u>唵嗎唎哆都堵囉盤以娑訶</u>
（誠哉，神聖主宰護佑此耶穌。）

仰承太上力，厚以為本根。大慈悲，救苦難。<u>唵嗎唎哆都堵囉盤以娑訶</u>
（誠哉，神聖主宰護佑此耶穌。）

山河永奠固，無洩亦無傾。大慈悲，救苦難。<u>唵嗎唎哆都堵囉盤以娑訶</u>

〔註 56〕參第二章〈小島文書真偽考〉註 75。

（誠哉，神聖主宰護佑此耶穌。）

靜存而默鎮，至德衛玄靈。大慈悲，救苦難。<u>唵嗎唎哆都堵囉盤以娑訶</u>

（誠哉，神聖主宰護佑此耶穌。）

證仙章第三：

太虛仙之體，稽首禮眞師。大慈悲，救苦難。<u>唵耶哩吽蘇唎哆陀密娑訶</u>

（誠哉，讓我們高舉讚美基督的形象。）

一乘開覺路，黃房育嬰兒。大慈悲，救苦難。<u>唵耶哩吽蘇唎哆陀密娑訶</u>

（誠哉，讓我們高舉讚美基督的形象。）

不爲羞生死，立志守恆河。大慈悲，救苦難。<u>唵耶哩吽蘇唎哆陀密娑訶</u>

（誠哉，讓我們高舉讚美基督的形象。）

日月互其光，天根萬劫磨。大慈悲，救苦難。<u>唵耶哩吽蘇唎哆陀密娑訶</u>

（誠哉，讓我們高舉讚美基督的形象。）

體道章第四：

自一分位後，太極合陰陽。大慈悲，救苦難。<u>唵高盤陀蘇唎哆嘛唧娑訶</u>

（誠哉，大君形象之祭司乃是耶穌。）

開天成地軸，四時五行藏。大慈悲，救苦難。<u>唵高盤陀蘇唎哆嘛唧娑訶</u>

（誠哉，大君形象之祭司乃是耶穌。）

黍珠懸似月，照徹八千場。大慈悲，救苦難。<u>唵高盤陀蘇唎哆嘛唧娑訶</u>

（誠哉，大君形象之祭司乃是耶穌。）

常以清淨心，稽首禮法王。大慈悲，救苦難。<u>唵高盤陀蘇唎哆嘛唧娑訶</u>

（誠哉，大君形象之祭司乃是耶穌。）

我們眞的不容易說二者之間具有任何的對話效果，可以確定的是，這四句敘利亞語贊美詩歌，由於音節長短相近（漢語皆譯爲十一個字），很可能是一首詩歌的四句歌詞拆開，被分置四個篇章之中。然而要說與前面所列的五言詩相互間可作任何具高度意義的聯想或詮釋，應屬牽強。況且我們很難只把眼光聚焦於〈救劫證道經咒〉中的這四篇〈靈章〉，在此之前還有一段「長行」，除此之外我們看到的也只是《呂祖全書》的二十二章的部分。這小小的景教敬拜詩歌，能在整部《呂祖全書》中產生什麼顛覆效果，我們的看法可以是很保守的。

我認爲這段敬拜詩歌的效果，不是能與其他文本產生什麼正面的溝通或聯想的詮釋，而是負面的「破壞」——它讓呂洞賓作品整體的結構產生一種不平衡、不協調的內在關係：彷彿中毒的文本。它躲藏在最不爲讀者懷疑的語言形式（咒語）背後，一個極安全的掩護。人們不斷地重複其漢語標音，想像其道教意義，

卻不知所讀出的竟是敘利亞語音，以完全無意識的方式敬拜了耶穌基督千餘年。它原本與呂洞賓的作品已融爲一體，是其重要篇章〈靈章〉不可或缺的一部分，只要密碼不解開，只要永遠保持不可知狀態，呂洞賓的作品是完整的。然而 1951年的解密，成爲《呂祖全書》作品史的斷代分水嶺。人們對其詮釋與理解的一貫性瓦解了——懷疑產生了：千年來對於呂洞賓與其作品的瞭解是適當的嗎？或者竟是自以爲是的共同誤解？我們不得不說：秘密借用來的景教詩歌雖然量少，卻足以破壞《呂祖全書》的一致性與完整性：一個異體（alien）的植入，從內在爆破了《呂祖全書》的邏輯，一個無法回嘴的呂洞賓身分被下毒，成爲一個可疑的臥底者。

然而我們可以從反面問一個問題：像這樣一篇〈救劫證道經咒〉與其所載〈靈章〉是否可以大膽地將之視爲景教的文本？羅香林認爲其類似序言的長行批判當世在政治、人心、自然、社會各方面均遭遇極大動亂災難，原因是「正教不興，曲學爭起；人迷其宗，以遭塗炭」。這樣的論述出於道教大師呂祖，會讓人以爲「正教不興」乃是指道教衰微，然而實際的狀況卻是從會昌滅佛之後，道教壓抑佛教與其他宗教，即使是趙宋期間，亦推崇道教。顯然所論與事實不符，要不然就是「正教不興」另有所指。呂祖又說：「非有〈靈章〉，難生解免」，〈靈章〉在其咒語解碼之後，我們又發現與景教有密切關連，四句咒語或讚美、或敬拜都針對耶穌。回過頭來再看四段〈靈章〉的前半五言詩，其中提及的天主、后土君、眞師、法王等似乎都可以運用景教借用佛、道教語言的原則將之視爲耶穌基督的另一種稱號。按這樣的邏輯來詮釋，〈靈章〉竟然就是一篇與景教《三威蒙度贊》相當類似的讚頌經文。另一方面，我們知道《志玄安樂經》雖有景教之名，卻無景教之實；而相反地〈靈章〉雖無景教之名，卻有景教之實。

然而不可否認地〈靈章〉雖有景教之實，但是千餘年的隱藏、僞裝，維持了呂洞賓《呂祖全書》的一致性與道教意識的完整性；然而〈靈章〉的咒語彷彿是夢境中的一連串不可解且不斷重複的夢囈，經過改裝替換的作用，隱藏其景教的無意識。然而千年一夢，終究無意識突破了意識的壓抑，經過解夢（解碼）的過程，無意識的眞實欲望——敬拜讚美耶穌基督，終於衝破道教意識的封鎖與取締。在呂洞賓的書寫裡，我們看到在一個強烈的欲望從無意識中強冒出來——亦即景教想要將信仰體系自我展現出來；然而其意識的自我防禦體系將其封鎖，於是我們彷彿在〈靈章〉裡看見文本的精神官能症——既抗拒景教的無意識，又同時以隱晦的形式表現景教無意識。

景教進入中國在其神學的譯介過程中，進行了一系列的跨語際實踐活動。我

們從呂洞賓的〈靈章〉書寫中，得知不只景教借用佛、道教語言，道教的文本也借用了改裝的景教音譯語言，我寧可相信呂洞賓是自覺地借用景教的敘利亞音譯咒語，而其自覺地以改裝隱藏的形式表述，代表他的不得已——既害怕被發現，又強迫要表現，顯示出他對景教信仰的驅迫性。

第五節　景教的新語言

討論至此，我們回到景教的語言策略問題，還是不禁要問：景教要說明自我，難道一定得如此迂迴，借用佛、道教語言，才能找到屬於自己的說話方式嗎？「借用語言」對景教而言，是否為必要之惡？我想只要來看看另一種在景教經典中使用語言的策略，就知道答案是否定的，亦即：新的命名——創造景教的新語言或專有名詞。

確實，景教輸入中國，也在漢語系統中輸入新的語言。我們要來看一個幾乎在景教的每一篇經文都會出現的神學術語：聖靈。當然彌賽亞（迷帥訶、彌師訶）或上帝出現也一樣頻繁，但上帝則多以借用佛道教語言稱呼，如景教碑文、《大聖通真歸法贊》、《尊經》與《三威蒙度贊》中的「阿羅訶」（借用佛教語），或《序聽迷詩所經》、《一神論》中的「天尊」（借用道教語）；另《序聽迷詩所經》也以「佛」稱上帝，則極明顯借用佛教語。

以下我們來看看聖靈仕各篇經文中的翻譯命名：

　　《序聽迷詩所經》：涼風

　　《一神論》、景教碑文、《三威蒙度贊》：淨風

　　《志玄安樂經》：囉稽

　　《尊經》：盧訶寧俱沙

　　《序聽迷詩所經》、景教碑文：風

「囉稽、盧訶寧俱沙」，一看即知其為音譯的名詞〔註57〕：「囉稽」為敘利亞語的 rukha 指「靈」，而「盧訶寧俱沙」即是「聖靈」的標準語音翻譯。

一般而言，意譯的專有名詞被放在漢語的語境中，顯出一種異化的效果：亦即全新的名詞或用法，會產生陌生感與難以理解的困境，必須透過中介作用才能

〔註57〕「盧訶寧俱沙」：據穆爾的說明，此即敘利亞語的「聖靈」（Ruha da qadsa），至於「寧」的聲符問題，他則以同時期摩尼教經典的詩歌聲韻狀況為旁證，唐代時 n, d 確有互轉的情形，參穆爾，1930，頁 55 註 59。

理解與詮釋。劉禾引用阿多諾的話說：「每一個外文詞都包含著另人耳目一新的因素，在它有節制的運用中，包含這樣一種知識，即那些直接的東西不能以無中介形式言說，只能通過反思與中介作用才得以表達〔註58〕。」然而即使不是音譯，我們對於聖靈的譯名依然產生一種異化的感受——原因是一方面或許是其譯名在漢語中以一種全新的姿態出現，陌生感產生異化；另一方面則可能是譯名雖非新的詞項，卻具有全新的使用方式，以舊的語意模式無法有效理解與詮釋。我們先來看一段《一神論》的經文，即知這種異化的語意感受：

> 於後彌師訶，向上天十日，使附信與弟子，度與淨風。從天上看弟
> 子，分明具見度與淨風。喻如火光，住在弟子邊，頭上欲似舌舌，彼與
> 從得淨風，教一切人種性處：有彌師訶〔註59〕。

《一神論》應該是景教進入中國相當早期的作品，我相信當時的讀者看到兩次「度與淨風」、一次「從得淨風」，一定充滿了疑問：什麼是「淨風」？我們再來看同時期的《序聽迷詩所經》中一段有關「涼風」的敘述，一樣令人摸不著頭緒：

> 天尊當使涼風，向一童女，名爲末豔。涼風即入末豔腹內，依天尊
> 教，當即末豔懷身，爲以天尊使涼風伺童女邊，無男夫懷任（孕）〔註60〕。

「涼風」是清涼的風嗎？天尊要讓童女（末豔，即聖母瑪利亞）懷孕，爲什麼要動用「涼風」？「涼風」有什麼特殊意義？是天尊的大能化爲一股涼風？還是涼風被上帝轉化爲具有神奇力量的一股氣？永遠都只是猜測，「涼風」如此，「淨風」也一樣。

從「囉稽、盧訶寧俱沙」看來，我們可以知道這些漢語經文的書寫，基本上是以敘利亞語言思考其中的神學作爲出發，再譯寫爲漢文。所以我們要問：這些以敘利亞語思考的譯寫人（也許就是景教碑中記載的阿羅本），在寫下「涼風、淨風」時，他們腦中想表達的語意是什麼？不能否認，當譯寫人操作這些名詞或語言之前，是受過神學訓練的。阿羅本本人是波斯的主教，他在公元 635 年來到中國，在此之前，波斯成爲基督徒移民宣教據點已超過三百餘年。

第三世紀羅馬帝國衰微、銳氣大挫，帝國的權力中心由西往東移，位於現今伊朗的波斯的薩桑王朝興起，統治波斯四百年。根據明加納（Mingana）的說法，

〔註58〕劉禾，2002，頁 53。
〔註59〕翁紹軍，1995，頁 143。
〔註60〕同上，頁 99。

到了公元 340 年：「通往印度的路上，到處都有教區和修院〔註61〕。」之後，波斯王沙普爾（Shah Shapur）逼迫基督徒，出現基督徒難民潮，他們逃往印度，可能就以波斯灣沿岸的基督教修院作爲歇腳處。

修道院網絡的起點始於巴沙拉和波斯灣東岸的里維達沙兩地，成爲東方教會（聶斯多留派）與中印度教會之間的橋樑。下一站則可能是印度的聖多馬修院——此修院據稱是兩百多位聶斯多留修士的家鄉，再下去則是近巴林島（Bahrain）的黑島修院〔註62〕。我們相信這麼多修道院一定成爲培育修士與神學的搖籃，而他們使用的語言，也許還遵守宗派（聶斯多留派）源出的敘利亞語。阿羅本應該就是這樣背景下出身的主教與宣教士。

阿羅本的神學訓練，必然在他所譯寫的經文（如《一神論》、《序聽迷詩所經》）中呈現出來，如「涼風、淨風」時就是最佳例子；而他的語言的特色，也一併顯現出來，如敘利亞文音譯的專有名詞（像「囉稽、盧訶寧俱沙、客怒翳數」等），以及詰詘聱牙的語法。

其實唐代當時的讀者，如果能夠閱讀到所有的景教經文，也不難推知「涼風、淨風」就是聖靈。就如「盧訶寧俱沙」（敘利亞文音譯的「聖靈」）在《尊經》中爲三位一體的「證身」，而在景教碑文中，三一神論也一樣在上帝、耶穌基督之外，就數「淨風」了；而在《一神論》中也說道「父、子、淨風」（雖然並未明言此爲三位一體），看來「淨風」就是聖靈了。然而問題就在於：唐初的讀者如果只能接觸《一神論》、《序聽迷詩所經》這兩部早期經典的話，如此一來就沒有後來經典中「聖靈」一詞可對照；且另一方面想要知曉「盧訶寧俱沙」就是「聖靈」，還必須有精通敘利亞文的宣教士的解說才可。

◎回歸神學的原點

從上述的討論，我們發現唐代景教的漢語經典其實還處在相當草創的階段，很多精緻的神學細節猶待補足。例如我們之前在第二章〈景教文獻的思想解讀與綜觀〉討論過的涼風、淨風，與「專屬上帝的名字」、「救贖：帶入上帝的生命中」兩節討論過的「自聖」和「聖化」兩個專有名詞，也是如此，均需補足大量的神學知識，才有辦法將其觀念建構完整：景教經典帶出的每一個新的專有名詞，都

〔註61〕參莫菲特（S.H. Moffett），《亞洲基督教史》，（香港：基督教文藝出版社社，2000），頁 105。

〔註62〕同上頁 96～105。

需要一系列附帶的說明與中介作用，亦即必須要有整套系統神學的支持，其專有名詞才能找到意義的定位。

我們從唐代景教的漢語經典回推，無論是聶斯多留派或安提阿教派，最後都必然回歸對《聖經》的討論。在舊約中 ruah 出現 387 次（希伯來文 378 次，亞蘭文 11 次），一般譯爲「風、氣、氣息、靈」，可以指風與人的靈（生命氣息與心理狀態）以外，就是指神的靈了〔註63〕。風是神的氣息，〈撒母耳記下〉說：「耶和華的斥責一發，鼻孔的氣一出，海底就出現，大地的根基也顯露。」（22：16）上帝也用祂的氣息來造人、給予人生命：「耶和華神用地上的塵土造人，將生氣吹在他鼻孔裏，他就成了有靈的活人，名叫亞當。」（創2：7）神的靈與氣是同一個字，是可以互相解釋的。賴建國說道：「按照舊約經文相互解釋的原則，〈約伯記〉給這兩個字一個很好的註解。以利戶對約伯說：我在神面前與你一樣，也是用土造成（伯33：6），但在前兩節中他說：『神的靈造我；全能者的氣使我得生。』（伯33：4）」〔註64〕

東方教會（就像聶斯多留教派）用風（淨風、涼風）來翻譯主要意義是「神的氣息」與「聖靈」的 ruah，於是我們看到《序聽迷詩所經》說：

天尊顏容似風，何人能得見風？天尊不盈少時巡歷世間居遍，爲此人人居帶天尊氣始得存活……人身命器（氣）息，總是天尊使其然；……眾生身命爲風，無活臨命之時，風離眾生〔註65〕。

神的靈（聖靈）以風、氣的形式，與人發生密切的關係，甚至人的生命就是上帝用祂的氣（靈）吹入人裡面而賦予的。另外我們可以確定上述所引的《一神論》中兩次提及「度與淨風」、一次「從得淨風」的文本，指的就是《聖經·使徒行傳》的五旬節聖靈充滿事件：「五旬節到了，門徒都聚集在一處。忽然，從天上有響聲下來，好像一陣大風吹過，充滿了他們所坐的屋子，又有舌頭如火焰顯現出來，分開落在他們各人頭上。他們就都被聖靈充滿，按著聖靈所賜的口才說起別國的話來。」（2：1～4）可知「淨風」即聖靈。

另一段引文《序聽迷詩所經》中的「涼風」使童女末豔（瑪利亞）懷孕之事，即《聖經·路加福音》所記聖靈使瑪利亞懷孕的事：「馬利亞對天使說：『我沒有出嫁，怎麼有這事呢？』天使回答說：『聖靈要臨到你身上，至高者的能力要蔭庇

〔註63〕有關 ruah 的討論可參：雷利柏（Leopold Leep），《聖經的語言和思想》，（北京：宗教文化出版社，2000），頁53～55。

〔註64〕賴建國〈摩西五經中神的靈〉，見許宏度編《聖靈古今論》，（台北：華神出版，1999），頁19～44。

〔註65〕翁紹軍，1995，頁82～84。

你，因此所要生的聖者必稱為神的兒子（或作：所要生的，必稱為聖，稱為神的兒子）。』」（1：34～35）很清楚，「涼風」即聖靈〔註66〕。

我們知道「涼風」這個詞在漢語的語境中，應該是很普通的一般詞項，但在景教文獻中呈現出的語意卻是全新的：與天尊發生關係，且可使童女懷孕的「涼風」，是在其原有的語意分析表中是未曾有過的。另外，「淨風」甚至於可以說在漢語語境中是全新的詞項，且被作為神學術語來使用：是一個**全新的命名**。

同樣地我們在第二章〈景教文獻的思想解讀與綜觀〉中討論過的「聖化」的救贖觀〔註67〕與耶和華的名字「自聖化神」，其語意內涵也是漢語語境中未曾有過的。我相信「聖化」與「自聖化神」相同，原文出處應該是借用《孟子·盡心篇》的語言：「大而化之之謂聖，聖而不可知之之謂神」。表面上看起來似乎景教不只借用佛、道教語言，也借用儒家的語言，然而這兩個神學術語與《孟子》之間的關係也不是直接借用（如直接借用五蘊、佛、阿羅訶等佛教術語），而是採用其語言元素（化之、聖、神）後，再經過變形、改造的一種新的呈現，成為一個新的詞項，很密集地出現在一個特殊的語境中〔註68〕，相互建構、塑造，形成　個屬於基督教的救贖論。

景教的譯寫者除了借用佛、道教語言之外，也在漢語的其他語境中尋找（或者變造、重組）適合的語言與術語來建構其神學體系，這些語言與專有名詞其實都需要精確的定義、論述與神學上的說明，亦即需要經過中介與反思過程，我們相信景教的面貌就會呼之欲出。

我們將唐代漢語景教經文中的專有名詞列了一張表（參表一）。除了敘利亞文的音譯名詞與名字之外，大致上環繞著獨一真神思想、三一神論、基督論與救贖論。一神思想主要集中在《一神論》中論述；另外《序聽迷詩所經》中除了「天尊論」（即類似一神論述），其他則以批判假神偶像的敬拜行為作為支持論述。明白主張「三一神論」的經典，主要集中在後期經典，如景教碑文、《大聖通真歸法讚》、《三威蒙度讚》與《尊經》。然而早期經典中《一神論》也提及「父、子、淨風」，顯然三一神論是唐代景教的重要神學理論：從早期經典（**唐太宗時期**）貫穿

〔註66〕其實在後來的《聖經》和合本中也有一次用「涼風」翻譯 ruah，即創世紀 3：8：「天起了涼風，耶和華神在園中行走。」此譯法當然與上下文有關。

〔註67〕雷利柏認為：「pdh 與 g'l 的特殊意義與神學內含，在華夏傳統中應該說是新的。『救贖』這個詞也不出現於《詞源》，是聖經的譯者創造的新詞。」參雷利柏 2000，頁37。

〔註68〕「聖化」一詞全部在〈世尊布施論〉出現，共十次，談論的正是神的救贖計劃。

到最晚的《尊經》。

而基督論則是所有重要經典的中心神學，包括《一神論》、《序聽迷詩所經》、與景教碑文，最明顯的特點是我們幾乎可以在每一篇經文中都發現「彌師訶」的稱號〔註 69〕，而耶穌的名字（移鼠、翳數）則只出現在《一神論》、《序聽迷詩所經》這兩篇經典中。我推論最重要的原因應該是此二經典不僅提出救世主「彌師訶」的觀念，更以實際的傳記書寫介紹耶穌的生平，所以就以漢文翻譯出了他的名字。確實，對當時的讀者而言，怎麼看「移鼠、翳數」都不像是救世主的名字，若不是與其行傳和教導緊密聯繫，否則真難辨識其為上帝之子兼救世主的最初漢語譯名——這就是阿多諾所謂必經過中介作用才得以將一個全然陌生的外來名字的意義表達出來。

救贖論則是在兩部早期經典《一神論》、《序聽迷詩所經》的《聖經》譯文中〔註70〕，與晚期經典《宣元至本經》、《三威蒙度贊》大量論述。事實上我們知道救贖論與基督論是無法分割的，這兩部分的神學可說是景教真正的神學中心與信仰重心：從這點來看，以士來馬赫的判教理論為判準基礎，景教絕非異端，而應算是基督教的正統一個支派才是。

唐代景教文典專有名詞一覽表：〔註71〕

景教碑文	序聽迷詩所經	一神論	宣元至本經	大聖通真歸法贊	志玄安樂經	三威蒙度贊	尊　經
三一妙身	彌師訶	一　神	景通法王	大聖慈父	彌師訶	阿羅訶	妙身皇父
娑殫	序娑	自聖亦無盡	那薩羅城	大聖法王	岑穩僧伽	淨　風	阿羅訶
三一分身	涼　風	此天下	大秦景教	瑜罕難法王	景　教	彌師訶	應身皇子
三一淨風	末　豔	彼天下	大聖法王	天寶藏經	囉　稽	聖　子	彌師訶
大秦景教	移　鼠	自聖化神		多惠聖王經			證　身
亞　當	移鼠迷師訶	客怒翳數		阿思瞿利律經			盧訶寧俱沙
主　教	烏梨師歛城	彌師訶		大秦景教			三身同歸一體

〔註69〕《宣元至本經》與《大聖通真歸法贊》兩篇雖沒有彌師訶的名字出現，但都有大聖法王之名；另外《宣元至本經》還有「景通法王」之名，此二名字所指均為耶穌基督。《一神論》中集中於〈世尊布施論第三〉。

〔註70〕除了《志玄安樂經》之外。以其表達的思想而論，連異端也稱不上，應該算是被排除在基督教外才是。

〔註71〕這個表有兩點要加以說明：1.景教碑文正面下方與碑左、右側，均有附敘利亞文長老人名；2.《尊經》則另列出 22 位法王（使徒聖徒或教父）與 35 部景淨所翻譯的經典。因篇幅之故，茲不列舉。

長　老	淨　處	石忽人		阿羅訶			阿羅本
阿羅本	述　難	聖　化					景　淨
羅　含	若　昏	寄　悉					
及　烈	谷　昏	姚　礨					
佶　和	毗羅都思	水　字					
普　論	訖　句	淨　風					
伊　斯		伊大城					
彌師訶		翳數彌師訶					
阿羅訶		父子淨風					

表 1

除此之外，唐朝漢語景教經典之間也形成了某種共同的語言資產（當然這些語言未必是新的命名），例如：

《宣元至本經》：神威無等、光威盡察、永免大江漂流、有神力不可思議

《三威蒙度贊》：神威無等力、光威盡察、降筏使免火江漂、神威無等力

另外一組有相似語言的經典是——

景教碑文：積昧亡途、三百六十五種肩隨結轍、開生滅死、後後而妙有

《宣元本經》：積昧亡途、三百六十五種異見中民、啓生滅死、妙有非有

這些相似或相同的語言，使得各篇景教經典之間，也具有相互支援與建構的作用，很有意思的是據《尊經》的記載，《宣元本經》（即其所載的《宣元至本經》）與《三威蒙度贊》同為景淨的譯作，而另一方面景教碑文也出自景淨之手。所以從其語彙的相似性來看，再次證實了《尊經》的記載，其作者當為同一人——景淨。景教諸篇文獻，只要是神學相容的話，很容易將各篇經典結合來看，而把它們視為一個整體。而各篇經典各自著重的神學領域，也可以因著互補，使得景教神學的面貌更加完整呈現出來。

最後我們回到維根斯坦的語言遊戲理論，來作為本章的結語的開場。我們看到在漢語景教經典的範疇中，景、佛、道語言形成一個複雜交錯的語言意義網絡。除了早期的兩部經典《一神論》、《序聽迷詩所經》之外，其他各部經典或在卷首或在卷尾或在文中都訂有「大秦景教」或「景教」的標題，由於處在這樣的標題之下，景教經典的閱讀，成為一種有方向性的閱讀：造成一種強迫性的閱讀想像。在遭遇到佛、道教語言時，我們必須自動轉化其語意內容，重新調整移動，定位於景教的神學系統中。

當然不只是「標題」具有強制性的語意定位作用，景教經典本身新命名的神學

術語，也成爲架構景教神學的重要支持系統。其實我們知道經文本身大致上就是環繞著神學術語書寫的，例如早期經典《一神論》中，〈喻第二〉就是以「一神」爲論述中心，論及其創造能力的論證與時空無限性；而〈世尊布施論第三〉則是在譯完數段《新約聖經》耶穌基督的倫理教導之後，就圍繞著聖化（十次）與彌師訶（約四十次）以及世尊（或天尊），推展其書寫與論述。從這些高出現頻率的神學術語看，也很容易推知〈世尊布施論第三〉與基督論及救贖論有極密切的關係。

一方面，我們可以說這些經典本來就是書寫基督論及救贖論，所以「聖化」與「彌師訶」高密度地出現是當然的。然而另一方面，我們也可以倒回去看：出現如此多的特定神學術語，其所處的文本語境，無可置疑地，必然是鎖定在這些神學術語與專有名詞之上發展出來的。所以我們甚至於可以將經文視爲這些神學術語的說明與定義。

然而我們也知道，當景教經典的系統內聚力太弱，敵不過其他宗教語言系統的牽制，亦即使用或借用佛道教語言過度，越過一個臨界點（主要是以基要真理作爲判準），其他系統的語言意義過重，超過景教經典的系統負荷能力時，其原本想要建立的神學系統，於是崩潰。這個所謂的「景教經典」，就會被歸入異端或非景教（非基督教）文獻。

第五章　景教文獻的跨語際行為
──聖經的最初漢譯

　　在研究唐代漢語景教經典時，不可避免的會遇到翻譯的問題。在景教碑文與《尊經》中都提及翻譯經典與兩位景教領袖有密切的關係：一是阿羅本，一是景淨。景教碑文說道：

　　　　太宗文皇帝光華啟運，明聖臨人。大秦國有上德曰阿羅本……貞觀
　　　　九祀，至於長安。帝使宰臣房公玄齡總仗西郊，賓迎入內，翻經書殿，
　　　　問道禁闈。貞觀十有二年七月詔曰：……大秦國大德阿羅本，遠將經像，
　　　　來獻上京……詞無繁說，理有忘筌〔註1〕。

　　顯然波斯主教阿羅本來到中國長安時帶來了「經像」（《聖經》與聖像），而且唐太宗賜給他皇宮中的書室，作為翻譯經典之用（翻經書殿）。另外《尊經》也說到此事：

　　　　大秦本教經都五百三十部，並是貝葉梵音。唐太宗皇帝貞觀九年，西
　　　　域大德阿羅本屆於中夏，並奏上本音。房玄齡、魏徵宣譯奏言。後召本教
　　　　大德僧景淨，譯得已上三十部卷，餘大數具在貝皮夾，猶未翻譯〔註2〕。

　　有趣的是《尊經》只說阿羅本「奏上本音」，這些本音是什麼？當然就是前面所說的「貝葉梵音」，亦即敘利亞原文，而由房玄齡、魏徵負責找翻譯人將阿羅本所說翻譯上奏。這裡的意思其實是貞觀九年阿羅本來到中國，當時他獻上敘利亞原文的《聖經》與聖像，而進行翻譯經典的工作其實是後繼的中國區主教景淨負

〔註1〕翁紹軍，《漢語景教文典詮釋》，（香港：漢語基督教文化研究所出版，1995），頁
　　　　54～55。
〔註2〕同上，頁203。

責，似乎與阿羅本無關。

　　一般而言，學者仍主張阿羅本有翻譯景教文獻，早期的《序聽迷詩所經》與《一神論》〔註3〕出於他的手筆。後來寫下景教碑文的景淨，據《尊經》記載，也另外翻譯了三十部經典，其中現存可知的有三部：即《宣元至本經》、《志玄安樂經》與《三威贊經》(即《三威蒙度贊》)。然而此三部經典是否出自一人手筆，我們也相當質疑。從《尊經》記「唐太宗皇帝」，可知其成文年代，或在五代、或在宋初（亦即第十世紀間）〔註4〕，在某個程度上距離譯寫經典的時代已然久遠，以《宣元至本經》為例，乃景教徒張駒傳寫於開元五年（717），距離約二百年；若是再看成書於641年的《一神論》，則距離至少250年。所以我認為《尊經》有些敘述未必如此精確，是可以預見與容忍的，就例如譯寫者是否均為同一人景淨？或者這些經典是否都是《尊經》所謂的「翻譯」作品？

　　雖然景教碑文與《尊經》聲稱其經典乃譯作，但是已有幾位學者注意到景教經典可能不是翻譯的作品，或者「不全然」是譯作的。龔天民是首先意識到此問題的學者，所花的討論篇幅也最多。翁紹軍則約略談到一些，範圍不出龔天民的論述。另外朱謙之的看法比較兩極化，或指為翻譯之作，或根本疑為偽作〔註5〕。

　　龔天民對《尊經》所謂「翻譯」之說持保留態度：「從已被發現的漢文景教經典看來，與其說是純粹翻譯，毋寧說是在中國寫成的。因為有些經中充滿了佛道兩教的色彩，那裡是翻譯文呢？但我們當知道，如稱是翻譯，便能提高經典的身價了〔註6〕。」

　　另外，他對《尊經》所載的三十五部「翻譯」之作中，目前可見的《志玄安樂經》有各別的意見。首先他認為開場與結束採用佛教淨土宗經典的形式，一不可能；其次，從內容論：「它所表現的特有思想，連基督教的次經中也無蹤跡可尋，

〔註3〕龔天民認此二部經典成立於太宗年代，雖未明言與阿羅本有關，然從目前的資料來看，應該與阿羅本關係匪淺才是。參龔天民，《唐朝基督教之研究》，(香港：基督教輔僑出版社，1960)，頁45。另外羅香林、翁紹軍也支持此說，參羅香林，《唐元二代之景教》，(香港：中國學社，1966)，頁32；翁紹軍，1995，頁21～29。

〔註4〕此為朱維之的考證（參翁紹軍，1995），頁201，果然如此，則唐武宗會昌五年（845年）頒布滅佛詔令，兼及景教、祆教等之後，其實景教徒仍有活動，直到十世紀依然有《尊經》的書寫。滅佛令一年後，武宗就駕崩了，繼任的宣宗收回成命，恢復寺廟建設與佛教活動。詳參王治心，《中國基督教史綱》，(基督教文藝出版社，1993)，頁42～45。

〔註5〕參朱謙之，《中國景教》，(北京：人民出版社，1993)，頁112～115。至於偽作的問題，我們在〈景教文獻的漢語語境糾纏〉一章中已闡明，茲不贅述。

〔註6〕龔天民，1960，頁39～40。

甚至連在被收集於東方文獻中的『大秦景教諸經文獻總目錄』中也找不到有《志玄安樂經》這麼一部經典……因此，大多的景教研究家都主張《志經》作於中國無疑〔註7〕。」

　　為什麼景教經典中會存在如此豐富的佛、道教色彩？龔天民提了一個有趣的說法：「景教宣教師來到中國之後，曾聘請了些中國人當秘書，景教的經典也是靠著他們的筆桿而成的〔註8〕。」而此說法後來也為翁紹軍所採用，他認為阿羅本在翻譯的過程中議定譯名的大權旁落，導致無法控制其翻譯品質〔註9〕。

　　一般而言，學者懷疑景教經典是否為翻譯作品，其最重要的理由乃：一.佛道教語言的大量滲入與運用；二.採用淨土宗形式的敘述模式。於是我們要問：這兩個理由能否成為否定景教經典為譯作的論據？

　　我們換個方式問：可不可能充斥佛道教語言的景教經典（如《序聽迷詩所經》與《一神論》）仍然是譯作的？我們來看一些基本的翻譯學上的方法論。

第一節　翻譯：策略性選擇的結果

　　對於翻譯的理論，有一般性的理論原則，我們將之稱為規範性的翻譯理論。其研究對象為翻譯的一般規範性方法與進路（normative approaches），主要針對翻譯上的常規方法（例如對應與同步的問題）與變通方法（如分切、轉換、轉移、還原、引申、重構等問題），作全面性的討論。

　　規範性的翻譯理論原則，重視概念意義與形式意義上的盡可能對應。翻譯學者劉宓慶說道：「翻譯的科學方法論，以語言分析（語法分析、語意分析、語用分析及文體分析等）對比語言研究和邏輯分析為依據。因此在語際轉換的手段運用中，不以表面的形式對應為目標，而是緊緊抓住翻譯是語際的意義轉換的實質：既強調概念意義的對應，也強調形式意義的盡可能的對應。……任何方法的運用，必須既考慮各種意義轉換的效果，又要考慮形式轉換的可能性。意義與形式的辯證統一是基本的指導原則〔註10〕。」

　　另一方面，劉宓慶補允說明：並不存在具有「無限真值」（infinite truth）的科學方法論。他的理由是：「語際轉換都只能是具體的，不存在抽象的原語或目的語。

〔註7〕龔天民，1960，頁61。
〔註8〕同上，頁87。
〔註9〕參翁紹軍，1995，頁38。
〔註10〕劉宓慶，《當代翻譯理論》，（台北書林出版社，1999），頁192。

因此不可能存在抽象的、適用於各語種、各語系的方法論〔註11〕。」於是他認爲方法論是具有開展性的:「方法論是發展的。隨著社會的進步,語言接觸的加強和語言科學研究的發展,隨著翻譯理論領域的不斷開拓,及翻譯實踐的更大規模、更深層次的開展,新的理論視界必將展現……新的語際轉換手段和信息交流通道,必將被揭示和運用〔註12〕。」

另一方面學者則認爲有必要以描述性的翻譯研究(descriptive studies)對所謂的規範性研究進路加以取締,黑稜(Romana Leona Heylen)說道:「翻譯是一種有目的的活動,具奇妙的轉化特性,因此那些建基於絕對的對等觀念的規範性翻譯模式,必須由描述性的、與歷史息息相關的、社會文化的翻譯模式加以取締〔註13〕。」莊柔玉對於描述性的翻譯研究加以解釋道:「有些從事描述性的翻譯研究的學者,以原文和譯文爲研究的主要對象,旨在描繪翻譯的規範;另一些則以譯語的文化系統爲探討的對象,旨在解釋翻譯的特殊現象〔註14〕。」

在我們研究的唐代漢語景教文本中,首先我們可以肯定的是:它們一定與敘利亞語言有關——我們可以從部分專有名詞爲敘利亞文的音譯,以及景教碑文後附的敘利亞文人名表,即可推知;其次是目前這些景教經典只賸下漢語的文本。如果它們真是翻譯的作品,那麼理論上應該存在的、對應的敘利亞文原件,歷史上再也找不到了。如果我們認定景教碑文與《尊經》的說法,這些景教經典都是翻譯之作,於是我們被迫進入一個原文消失、只賸「譯文」的翻譯特殊案例。

換句話說,景教經典的原文消失、只賸「譯文」的現象,讓我們無法進行那種以意義與形式的辯證對應爲主軸的翻譯關係研究。我們幾乎只能就「譯文」論「譯文」,亦即在這樣的文本中,我們不容易找出其中的翻譯規範,頂多只能解釋翻譯的現象。

因此我們對於學者認爲景教經典大量採取佛道教語言(一般狀況)及淨土宗的敘述形式(僅《志玄安樂經》如此),作爲否定其爲翻譯作品的理由,我們認爲仍然有商榷的空間。我相信龔天民會如此推論,原因不外乎他認爲「原文」與「譯文」間應有意義與形式的辯證對應關係。然而在原文已然消失的狀況下,這樣的推論我認爲稍嫌大膽。規範性的翻譯理論原則固然重要,但是「方法論是發展的」

〔註11〕同上,頁194。
〔註12〕同上,頁194~195。
〔註13〕參莊柔玉,《基督教聖經中文譯本權威現象研究》,(國際聖經協會出版,2000),頁43。
〔註14〕同上,頁255註2。

（劉宓慶語），我們不妨從文本的製作過程來瞭解這個問題（包括原文的選擇、翻譯的過程、譯者的考慮、譯本的接收等），嘗試找出譯語文化在特定時空的翻譯規範，以便推測翻譯活動的模式或發展規律。

對於唐代漢語景教文本的翻譯問題，其特定時空為唐朝至宋初（約 7～10 世紀）、敘利亞文本經由波斯到中國被翻譯為漢文，而在其中大量借用佛、道教語言是特色。我們在進一步討論此一問現象之前，先看一段學者對描述性的翻譯研究的看法。蘭伯（José Lambert）和范哥爾（H. van Gorp）在合著的論文中說：「翻譯基本上是選擇策略的結果，這些選擇是從不同的傳意系統而來的，又在不同的傳意系統內作出的，因此我們的任務是研究確定這些策略的優先次序問題，即他們主要的規範和模式〔註15〕。」

從上述的觀點，再回頭察看景教經典大量借用佛道教語言的問題。我們能不能先不否認這樣的作法（因為找不到我們理想上的翻譯對應關係），就判斷一定不是所謂的「翻譯」，而是我們將翻譯的可能性與發展性予以保留，先假設譯者有意識地選擇了翻譯策略——即借用佛、道教語言作為其表達自我的手段。至於「為什麼」這麼選擇，我們將在第七章〈景教宣教策略的處境化選擇〉論「上帝的佛教名字」中詳論。另一方面，這樣的翻譯策略對於讀者瞭解景教神學，會不會產生障礙的問題，我們也已在上一章〈景教文獻的語言與界限〉專論過，茲不贅述。

◎表現形式的套用

當然，問題也絕非如此單純，一個「策略選擇」就可打發所有的疑問。我們發現在景教文獻中，不僅借用了其他宗教的語言，作為表達自我信仰的工具。另一方面，也在某些經典中採用佛教或道教的表現「形式」，例如龔天民質疑最力的《志玄安樂經》，採取淨土宗經典的開場與結尾形式；又如《宣元至本經》以《老子六十二章》作為書寫底本，我們確實不容易推想出這樣的「策略選擇」是什麼？也許可以如此推測：譯者在明白了原文傳意系統所傳遞的意義之後，以當時漢語文化中的宗教文本形式予以改寫。因此其「策略選擇」更確切地說應該是「改寫」。有趣的是這兩部經典都是《尊經》記載且今天仍可見的「翻譯」之作，我們不禁要問：套用不同系統文本形式的改寫算是翻譯嗎？

〔註15〕José Lambert and H. Van Gorp, "On Describing Translations" In Theo Hermans ed. The Manipulation of Literature：Studies in Literary Translation New York：St. Martins Press, 1985，頁 46，中文翻譯參莊柔玉，2000，頁 44。

　　當我們如此提問之際，事實上就是對建基於絕對的「對等」觀念的規範性翻譯模式進行反思。

　　首先我們知道傳統對於翻譯理論的思考是根植於語際間的「意義」的對應轉換。這裡的意義相當廣泛，包括概念意義（conceptive meaning）、語境意義（contextual meaning）、形式意義（formal meaning）、風格意義（stylistic meaning）、形象意義（figurative meaning）和文化意義（cultural meaning）〔註16〕。我們用圖示表達原語（source language, SL）和譯語（translated language, TL）之間的關係〔註17〕：

　　雙語之間並無表層義符（音形）的信息轉換通道，所以在非親屬語言間，音形無法有同源對應的關係（cognate equivalence，指親屬語之間同源詞的對應）。雖然如此，翻譯的活動仍有其一定的制約性。劉宓慶說：「翻譯思維的活動領域是被預先限定（predefined）了的：原文的詞義、句義是被預先限定的；原文的章句組織、情態體勢也是被預先限定的。總之，翻譯的工作對象是被預先限定的客體。這是翻譯所面對的最基本事實，也是它不同於寫作和創作的最基本事實〔註18〕。」

　　就漢語景教經典的翻譯而言，敘利亞文翻譯為漢語，二者為非親屬語言，不具有同源對應的關係。但我們認為這也不應該成為《志玄安樂經》、《宣元至本經》過度套用其他宗教體系表達形式的理由。原因就在於翻譯思維的活動領域是被預先限定的，其工作對象是預先限定的客體。如果我們承認這一點，那麼「改寫」（必然牽涉到某個程度的創作行為）就是逾越了翻譯的界線與界限。由於整塊文本形式的套用（《志玄安樂經》借用淨土經文開頭與結束，《宣元至本經》採《老子》62章的形式），必然攙雜許多原文沒有的語料，形成一種異化的語境，與景教文本語境產生拉扯作用。在整體景教神學文本系統中，成為一種異質的存在，如果沒

〔註16〕參劉宓慶，1999，頁48～55。

〔註17〕同上，頁128圖7。

〔註18〕參劉宓慶，1999，頁60～61。

有適當的調整與扭轉（如《宣元至本經》以「因信稱義」的基督教教義改寫《老子》62 章），終會變成景教體系內部的一個不確定因素、結構的一個不穩定部分。

以上的論證重視的是翻譯活動中的「對應」關係，譯語必須盡可能對應原語，研究的主體是放在原語上的。對於翻譯活動中的「對應」關係的反思與檢討，一般而言，可以從其鎖定「可譯性／不可譯性」這個問題與否來觀察。

持普遍主義觀的學者如斯泰納（George Steiner）認爲穿透兩種語言表面的分歧是可能的：「語言潛在的基本結構，對所有的人來說，都是普遍和共同的。人類各種語言之間的差異性，本質上是一個表面現象。翻譯之所以可能，恰恰是因爲遺傳方面、歷史方面及社會方面這些根深柢固的普遍特徵是存在的，所有從這個基本結構中派生的語法，都能夠被有效地放置在人類使用的每一種語言之中並被人們所理解，而無論其表面的形式何等獨特或怪異。從事翻譯就是要穿透兩種語言表面的分歧，把它們之間相似的東西、歸根究底是共同的存在根源揭示並發揮出來〔註20〕。」

而文化相對主義者則致力消除減弱對語言和現實的普遍主義，劉禾論述兩位文化相對主義者薩皮爾（Sapir）和沃爾弗（Whorf）道：「按照他們已爲人所熟識的觀點，有任何兩種語言能夠充分相似到可以表述相同的社會現實的地步，各個不同的社會分別生活在各有其特色的、語言所決定的世界中，們絕不是碰巧貼著不同標籤的同一個世界〔註21〕。」主張的是各個不同的「種族──語言共同體」之間的不可翻譯性。

劉禾在其跨語際實踐的研究中，認爲可以從本雅明的論述中找到跳脫出「可譯性／不可譯性」討論框架的進路，關鍵就在於純語言（die reine Sprache）的觀念：「它不再意指或表達任何東西，而是就像那不可表達的、創生性的太初之言，在所有語言中都有意義〔註22〕。」這個理念與《聖經》舊約〈創世記〉中所記的巴別塔的故事〔註23〕有關，劉禾繼續解說：「什麼是純語言？純語言將原文和譯文

〔註20〕斯泰納（George Steiner）"After Bable：Aspect of Language and Translation" London Oxford University Press, 1973, p.73，轉引自劉禾，《跨語際實踐──文學，民族文化與被譯介的現代性（中國 1900～1937）》，（北京三聯書店，2002），頁 17～18。

〔註21〕劉禾，2002，頁 18。

〔註22〕劉禾，2002，頁 20。

〔註23〕〈創世記〉11：1～9 那時，天下人的口音、言語都是一樣，他們往東邊遷移的時候，在示拿地遇見一片平原，就住在那裏。他們彼此商量說：「來吧！我們要作磚，把磚燒透了。」他們就拿磚當石頭，又拿石漆當灰泥，他們說：「來吧！我們要建造一座城和一座塔；塔頂通天，爲要傳揚我們的名，免得我們分散在全地上。」耶和華降臨，要看看世人所建造的城和塔，耶和華說：「看哪，他們成爲一樣的人

同《聖經》那至尊的箴言聯繫在一起，純語言屬於上帝的記憶王國，原文和譯文在那裡以一種互補的關係共同存在著。」屬於上帝的記憶王國，指的就是上帝變亂天下人的言語之前，亦即巴別塔事件之前、無需翻譯的的那種語言狀態；而之後，對本雅明而言，翻譯的終極目標在於上帝的彌賽亞式回歸的可能性。

劉禾最後引述本雅明的話：「這些語言以一種前所未有的形式在翻譯中相互關連，它們互相補足……可是世界上沒有一種完整性能夠代替這樣一種完整性，或者說這樣象徵性的互補性。」劉禾認為因著這樣互補性的觀念，「可譯性／不可譯性」的問題成為一個懸而未決的問題。

於是我們在傳統的「可譯性／不可譯性」的翻譯理論與規範的討論之外，對於翻譯文本提供了一個新的觀點：翻譯文本的互補性。針對這樣的觀點，結合翻譯理論的描述性研究，我們可以看到另一種觀點：譯文與原文具有同等的重要性。赫曼斯（Theo Hermans）說：「翻譯的研究如果一開始就假定了原文是超然的，就只能在指出各種譯文的錯誤和不足的過程中，突現原文的特色〔註 24〕。」所以當我們將研究的進路，由面向原文轉移至面向譯語系統，於是可以突出譯語的社會文化特色，深入探討特殊翻譯現象後面的歷史、社會、文化意涵。譯文（或主方語言）的主體性建立起來了，不再是原文（客方語言）的附庸，其本身就具有足夠的理由和合法性，可依其本身的語境加以理解、認識。

於是景教的文本中會出現像《志玄安樂經》、《宣元至本經》套用其他宗教體系（佛、道教）的表達形式，可能原本真是有敘利亞的原文經典作為翻譯根據，然而經過相當程度的改寫，呈現出今天的面貌。《宣元至本經》借用《老子》62 章的語言、詞彙，甚至表述形式，然而我們應該注意的是這樣的借用僅占《宣元至本經》文本的一部分，與其說其為《老子》62 章的注解，不如說《老子》62 章成為其表述神學的語言，藉由鑲嵌進「信」這樣的關鍵字，將基督教的一個中心神學觀念「因信稱義」精準地表達出來。我們也許可以這麼說：《宣元至本經》藉著將《老子》62 章的拆解、挪用、重組，把門徒約翰的「道」（特別是〈約翰福音〉1：1～3）〔註 25〕與使徒保羅「因信稱義」（特別是〈羅馬書〉第五章）的觀念予

〔註 24〕 參莊柔玉，2000，頁 47。
〔註 25〕〈約翰福音〉1：1～3 太初有道，道與神同在，道就是神。這道太初與神同在，萬物是藉著他造的，凡被造的，沒有一樣不是藉著他造的。

民，都是一樣的言語，如今既作起這事來，以後他們所要作的事就沒有不成就的了。我們下去，在那裏變亂他們的口音，使他們的言語彼此不通。」於是耶和華使他們從那裏分散在全地上，他們就停工，不造那城了：因為耶和華在那裏變亂天下人的言語，使眾人分散在全地上，所以那城名叫巴別（就是變亂的意思）。

以結合、濃縮、改寫，而成爲絕佳的精巧設計：這是中國式、獨特的、屬於景教的「因信稱義」，所信的是那個創造宇宙萬物的道，也就是那位法王──耶穌基督。《宣元至本經》在《老子》62 章裡找到其神學語言，是使用漢語的唐代讀者熟悉的語言；然而其改裝、變造的再現，又使得這樣的語言變得陌生──就在這種陌生化所產生的「去熟悉感」中，讀者讀到一些新的內容（屬於景教的神學），於是景教在其中找到了表達神學的語言策略。

　　《志玄安樂經》則是另外一種嘗試，借用淨土宗佛經的語言與形式之外，並未有一個改寫、變造佛學語言的動作和過程；它所做的是另外一個動作：貼上屬於景教的標籤──對話的雙方尊者彌施訶和門徒岑穩僧伽（彼得），以及爲信徒和經典標示「景教」之名。貼標籤是一個有效的動作嗎？我很懷疑。如果《志玄安樂經》也是一篇由原文（敘利亞文）翻譯過來的經典被在長安的翻譯者做了一個相當大幅度的改裝成爲今天我們看到的《志玄安樂經》。我們就要問：什麼是其中心主題？整篇就是環繞「何方便救護有情」（岑穩僧伽語）這個問題一步一步發展出「四無之法」和「十種觀法」，這個問題其實就是「救贖」。我們看到《志玄安樂經》經文運用佛教的語言、佛教的形式、佛教的思想、佛教的進路，引出一個名爲景教的佛教式答案。我們也許可以說這是一種誤解，對景教以耶穌基督爲中心的救贖計畫的誤解，他們假借彌施訶（耶穌基督）的口說出一個佛教式的救贖之道，或許這就是景教大量借用佛教（與道教）語言所必然會導致的結果，亦即人們開始認爲景教不過是佛教、道教的一個支派，因爲它還沒有發展出自己專屬的語言，一個具辨識力的專屬語言。它走進了佛教初入中國時的語言陷阱，被中國漢語的巨大能動作用所牽制。在急於尋找一種表達自我的語言時，借用的策略（借用現成的佛道教語言）使其失去了創造屬於自己的新的語言的機會，也失去了描述其神學清晰度和特殊性的能力，於是也一併失去其完整的主體性。

　　從佛、景二教進入中國的歷史來考察，東漢之前的中國、或唐太宗之前的中國，絕不是一個物化的過去，一個被動的文化體系，它具有具大的能動力，可以吸納、轉化、影響、並以自己的方式詮解那些透過翻譯旅行至中國的宗教、理論或思想。在跨語際的實踐當中，語言的挪用、變造、相互滲透與流動，景教在中國塑造出一種新的理解與表述方式，我們甚至可以如此宣告：一個新的對人生終極意義的解釋體系即將成形──只要其自我表述的專屬語言在中國這個文化環境中被馴化成功，在這塊土地上的使用權也合法化了，成爲一個足以被辨識的系統語言（與其他宗教的語言界線無論如何模糊，終能有足夠的判準清楚分別開來）。

　　從《志玄安樂經》、《宣元至本經》二者來看，景教的語言仍在摸索、嘗試、

尋找當中，離馴化尚有一大段距離，人們要藉其文本認識它的面目。基本上是困難的。

第二節 《聖經》的漢語初譯

一個在唐代漢語景教文本中，相當值得注意的翻譯問題就是：《聖經》的翻譯。《尊經》中記載的三十五部經典，據學者考證三十部屬景教經典〔註 26〕。其中有多部應該是《聖經》的翻譯：

《多惠聖王經》：即大衛王〈詩篇〉的別名

《阿思瞿利容經》：即新約福音書 evangelion 即《四福音合參》

《傳化經》：新約〈使徒行傳〉

《寶路法王經》：新約保羅書信

《刪可律經》：即舊約〈撒迦利亞書〉Zakaria

《牟世法王經》：The Book of Moses 應即舊約摩西五經

《伊利耶經》：應為舊約有關以利亞 Elijah 經文

《烏沙舟經》：舊約〈何西阿書〉The Book of Hosea

當然這些新、舊約翻譯，都未曾留下來，倒是我們透過這一份清單，可以稍稍窺見景教對於《聖經》的掌握，新約方面比舊約來得全面。因為我們看到除了福音書、《使徒行傳》，再加上保羅書信，其實已相當完整。或許是因為如此，所以在目前可見的景教漢語經典中，幾乎每一篇都提及耶穌基督。

目前可見的漢語景教經典與《聖經》經文翻譯有關的部分，主要是早期經典《序聽迷詩所經》後半部，與《一神論》的〈世尊布施論第三〉。

首先，我們可以注意的是：與今天的《聖經》作對照，並沒有完整的《聖經》一卷書、一卷書的翻譯。比較嚴謹地來看，頂多是斷斷續續一、二節經文的翻譯，或者可以這麼說，作者擷取經文之意加以改寫的情形，顯然占大部分。

再者，我們並不想僅僅用《聖經》翻譯的觀點，來定位這兩部分的景教經文。因此在比較景教文本與《聖經》經文之外，我們更想知道的是：景教初初進入中國時，剛與漢語文化接觸之際，他們是如何挑選《聖經》經節介紹給唐朝的信徒（選擇的標準是什麼？），以及他們對這些《聖經》中的事件與教導的看法——這才是我們作本部分研究的主要意義。

〔註26〕伯希和、穆爾、佐伯好郎、龔天民、朱謙之、王治心與翁紹軍均發表過意見。

　　《序聽迷詩所經》與《一神論》的〈世尊布施論第三〉中有關《聖經》翻譯的經文，基本上都集中在《新約聖經》耶穌基督傳道、受難的經過，與馬太福音六、七章的登山寶訓。其中兩部分經文都提及且占最大篇幅的是耶穌基督的受難過程，我們可以確定：景教絕對重視耶穌基督的救贖在整體神學中的地位——居於中心位置。而這點也幾乎可以確定景教（或聶斯多留教派）並非如傳統學者所說的是基督教的異端。

　　很有意思的是景教最早的經典《序聽迷詩所經》，敘述耶穌生平，與福音書一樣〔註27〕從耶穌出生開始說起：

> 天尊當使涼風，向一童女，名爲末豔。涼風即入末豔腹內，依天尊教，當即末豔懷身，爲以天尊使涼風，伺童女邊，無男夫懷任（孕）。令一切眾生見無男夫懷任，使世間人等見即道：天尊有威力。即遣眾生，信心清淨，回向善緣。末豔懷孕，後產一男，名爲移鼠。
>
> 父是向涼風，有無知眾生，即道若向風懷孕生產。但有世間下，聖上放敕，一紙去處，一切眾生甘伏。據此天尊在於天上，普署天地，當產移鼠迷師訶。
>
> 所在世間，居見明果（星）在於天地。辛星居知在於天上，星大如車輪，明淨所，天尊處，一爾前後，生於拂林園（國）烏梨師斂城中。
>
> 當生彌師訶五時，經一年後語話，說法向眾生作好。〔註28〕

　　末豔（瑪利亞）因聖靈懷孕，〈馬太福音〉和〈路加福音〉有記載，二者各有偏重：馬太對瑪利亞懷孕一句帶過，比較重視丈夫約瑟的反應；路加則詳細描述天使與瑪利亞的對答互動。

　　《序聽迷詩所經》對於此事的看法有二：一是讓世人看見上帝大有能力，行此神蹟；二是要使眾人因此生出信仰之心，歸向上帝。所以說：「令一切眾生見無男夫懷任，使世間人等見即道：天尊有威力。即遣眾生，信心清淨，回向善緣。」對於景教徒而言，耶穌基督的誕生爲人，立即的聯想和作用是與世人發生密切關係的——祂是要進入人群中的。

　　然而無論是〈馬太福音〉或〈路加福音〉，都沒有類似的看法。比較接近的《聖經》經文是〈馬太福音〉中，天使對瑪利亞的未婚夫約瑟說的一段話：「只管娶過你的妻子馬利亞來，因他所懷的孕是從聖靈來的。他將要生一個兒子，你要給他

〔註27〕〈馬太福音〉與〈路加福音〉寫耶穌的生平，基本上都可以說是從耶穌出生寫起。
〔註28〕翁紹軍，1995，頁99。

起名叫耶穌，因他要將自己的百姓從罪惡裏救出來。」（太 1：20～21）爲什麼他要將百姓從罪惡中救出來，就要起名字爲「耶穌」？原來耶穌此名即舊約中約書亞的希臘文寫法，原意爲「神拯救」〔註29〕。

如果依照新約《聖經》的記載爲標準來看，耶穌降生就是爲拯救世人，而《序聽迷詩所經》在這裡強調上帝大能與世人歸向上帝（基本上重點就是人類認識上帝的過程），雖然有距離，但在後面的經文則集中敘述耶穌基督的受難，所以我們知道《序聽迷詩所經》作者的論述邏輯是：人類認識上帝必須經由耶穌的受難與救贖。

引文的第二、三段與《聖經》有極大的差距。首先第二段談到無知世人錯誤認知，以爲瑪利亞乃因「風」懷孕，殊不知眞正的作爲者是天尊上帝的聖靈使其懷孕的，所以就作了一個比擬：在人世間，聖旨一頒行，眾人皆服從；同樣的，上帝在天上，也普遍告知天下，耶穌基督要誕生了，而方法就是用一顆明星來顯示這一切——景教經典的作者是在說明天空出現一顆明星的原因爲何，但這原因卻在《聖經》中找不到。《新約聖經》四福音中只有馬太福音記錄此事：「當希律王的時候，耶穌生在猶太的伯利恆。有幾個博士從東方來到耶路撒冷，說：『那生下來作猶太人之王的在那裏？我們在東方看見他的星，特來拜他。』」（太 2：1～2）

《序聽迷詩所經》與《聖經》的記載在細節上大有不同：一是耶穌並不出生於耶路撒冷（烏梨師斂城），而是伯利恆；二是在聖經中明星代表耶穌基督誕生此事，是經由來自東方的幾位博士的認證說明，大家方才知曉。《序聽迷詩所經》則未提及此，直接認爲明星出現，上帝的旨意就已昭告天下了；三是《序聽迷詩所經》竟然多了一些匪夷所思的細節，一些看似沒有必要的細節，亦即耶穌是午時所生，且他一歲時就能說話，還向眾生說法。

這樣細節上的差異，對於「翻譯」《聖經》而言是不可思議的，如果我們用傳統翻譯理論中那種基本的「對應」關係來定義「翻譯」的話。在《序聽迷詩所經》與《一神論》〈世尊布施論第三〉中所謂的「翻譯」《聖經》當中，我們將會看到許多像這樣細節上的差距。其實「改寫」的成分居多，甚至於帶有「創作」的意味。劉禾在其跨語際實踐的研究中，在論到晚清最後十年對外國文學的翻譯時，他有一個比較寬鬆的定義：「翻譯一詞在這裡應該被理解爲改寫、挪用以及其他相關的跨語際實踐的一種簡略的表達方式〔註30〕。」一千多年前唐朝景教的漢語文

〔註29〕鄧兆柏編，《證主 21 世紀聖經新釋》，（香港：福音證主協會，1999），頁 965。
〔註30〕劉禾，2002，頁 36。

本亦可作如是觀。

　　問題是，為何要如此改寫？原因只能猜測。我想也許是運用過度的精確（竟可知耶穌生於午時）與誇大（一歲就不只會說話、還能說法），想營造一種神奇的氛圍，以便更具說服力吧。當然最有可能的原因或許是譯者（應該是阿羅本或其秘書）在作這樣的翻譯書寫時，一方面是他自己做了這樣的理解與詮釋（又或者這根本是敘利亞安提阿教派的解經傳統？），另一方面是他希望用一個中國讀者比較能理解與接受的方式來「加以」詮釋耶穌這個人的出生事蹟，換句話說，他顧及讀者的需求，認為一個一歲就能講道的耶穌，對於中國人瞭解耶穌的神性而言，很有說服力。

　　《序聽迷詩所經》接下來的一段經文與《聖經》極為貼近：

　　　　年過十二，求（來）於淨處，名述難字，即向若昏人（入）湯谷。

　　　　初時是彌師訶弟伏聖，在於硤中居住，生生以來，不吃酒肉，唯食生菜及蜜，蜜於地上。當時有眾生不少，向谷昏渾禮拜，及復受戒。

　　　　當即谷昏，遣彌師訶入多難中洗。彌師訶入湯了後出水，即有涼風從天求（來），顏容似薄闇，坐向彌師訶上，虛空中問（聞）道：「彌師訶是我兒，世間所有眾生，皆取彌師訶進止，所是處分皆作好〔註31〕。」

　　基本上這兩段所寫乃施洗約翰與耶穌受洗之事。述難即 Shunan，指約旦河 Jordan，若昏即 Johun，指約翰 Johanan。兩段記載與《新約聖經‧馬可福音》所載相符：

　　　　約翰來了，在曠野施洗，傳悔改的洗禮，使罪得赦。猶太全地和耶路撒冷的人都出去到約翰那裏，承認他們的罪，在約但河裏受他的洗。約翰穿駱駝毛的衣服，腰束皮帶，喫的是蝗蟲、野蜜。（可1：4～6）

　　　　那時，耶穌從加利利的拿撒勒來，在約但河裏受了約翰的洗。他從水裏一上來，就看見天裂開了，聖靈彷彿鴿子，降在他身上。又有聲音從天上來，說：「你是我的愛子，我喜悅你。」（可1：9～11）

　　相同的記載也出現在〈馬太福音〉與〈路加福音〉中。這裡有兩點甚值注意：一是最後天父所說的話，《聖經》三卷福音書皆說「你是我的愛子，我喜悅你」。上帝這句話是對耶穌說的，以第二人稱（我與你的交談）表示天父與耶穌的親密關係；而《序聽迷詩所經》中則用一個特殊的身分彌師訶（彌賽亞／基督，第二人稱退到第三人稱）指稱耶穌，上帝這句話的對象變成是「世間所有眾生」。

〔註31〕翁紹軍，1995，頁101。

上帝從對聖子的親切談話，一轉變為對世人的教育訓話；本來是慈愛的父親形象，此時成為高高在上的神。架構擴大，距離變遠，原本三位一體的合一形象，此時上帝天父的角色一支獨秀突顯出來，孤立於芸芸眾生之上——這就是翻譯的轉向。當然此處的轉向是因著指涉呼應關係（meaning in referential context）的重新調度，產生新的指涉關係的糾葛；另一方面情態色彩關係（meaning in emotive context）也重新調整，親切感消失，肅穆感增強。

為什麼景教經文要作這樣的調整？我們也許應該考慮書寫的時間因素。《聖經》是在將近一千五百年之間，由數十位書寫者在不同時代分別書寫〔註32〕，再加以編輯完成的。在整體猶太民族的信仰過程中，自然地一步一步走來，一卷一卷寫出——是他們信仰的歷史書寫。反觀景教進入中國，其中是有斷裂的，是不自然的，是一個全新的宗教經驗與移植。宣教士急於引介基督教思想的全貌給這片大地的人民，於是寫下他們的第一部經典《序聽迷詩所經》。我想或許是宣教的焦慮與壓力的滲透，有太多太多的教義要傾銷，使得翻譯也呈現出一種書寫的焦慮與壓縮，急於把聖父、聖子的情感交流，轉化為一場宣教佈道大會，對教徒的生命呼召，要眾人學習耶穌基督的榜樣。

於是很自然地《序聽迷詩所經》下面的經文就來了一段即席講道：「彌師訶即似眾生，天道為是天尊處分，處分世間下，眾生休事屬神，即有眾生，當聞此語，休事屬神、休作惡，遂信好業〔註33〕。」

在這兩段經文中另一值得注意的點是「年過十二」。耶穌十二歲的事蹟，在四福音書中僅有〈路加福音〉記載：「每年到逾越節，他父母就上耶路撒冷去。當他十二歲的時候，他們按著節期的規矩上去。守滿了節期，他們回去，孩童耶穌仍舊在耶路撒冷。他的父母並不知道，……」（2：41～43）寫的是耶穌與父母一同上耶路撒冷過逾越節的事，發生一件小插曲：即耶穌沒和父母一起回家，獨自留在聖殿與文士教師討論信仰教義。

然而《序聽迷詩所經》的記載，卻是耶穌在十二歲之時來找施洗約翰接受洗禮。據〈路加福音〉所記事件順序是：留在聖殿三天，是十二歲的事；之後羅馬帝國皇帝凱撒提比留十五年（27～28 年之間）約翰在曠野作先知，耶穌受洗禮；然後約在三十歲之時，開始出來傳道。一般而言，學者會把洗禮與傳道開始的時

〔註32〕殷保羅指出四十幾位作者，分佈在一千五百年間，相互之間多一無所知，裡面的神學卻能互不矛盾，也無不一致處。參殷保羅（Paul P. Enns），《慕迪神學手冊》，1991，頁 147。
〔註33〕翁紹軍，1995，頁 101。

間視爲相當接近（且洗禮在前），不僅因爲同在第三章，且洗禮敘述一完，立即接著說道：「耶穌開頭傳道，年紀約有三十歲」（路 3：23）〔註34〕，這樣的解經順理成章。

　　不過《序聽迷詩所經》所載「年過十二，求（來）於淨處……」卻給我們一個對《聖經》這一段的記載全新的可能性與看法。首先我們必須知道希臘文《聖經新約》的最早譯本是敘利亞譯本（Syriac Versions），從公元 170 年的《他提安四福音合參》（Tatian's Diatessaron）起有四個重要版本〔註35〕，顯見敘利亞教會對新約的掌握能力是無可置疑的。但爲什麼在這麼一段與《聖經》如此貼近的翻譯文本中，會有一個突兀的紀年「年過十二」。更有意思的是在洗禮之後，天尊發表恢宏言論一完，又一次天外飛來一筆「彌師訶年十二」，呼應之下，讓之前的紀年顯得並不偶然，且彷彿是極富有意思而爲之者。似乎要再一次提醒我們：耶穌洗禮之事的敘述始於「年過十二」，終於「彌師訶年十二」。

　　《序聽迷詩所經》如此認定，並不容易真正知道原因，或許另有所據，或者竟是再次看見書寫焦慮：急於將耶穌推上歷史舞台。於是匆忙改寫劇本，爲配合祂一歲就能說法的神奇能力，抽掉了聖殿論道的信仰「見習生」過程，另行接枝，讓祂直接與施洗約翰見面，與上帝接觸——聖靈降臨，再次增強其神的屬性，相對地人的屬性就又降低了（忽略學習、成長的過程）。

　　而且很有意思的是我們知道景教在耶穌基督的「神人二性」問題上，有獨特的見解，亦即雖是一個位格，但是是具有神人二性的祂，是完全的神，也是完全的人——祂受難（受鞭笞、被釘死）是以完全的人的身份承擔的，亦即極強調耶穌基督的人性一面。但是《序聽迷詩所經》此處似乎有意降低其人的屬性，這又與敘利亞東方基督教聶斯多留的教義有出入。有趣的是我們看到彌師訶受洗後，天父上帝的一番佈道中，說了一句話：**彌師訶即似眾生**——立刻又把祂的人性抓回來，重新突顯出來，也就是耶穌的道成肉身，祂的肉身與一般人並無二致，有限制、有軟弱、也有所有人性中的一切問題。

　　對於初次介紹景教的信仰文本《序聽迷詩所經》，帶著強烈的宣教任務，或許

〔註34〕參靈修版《聖經》（Chinese Life Application Bible），1999，頁 175。〈路加福音〉3：21，3：21～22 註文表示耶穌：「祂十二歲到過聖殿，祂明白自己的使命；十八年後藉著洗禮，祂開始實踐這使命」。另一方面又說祂受洗的原因，其一爲「宣佈祂公開傳道的開始」。

〔註35〕其他三版本爲舊敘利亞本（Old Syriac，主後 200 年），別西大譯本（Peshitta，第五世紀），與巴勒斯坦敘利亞譯本（Palestinian Syriac，第五世紀）。參殷保羅，1991，頁 166。

這就是所謂的策略性選擇的結果吧！既想高舉耶穌的神性，卻也堅持不能掩蓋其人性，於是出現了這樣一種翻譯的書寫策略：把「改寫」強行置入翻譯之中，不定時出現，使得翻譯文本與《聖經》的關係游走在一種危險的不穩定狀態中，乎隨時會從《聖經》文本游離，進入一個無法控制的情況。這讓我們不禁猜疑：似乎在《聖經》原文文本之外另有所據。

當然，另外簡單的答案，直截了當多了：有闕文，或筆誤，又或者這兩個紀年──「年（過）十二」──根本就是衍文。每一個說法都可以提出不同的解釋。

此處的闕文，因為是翻譯的關係，所以應當忠於原文；而與《聖經》比對的結果少了〈路加福音〉的聖殿事件，因此極有可能是闕文。我們要質疑的是：如果前一個紀年「年過十二」後面有闕文，那麼後一個「年十二」後面有沒有闕文？我認為沒有。我們來看看《序聽迷詩所經》此處的原文：

彌師訶年十二，及只年卅二已上，求所有惡業眾生，遣回向好業善道。〔註36〕

「年十二」與「及只年卅二已上」中間的「及」，顯示作者原先就是想談論耶穌基督在這兩個年紀時所做的救贖行動。果真是如此，那麼我們就可以知道第一個「年（過）十二」後闕文應包括聖殿事件與「彌師訶年卅二」（下接「來於淨處，名述難字……」）。這樣推敲理論上說得過去，亦即《序聽迷詩所經》原本的經文應該是「年（過）十二」之後接聖殿事件，再來應有一句「彌師訶年卅二」，之後接約翰為耶穌施洗事件，然後下文再就此二紀年進行結論。

闕文的說法雖然理論上說得過去，但這必須是有一個前提才能成立，也就是說《序聽迷詩所經》此處的譯文，應該要與《聖經》極其貼近，或者本來就具有對應的關係。但是我們知道**這樣的貼近、對應關係並不存在**。在上一節的討論中，我們從比對《聖經》與《序聽迷詩所經》中看到，其實更如實的關係應該是「改寫」與「創作」。而我認為這樣的關係是一貫的，延續到本段的施洗事件，甚至下文的耶穌基督受難事件。所以如果我們從現存的文本，已然找到了統一且一貫的敘事邏輯，那麼我們不禁進一步要問：又何必假設有闕文的可能性，然後強行為這個假設尋找合理性的解釋？沒有版本的對照比較研究，所有的闕文假設，終究都還只是一個假設，一個永遠無法證實的假設：一次無益的猜想。

同樣地筆誤或衍文的說法，也僅僅是假設而已。雖然轉個彎都可以加以彌縫解釋，使之合理化，但為益不大。所以我們依舊集中注意力在經文內在敘述的一貫邏輯，亦即**《序聽迷詩所經》的書寫者，並不想作一個忠實的翻譯人，而是因**

〔註36〕翁紹軍，1995，頁101。

其宣教的需要，適時地「譯寫」經文。

所以我們再看接下來的經文也就更能瞭解其作法：

> 彌師訶及有弟子十二人，遂受苦。回飛者作生，瞎人得眼，形容異
> 色者遲差，病者醫療得損，被鬼者趁鬼，跛腳特差。所有病者求向彌師
> 訶邊，把著迦沙（裟），並總得差〔註37〕。

這段文字從《聖經》中來看，其實是三段經文的重新組合（以〈路加福音〉
為例，則分佈在三章經節裡）：

1. 到了天亮，叫他的門徒來，就從他們中間挑選十二個人，稱他們為使
   徒。（路6：13）

2. 正當那時候，耶穌治好了許多有疾病的，受災患的，被惡鬼附著的，
   又開恩叫好些瞎子能看見。耶穌回答說：「你們去，把所看見所聽見
   的事告訴約翰，就是瞎子看見，瘸子行走，長大痲瘋的潔淨，聾子聽
   見，死人復活，窮人有福音傳給他們。」（路7：21～22）

3. 有一個女人，患了十二年的血漏，在醫生手裏花盡了他一切養生的，
   並沒有一人能醫好他。他來到耶穌背後，摸他的衣裳繸子，血漏立刻
   就止住了。（路8：43～44）

《聖經》與《序聽迷詩所經》的文本兩相比較之下得知：十二門徒後來在耶
穌死後才開始受到逼迫；耶穌的救贖行動散佈四福音各章節，此處〈路加福音〉
的總結，其實是耶穌回答施洗約翰的門徒問他是否為基督彌賽亞的話，與揀選十
二門徒沒有關係；最後《聖經》中也只有這位患了十二年血漏的女士，為了病得
醫治，去摸耶穌的衣袍繸子，並非如《序聽迷詩所經》說的是「所有病者」都這
樣做。

在《序聽迷詩所經》中，我們看到稍微誇大的新約《聖經》章節濃縮版，而
無論是誇大或濃縮，我認為就是要在最短的篇幅中、最快的時間內，達到宣教的
目的。

以上的討論，主要集中在彌師訶「年十二」這點上，因此所用的《聖經》對
比經文是〈路加福音〉，因為四福音中只有〈路加福音〉出現過「當他十二歲的時
候」的事蹟。接下來的《序聽迷詩所經》的譯寫經文〔註38〕，則以耶穌基督的被
捕、受審及釘十字架為主。這些情節四福音均有，但從一些特殊細節比照，很可

〔註37〕同上，頁101～102。
〔註38〕翁紹軍，1995，頁103～105。

以找出主要的《聖經》經文根據：

1. 所有作惡人，不（悔）過向善道者，不天尊教者及不潔淨貧（貪）利之人，今世並不放卻。嗜酒受肉及事屬神文人，留在著遂詆，或翅睹遂欲殺卻。為此大有眾生即信此教，為此不能殺彌師訶。於後惡業（人）結用（朋）扇翅睹信心清淨人，即自平章乃欲殺卻彌師訶，無方可計，即向大王邊惡說，惡業人平章惡事，彌師訶作好，更加精進，教眾生。年過卅二，其習惡人等即向大王毗羅都思邊言告。毗羅都思前即道：彌師訶合當死罪。大王即追，惡因緣人共證彌師訶，向大王毗羅都思邊，彌師訶計當死罪。

2. 大王即欲處分，其人當死罪，我實不聞不見，其人不合當死，此事從惡緣人自處斷。大王云：我不能殺此人。惡緣人即云：其人不當死，我男女如何？大王毗羅都思索水洗手，對惡緣等前，我實不能殺其人。惡緣人等更重諮請，非不殺不得。彌師訶將身施與惡緣人，為一切眾生，遣世間人等，知共人命如轉燭，為今世眾生布施，代命受死。彌師訶將自身與，遂即受死。

3. 惡業人乃將彌師訶別處，向沐上坊坊處，名為詑句，即木上縛著，更將兩個劫道人，其人比在左右邊。其日，將彌師訶木上縛著五時，是六日齋，平明縛著，及到日西。四方暗黑，地戰山崩，世間所有墓門並開，所有死人共悉得活。其人見如此，亦為不信經教，死活並為彌師訶。其人大有信心人即云：（以下殘闕）

　　大王毗羅都思，就是目前《聖經》和合本中的巡撫彼拉多，他在公元 26～36 年間任猶太和撒馬利亞兩省的巡撫，對於猶太人將耶穌解來要將他定罪，彼拉多三次查不出其罪行（〈約翰福音〉18：38，19：4，6；另外〈路加福音〉在 23 章中也有三處、共計四次記載此事實）。所以我們在第 2.條資料中看到〈約翰福音〉、〈路加福音〉的影子，但是其中又提到「毗羅都思索水洗手」——洗手這件事代表彼拉多想與此事脫離一切關係，表明自己是無辜的〔註39〕。這樣的記載很特殊，四福音書只在〈馬太福音〉中出現過：「彼拉多見說也無濟於事，反要生亂，就拿水在眾人面前洗手，說：『流這義人的血，罪不在我，你們承當吧。』」（太 27：24）

　　這樣的一個「綜合濃縮版本」的福音書，其精神貫穿在《序聽迷詩所經》後

〔註39〕《聖經》中的詩篇也有類似詩句，表達這樣的猶太人傳統文化：「耶和華啊我要洗手表明無辜」（詩 26：6）。

半部的耶穌事蹟行傳。這樣的敘事策略，其實背後可能是有歷史原因可追溯的，亦即屬東方教會的敘利亞教會──蘇格蘭愛丁堡大學教會史高級講師賴特（David F. Wright）說道──：「敘利亞教會有幾個世紀都使用四福音的合編本《四福音合參》，而不使用分開來的四本福音書……到了六世紀中葉，它們的地位全部獲得確認〔註 40〕。」也就是說六世紀後，敘利亞教會採用了一般教會的正典，亦即使用分開來的四本福音書。所以《序聽迷詩所經》（或《一神論》），究竟採用的是《四福音合參》，或在這一世紀中（第六～七世紀）習慣有了改變，改採四福音書，或二者並用？至今仍舊不可知。

　　我們也許可以這麼說，在唐朝的景教宣教士的心裡面想的是：**在一個沒有《聖經》文本背景的國度，如何能讓中國人快速有效地全面認識耶穌基督的作為，這才是《序聽迷詩所經》譯寫福音書耶穌行傳的真正目的。** 所以忠實地對應式的翻譯並不是阿羅本最終極的目的，可是不可否認的，他必定有《聖經》為底本：我們看到之前耶穌受洗的敘述，與各福音書所載已極為相近；特別是聖靈如鴿子降下在耶穌身上那段，《序聽迷詩所綷》與現今《聖經》〈馬太福音〉、〈馬可福音〉、〈路加福音〉的記載完全相同、沒有出入。

　　第 3.段經文很明顯是以現今《聖經》的〈馬太福音〉為底本的。我們知道耶在被釘死之際，有四個神蹟發生：黑暗、地震、聖殿的幔子裂開、與死人從墳墓中復活。這四點只有〈馬太福音〉記載全了：

　　　　從午正到申初，遍地都黑暗了。……耶穌又火聲喊叫，氣就斷了。忽然，殿裏的幔子從上到下裂為兩半，地也震動，磐石也崩裂，墳墓也開了，已睡聖徒的身體多有起來的。到耶穌復活以後，他們從墳墓裏出來，進了聖城，向許多人顯現。（太 27：45～53）

　　其中地震與聖徒復活是只有〈馬太福音〉才有的記錄〔註 41〕，而《序聽迷詩所經》也記錄了這兩件神蹟。另外我們在《一神論》的〈世尊布施論第三〉中也看到相同的、甚至於更詳細、與〈馬太福音〉全同的記載：

　　　　於彼時節，所以與命，地動、山崩、石磬，上氍氈蹋壁，彼處張設，聖化擘作兩段。彼處有墓白開，聞有福德死者，並從死得活，起向人處來。亦有十四日一月，亦無時日不見暗所，（。）聖化為此，三時日如此。

　　我們把〈世尊布施論第三〉與〈馬太福音〉做一比較：就記錄的事件而言，

〔註 40〕參陶理博士編，《基督教二千年史》，（香港：海天書樓，1997），頁 108。
〔註 41〕其他三個福音書的記載如下：〈馬可福音〉、〈路加福音〉一樣，只記載黑暗和幔子裂開；〈約翰福音〉則一件也沒有記載。

幾乎沒有差異。不同的是：敘述事件的次序調整過了，〈馬太福音〉的順序是「黑暗／幔子裂開／地震／聖徒復活」，〈世尊布施論第三〉則是「地震／幔子裂開／聖徒復活／黑暗」；事件所延續的時間似乎也錯置了，〈馬太福音〉是說聖徒復活到耶穌復活（三天之後）才進城向人顯現，而〈世尊布施論第三〉則是黑暗持續了三天。當然「聖化爲此，三時日如此」，也可以讀成整個耶穌釘死事件的一個時間副詞子句，亦即第一種可能的解釋是：以上諸神蹟都持續發生三天（只不過這種讀法有解釋上的困難：幔子裂開就裂開了，不可能裂了三天才裂開）。第二個可能的解釋是：正月十四日逾越節〔註42〕耶穌被釘當天，天黑暗了一整天，而「聖化爲此，三時日如此」則指耶穌死亡歷經三天才復活，與四大神蹟並非有直接關係──就《聖經》原意看似乎此解釋最合理。

我認爲〈世尊布施論第三〉的書寫者，固然最主要的書寫目的是讓中國讀者認識基督論中最關鍵的事件「耶穌釘死十字架」之始末，但也似乎有意圖貼近〈馬太福音〉的文本，將《聖經》原本的記載呈現出來。也因此我們看到其書寫比起《序聽迷詩所經》更像（對應關係的）翻譯之作，或者我們說這段經文「就是」翻譯之作也不爲過。這個情形與《序聽迷詩所經》中記載耶穌受洗事件是一樣意思，換句話說，我們雖然看不到連牘累篇的《聖經》對應式翻譯，但卻有個別單獨存在的對應式翻譯段落。

我們可從幾個細節看出，〈世尊布施論第三〉在耶穌釘死事件的描述上比《序聽迷詩所經》更像對應式的翻譯作品：一、多記載了「幔子裂開」，使四大神蹟全備；二、記載了這些神蹟發生的時刻，就在耶穌斷氣當下「於彼時節，所以與命」，這與〈馬太福音〉「耶穌又大聲喊叫，氣就斷了」是相應的；三、《序聽迷詩所經》未曾說復活是哪些人，只寫道「世間所有墓門並開，所有死人共悉得活」，彷彿所有死人都復活了（確實過度誇大）。但是據《聖經》所載，實際的狀況是「已睡聖徒的身體多有起來的」，亦即有一些聖徒復活，這與〈世尊布施論第三〉寫的「聞『有』福德死者，並從死得活」完全相合；四、注重細節的對應：在四大神蹟之外，甚至於連聖經中「磐石也崩裂」的記載，〈世尊布施論第三〉也有「石磬」對應。

我相信〈世尊布施論第三〉的作者，在某個程度上是有對應式翻譯《聖經》部分經文的意圖。這樣的論斷，其實是些曲折的，原因是如果〈世尊布施論第三〉眞的像景教碑文所說的是早期宣教士（以阿羅本爲首）「翻經書殿」的成果，那麼首先我們就應該確定有敘利亞版本的〈世尊布施論第三〉，且其中記載了耶穌受難

〔註42〕《聖經》舊約〈利未記〉23：5：「正月十四日，黃昏的時候，是耶和華的逾越節。」

釘死十字架事蹟，而漢文版的〈世尊布施論第三〉中的相同事件，則是從敘利亞版翻譯過來的。

　　無論有沒有敘利亞版本的〈世尊布施論第三〉，首先我們可以肯定的是：當時在唐朝來到中國的宣教士，必然攜帶來了《聖經》（至少有敘利亞原文版），所以景教碑文說「阿羅本占青雲而載眞經」，且後來的《尊經》（──據我們在本章「《聖經》的初譯」一節的分析）至少也記載了有舊約（摩西五經、〈撒迦利亞書〉、〈詩篇〉、〈何西阿書〉等）與新約（福音書、〈使徒行傳〉、保羅書信等）的翻譯作品。

　　因此無論如何，漢文版的〈世尊布施論第三〉在書寫這一段耶穌受難經文時，書寫者一定很自覺地意識到：他是在引述一段《聖經》經文。所以或是從敘利亞版本翻譯，或者根本沒有所謂的敘利亞版〈世尊布施論第三〉，而是直接翻譯自敘利亞文《聖經》，我們都相信他必然會參考敘利亞文《聖經》原文。按照這樣的推論，譯者總是會直接面對敘利亞文《聖經》原文。而問題是：他是以什麼態度來引用《聖經》經文的？

　　我們在之前《序聽迷詩所經》的分析中看到，由於其引用耶穌事蹟的情節與《聖經》經文有不少出入〔註43〕，超出傳統對應式翻譯觀念所能容忍的範圍，成爲改寫與創作的書寫。而在〈世尊布施論第三〉對耶穌受難的描述中，在與現今的《聖經》經文比較之後，我們似乎可以用描述性的翻譯研究來看此一問題。這令我們又想起蘭伯（José Lambert）和范哥爾（H. van Gorp）所說的翻譯基本上是「選擇策略」的結果。

　　〈世尊布施論第三〉在對耶穌受難的描述中，其翻譯非常注意與《聖經》原文細節的相同。然而也會有多出來的元素，如「山崩」（在此顯然控制在一個不會影響其他情節意思變動的範圍內，在這個例子中，僅僅增加一個詞項的語意）。然而我們看到其翻譯與今本漢語和合本《聖經》有語句順序上的不同，但是並不影響整體的語意表達。

　　其實「山崩」這個翻譯細節上的問題，如果我們稍加思考，是會造成不小的困擾，亦即在一段與原文如此貼近的譯文裡，語序容或可以變動，但若是譯文裡比原文「多了」東西，我們如果要追究的話，　定會問：這既是翻譯，那多出來的元素從何而來？

〔註43〕西方教會在 393 年的非洲希坡大公會議與 397 年的迦太基會議之後，確立了完整的
　　　　正典書目；而東方教會，特別是敘利亞教會，到六世紀也承認此書目。自此之後聖
　　　　經就不再有重大變動。因此我們可以確定七世紀之後的景教聖經大約與今天無異。
　　　　參陶理，1997，頁 109。

　　如果多出來的元素不從《聖經》來，那麼應該有兩個可能性：一是漢文版的〈世尊布施論第三〉真有所本，亦即有所謂敘利亞文版的〈世尊布施論第三〉，且其中的《聖經》譯文裡已多了此一元素，漢文版只不過忠實反應而已。然而我們還要追問：敘利亞文版為何會多此一元素？要解答這個問題，就要先知道書寫敘利亞文版的〈世尊布施論第三〉的目的為何？當然我們就要先知道其書寫的時代為何？當我們看到漢文版的〈世尊布施論第三〉裡說道：「彌師訶向天下見也，向五蔭身，六百四十一年不過」（耶穌基督道成肉身來到人世已 641 年）——就知道漢文版已自我標示書寫年份為 A.D.641 年。**顯然這個年代絕不可能是譯來的，而是針對唐代中原地區漢語讀者的需要而標示的。**因此這就導致另一個可能性：多出來的元素是漢文版的〈世尊布施論第三〉的書寫者自行添加的，但為什麼？為了加強宣教的修辭效果——這與我們先前討論的《序聽迷詩所經》的改寫與創作具有相同的目的。

　　當然〈世尊布施論第三〉這段經文與今本漢語和合本《聖經》有語句順序上的不同，此現象並不代表就與敘利亞原文《聖經》有出入。或許其所參照的敘利亞原文《聖經》是《他提安四福音合參》，這個合輯本很可能原先就有改動過希臘文新約《聖經》的語句順序；又或許其參考的是其他敘利亞文《聖經》，也可能有改動、也可能沒變動。（不過從最新的第四修訂版希臘文新約《聖經》〔註44〕對照來看，和合本與現今許多譯本的翻譯語句順序就是希臘文版原來的順序〔註45〕。）

　　無論如何，我相信對〈世尊布施論第三〉的作者而言，忠實地一對一對應式的翻譯，並不是其策略。基本上翻譯者採取重構（Recasting）的方法作為變通手段：他變動語序，重點在於跨越表達層次的障礙，保證譯文的可讀性與發揮譯文的優勢——亦即在不偏離原文語意的大原則下，使其譯文的書寫能達到最佳的表達與宣教效果，也就是讓當代的信徒與讀者能在最沒有障礙的狀況下閱讀譯文。

　　但是不能否認地，仍然拮据聱牙：不僅語法難懂，句讀也有困難。然而我們換個角度思考，這乃是基督教文本首次與漢語文化的接觸，在文化上跨越了希伯來文化與中亞文化區（包括回教文化、祆教文化、摩尼教文化與佛教文化等），來

〔註44〕詳參聯合聖經公會 United Bible Society 出版第四修訂版希臘文新約聖經 The Greek New Testament（Fourth Revised edition），以及 Tyndale House 出版 The New Greek-English Interlinear New Testament（新希——英對照新約聖經）。
〔註45〕現代中文譯本以希臘文新約第三版為翻譯根據，英文版本中英皇詹姆士版（King James Version）、修訂標準版（Revised Standard Version）、新國際版 N.I.V.都是一樣的翻譯順序。

到當時宗教思想相當國際化的唐代中原文化地區（以儒、釋、道三足鼎立為主）；而在語文方面，則跨越希臘文（當初新約《聖經》書寫的主要語言）、敘利亞文（也許還有波斯語），轉譯為漢語。而《一神論》（包括〈世尊布施論第三〉）又是這最初接觸的最初產品──果然是《聖經》的最初漢譯！而且不只以段落的方式呈現，也把新約《聖經》中的〈馬太福音〉第六、七與二十七、八章作了大段落、甚至有連續性章節的翻譯〔註46〕。

第三節　漢語最初的《新約》譯文

接下來我們將以〈馬太福音〉第七章 1～12 節的翻譯，作為討論的模型，再兼及其他經節為對照，作一整體的分析。同樣地我們看到連續性章節的翻譯中經節調度、濃縮、引申、增刪、改寫的情形依然存在。

在討論〈馬太福音〉第七章 1～12 節的翻譯之前，我們先來看〈馬太福音〉整卷的結構分析，可以分為五段〔註47〕：介紹耶穌，在加利利公開傳道，在加利利非公開傳道（即訓練門徒），在猶太傳道，耶穌受死及復活。其中在加利利公開傳道中，非常重要的一段是「登山寶訓」──從 5：1～7：29 就是這一段有名的講道。

而〈世尊布施論第三〉所翻譯的經文，則是從 6：3～7：12。當然這中間也不是完全的翻譯，事實上少了許多經節，包括非常著名的經文──耶穌教導門徒的禱告〈主禱文〉（6：9～10）。就有學者因此認為〈主禱文〉乃後人偽造的，朱謙之說：「多年學界所稱為後世偽造之〈馬太福音〉第五章之〈主之祈〉（即〈主禱文〉）則被除去，這是最值得注意的。」而翁紹軍則完全同意其說法〔註48〕，連朱氏文章中所犯的錯也未察覺──〈主禱文〉乃〈馬太福音〉第六章 9～13 節經文，而非位於第五章──可見翁氏只是抄錄其說，並未查證。事實上我們知道要斷定《聖經》經文為偽並非易事，因為有太多古代一致的抄本作為證據，很多懷疑為偽的說法，若沒有更早期的鐵證，其實都僅僅是個人的猜測、聊備一說而已。

〔註46〕一般而言，學者大多認為〈世尊布施論第三〉翻譯了〈馬太福音〉第六、七章，其實也翻了二十七、八章部分經文。從這點來看，我們幾乎可以確定〈世尊布施論第三〉的作者在翻譯《聖經》經文時已採用四本福音書分開的正典，而非《他提安四福音合參》的版本。
〔註47〕結構分析每個人可以有不同的結果，此分析為《證主 21 世紀聖經新釋》的分法，參鄧兆柏，1999，頁 964。
〔註48〕朱謙之，1993，頁 120 與翁紹軍，1995，頁 14。

　　首先我們知道在早期的《聖經》是不分經節的，〈馬太福音〉5：1～7：29 的「登山寶訓」是一篇完整的講道（亦即原先並沒有被後代所標示的章節給割裂）。〈世尊布施論第三〉所翻譯的第六、七章經文大約只佔「登山寶訓」的一半。為什麼前後的經文都不翻譯？所以〈世尊布施論第三〉的翻譯，若將「登山寶訓」視為一個整體來看，譯者漏翻的部分可多了，並不是獨漏〈主禱文〉。另一方面，即使〈世尊布施論第三〉所翻的〈馬太福音〉6：3～7：12 譯文，也不是連續性的翻譯，而是斷斷續續跳譯，中間漏了五段，而所漏譯的〈主禱文〉，乃是其中漏的一段的部分經文而已——是否我們也該好好檢討其他漏譯的經文的真偽？

　　我們再從早期希臘文版聖經抄本查看〈馬太福音〉6：9～13 的〈主禱文〉經文，大致上是沒有問題的。唯一會引起不同意見的地方是 6：13，《新希～英對照新約聖經》對這一節的注解說道：「其他一些古代權威抄本有『因為國度、權柄、榮耀，全是你的，直到永遠。阿們』」〔註49〕。

　　另一方面，我們看到非常早期〔註50〕的一份文件《十二使徒教義》，其中就已很清楚記錄了福音書上耶穌的這一段主禱文〔註51〕，且與今日的〈馬太福音〉6：9～13 的〈主禱文〉經文完全相同，更是鐵證如山。

　　無論如何，如果沒有明確的反證與龐大抄本的佐證，我想隨意宣稱〈主禱文〉為偽，是不太明智的作法，也顯得鹵莽了。

　　我們為什麼以〈世尊布施論第三〉中〈馬太福音〉第七章 1～14 節的翻譯〔註52〕作為討論的基礎？原因是就翻譯的狀況來看，這十二節很完整地連續翻譯，順序上也都未有調動的情形。就所有唐代漢語景教文獻來看，是極難得的。另一方面，也成為對照組，可與其他幾部分的譯文作比較研究。

〔註49〕 The New Greek-English Interlinear New Testament（新希——英對照新約《聖經》，第四修訂版希臘文新約聖經/NRSV 英文《聖經》）p.19，另外 NIV 版則注解：「另一譯法，按某些晚期抄本作『脫離那惡者，因為……阿門』。」而這一節經文的抄本狀況最清楚的整理莫過於 The Greek New Testament（Fourth Revised edition）p.18 ～19

〔註50〕 最新考證約公元 65～80 年之間出於敘利亞的希臘文文件（傳統上認為公元二世紀作品）作為東方教派的教義指導。詳參〈景教文獻的倫理處境化問題〉一章註 17。

〔註51〕 《十二使徒教義》第八章：2）Likewise, don't pray as the hypocrites, but as the Lord commanded in His Gospel in this manner：
Our Father in heaven,hallowed be Your Name.Your kingdom come.Your will be done,on earth as it is in heaven. Give us each day our daily bread,and forgive us our debt in the manner that we forgive our debtors. And do not allow us to fall to temptation, but deliver us from evil, for Yours is the power and the glory forever. Amen!

〔註52〕 見翁紹軍，1995，頁 133～136。

　　我將以四個分段來作分析：

　　1、莫看餘（人）罪過，唯看他家身上正身。自家身不能正，所以欲得成
　　　　餘人，似如樑柱著自家眼裡，倒向餘人說言：汝眼裡有物除卻。因合
　　　　此語假矯，先向除眼裡樑柱，莫淨潔安人似苟言語。（對照太 7：1～5）

　　（《聖經》和合本）你們不要論斷人，免得你們被論斷。因為你們怎樣論斷人，
也必怎樣被論斷；你們用甚麼量器量給人，也必用甚麼量器量給你們。為甚麼看
見你弟兄眼中有刺，卻不想自己眼中有梁木呢？你自己眼中有梁木，怎能對你弟
兄說：『容我去掉你眼中的刺』呢？你這假冒為善的人！先去掉自己眼中的梁木，
然後纔能看得清楚，去掉你弟兄眼中的刺。

　　2、似（以）真珠莫前遼人，此人似睹（豬），恐畏踏人（之），欲不堪用，
　　　　此辛苦於自身不周遍，卻被嗔責，何為不自知？（對照太 7：6）

　　（《聖經》和合本）不要把聖物給狗，也不要把你們的珍珠丟在豬前，恐怕他
踐踏了珍珠，轉過來咬你們。

　　3、從一乞願，打門他與汝門，所以一神，乞願必得，打門亦與汝開。若
　　　　有乞願不得者，亦如打門不開，為此乞願，不得妄索，索亦不得。自
　　　　家身上有者從汝，等於父邊索餅即得，若從索石，恐畏自害，即不得；
　　　　若索　　魚亦可，若索蛇，恐螫汝，為此不與。作此事，亦無意智，
　　　　亦無善處，向憐愛處，亦有善處。向父作此意，是何物意？如此索者，
　　　　亦可與者，亦不可與者，須與不與，二是何物？兒子索亦須與，一
　　　　（神）智裡，無有意智，亦無意智處，有善處有罪業處，不相和。在
　　　　上須台舉，亦不須言。索物不得，所以不得，有不可索，浪索不得。
　　　　你所須者，餘人索：餘人（所）須，亦你從索。餘人於你上所作，你
　　　　還酬償。（對照太 7：7～12）

　　（《聖經》和合本）你們祈求，就給你們；尋找，就尋見；叩門，就給你們開
門。因為凡祈求的，就得著；尋找的，就尋見；叩門的，就給他開門。你們中間
誰有兒子求餅，反給他石頭呢？求魚，反給他蛇呢？你們雖然不好，尚且知道拿
好東西給兒女，何況你們在天上的父，豈不更把好東西給求他的人嗎？所以，無
論何事，你們願意人怎樣待你們，你們也要怎樣待人，因為這就是律法和先知的
道理。

　　4、去於惡道，喻如王（枉）口道：遣汝住天上，彼處有少許人。於寬道
　　　　上行，向在歡樂，如入地獄。（對照太 7：13～14）

（《聖經》和合本）你們要進窄門。因為引到滅亡，那門是寬的，路是大的，進去的人也多；引到永生，那門是窄的，路是小的，找著的人也少。

〈世尊布施論第三〉引文的底線與斜體字都是我加的，底線代表《聖經》沒有的原文，斜體字代表改動聖經原文意思，或者加以引申發揮之義。

我們從引文 4.先開始討論。很清楚地《聖經》原文是說窄門通往永生（天上），寬門引到滅亡（地獄）：一個明白的對照。同樣地我認為〈世尊布施論第三〉中說的寬道，也應該是有一個對照項，即「枉口道」。枉即彎曲義，此即我們通常說的羊腸小徑，就是指彎曲小道之意，與寬道相對。因此「去於惡道，喻如王（枉）口道：遣汝住天上，彼處有少許人」，意即離開惡道，就像走上彎曲小徑（自然窄小），是可以引向天堂的，也只有少數人找著。後半段說的就是：「看似引向歡樂的寬大道路，卻是通向地獄之門」。這和《聖經》（漢語和合本）的原文意思也許相通，但是顯然轉了個彎。原文只說路大、門寬、人多，引向滅亡；這裡則省去「人多」，卻把「滅亡」引申為「引向歡樂，如入地獄」。很有意思的是，就希臘文原文（音譯：ap-o'leia，對等譯字：From-Whole Loosing，此處乃《聖經》初次出現）字義及字源追溯，此字的意思既是滅亡，也有迷失、喪失與地獄之意，這與〈約翰福音〉17：12 所說：「其中除了那滅亡之子，沒有一個滅亡的，好叫經上的話得應驗。」其中的滅亡之子，意即註定下地獄之人〔註53〕。所以我們看到〈世尊布施論第三〉的翻譯，應該可以這麼判斷：其所根據的《聖經》原版，或者就是希臘文原文，或者是敘利亞文版，但是翻譯時已將此節經文中的譯為「下地獄」，所以〈世尊布施論第三〉才會出現像這樣的翻譯。至於歡樂之意，我想就應該純粹是從「寬道」一個比較寬鬆舒服的生命之路，引申為逸樂取向的生命態度。

因此我們知道〈世尊布施論第三〉的翻譯，有這樣的原則：在《聖經》的原義之外，可以有自己的引申與解釋。但我們知道不同的翻譯，代表不同的理解與詮釋，雖然我們說此解釋乃引申自《聖經》本身的「寬門大路」，但是我們也知道《聖經》所謂的「寬門大路」，未必即指「歡樂取向」之意。如果我們用傳統對應式的翻譯觀點來看這裡的翻譯，「歡樂取向」的譯文鎖死了《聖經》經義，充其量只能說代表〈世尊布施論第三〉作者的一種引申解釋罷了。然而我們如果用本雅明文本互補性的觀念來定位這一段的翻譯，景教「歡樂取向」的譯文與相隔千餘年的漢語《聖經》和合本的譯文互相補足、互相關連，都一起呈顯從上帝而來的

〔註53〕 參 The New Greek-English Interlinear New Testament（新希——英對照新約《聖經》，第四修訂版希臘文新約《聖經》/NRSV 英文《聖經》）書後所附字典，頁 24。

靜默啓示〔註54〕。

接下來我們來看2.引文翻譯。

似（以）眞珠莫前遼人，此人似睹（豬），恐畏踏人（之），欲不堪用，<u>此辛苦於自身不周遍，卻被嗔責，何爲不自知？</u>（對照太7：6）

（《聖經》和合本）不要把聖物給狗，也不要把你們的珍珠丟在豬前，恐怕他踐踏了珍珠，轉過來咬你們。

遼人，據佐伯好郎的說法，這句話正好當成此經作於唐太宗時的內證。因爲唐太宗貞觀十二年建立景教大秦寺不久後，就開始征伐遼東，直到十九年才征服〔註55〕。在當時人看來，遼人幾同於豬。另外《後漢書》、《文選》也有「遼東之豕」的典故〔註56〕。所以〈世尊布施論第三〉所寫經文「似（以）眞珠莫前遼人，此人似睹（豬），恐畏踏人（之），欲不堪用」，意即：不要把珍珠放在遼人面前，因爲這種人像豬，恐怕他踐踏了珍珠，壞了珍珠的價值。很明顯地譯文與漢語和合本的《聖經》有差距，而此處漢語和合本的翻譯是非常忠實於希臘文原文《聖經》的，亦即〈世尊布施論第三〉的譯文與希臘文《聖經》原文意思有很大距離。

希臘文原文《聖經》此處原本的意思是：「把神聖的觀念教導給不想聽和不肯接受的人只是枉費心機」〔註57〕，而用豬來代表不想聽和不肯接受的人；但是〈世尊布施論第三〉的翻譯顯然有出入，似乎把遼人變成是不想聽和不肯接受的人（豬），好像只有遼人才拒絕福音。

這樣的經義在《聖經》中找不到，完全是東、西亞中古交通史的政治與文化衝突下的一個現象，反應出一種族歧視的民族情緒。譯者把當時唐朝人民的戰爭對象，也是所歧視的民族——遼國人民——當作是《聖經》所指的豬。我們幾乎可猜測漢語譯文的書寫者，應該不會就是波斯地區主教阿羅本本人，他理應不會有這樣的民族情緒，畢竟他不是中土人士；又或許是阿羅本口述翻譯《聖經》，而漢語譯文的書寫者則以他自己的理解改寫了《聖經》文本，才出現了這樣的翻譯文本。然而也有可能阿羅本爲了尋找一個他認爲更能傳神地翻譯此處《聖經》所指的豬，或許他徵詢了長安當地人的意見，知道了在唐朝的中國人心目中對於遼人有一種民族主義的情緒，歧視他們爲豬，於是本來指抗拒、蹧踏福音者爲豬的

〔註54〕〈提摩太後書〉3：16 聖經都是神所默示的。
〔註55〕參楊家駱主編，《新校本舊唐書》卷三，1981A，頁49～57，《新校本新唐書》卷二，1981B，（台北：鼎文書局），頁39～44。
〔註56〕參翁紹軍，1995，頁135。
〔註57〕靈修版《聖經》，新約頁29。

意思，經過文化意識中的豬的轉介——在此我們看到跨語際實踐的語言流動，敘利亞的《聖經》原文語意被唐代的漢語語境給轉移了，得到了一個專屬中國的翻譯結果。

這樣一個專屬中國的翻譯結果，帶出種族歧視的語言實踐。然而卻相當有意思地也反照了希伯來民族的種族歧視，他們自認爲是上帝的選民，對於其他不信神的民族，事實上是帶著歧視眼光的，最有名的例子當屬〈馬太福音〉第 15 章一位迦南婦人爲她被鬼附的女兒向耶穌求助時耶穌的回答〔註58〕：「不好拿兒女的餅丟給狗吃。」竟指迦南婦人爲狗。〈馬可福音〉中對應的記載描述這位迦南婦人：「這婦人是希利尼人，屬敘利非尼基族」（7：26），希利尼人相當於所謂的外國人、外邦人，迦南婦人屬敘利亞的非尼基族人（與北非的非尼基族有別），住在推羅、西頓地區——亦即迦南異教的歷史性中心，充斥各種神祈（如巨力神、愛神等）的廟宇〔註59〕。因此對以色列人而言外國人、外邦人的另外一個意思就是異教徒，以色列人是選民、是上帝的兒女，異教徒就被歧視爲狗。

從〈世尊布施論第三〉的《聖經》譯文（以真珠莫前遼人，此人似豬），雖帶出《聖經》原文所未曾有的語意，亦即在豬和珍珠之間插入一個借來的中介語詞、一個特定的專有名詞「遼人」，引進唐朝中國人的種族歧視。這樣的種族歧視補充了這一段《聖經》的詮解，呼應了以色列人對外邦人（異教徒）的歧視態度——他們的種族歧視是以宗教作爲畫分的界線（與他們同宗教就是同種族否則不同族），似乎也讓那一段在「豬與珍珠比喻」之前的未翻譯出來的《聖經》經文「不要把聖物給狗」的內在意含發揮出來了。

我們再來談談未翻譯出來的部分，《聖經》說豬會「轉過來咬你們」，〈世尊布施論第三〉未予翻譯，卻另外自行多添加了一些文本——比原文多出來的譯文，這代表了翻譯者的自我詮釋：「此辛苦於自身不周遍，卻被嗔責，何爲不自知？」勉強要將此句與《聖經》牽上關係，可以說「被嗔責」指的是被那些不接受福音

〔註58〕〈馬太福音〉15：21～28 耶穌離開那裏，退到推羅、西頓的境內去。有一個迦南婦人，從那地方出來，喊著說：「主啊，大衛的子孫，可憐我！我女兒被鬼附得甚苦。」耶穌卻一言不答。門徒進前來，求他說：「這婦人在我們後頭喊叫，請打發她走吧。」耶穌說：「我奉差遣，不過是到以色列家迷失的羊那裏去！」
那婦人來拜他，說：「主啊，幫助我！」他回答說：「不好拿兒女的餅丟給狗吃。」婦人說：「主啊，不錯，但是狗也吃牠主人桌子上掉下來的碎渣兒。」耶穌說：「婦人，你的信心是大的！照你所要的，給你成全了吧。」從那時候，她女兒就好了。

〔註59〕參 The NIV Study Bible, Zondervan Bible Publisher,Grand Rapids, Michigan, 1985, p.1508.

者，反咬你一口，還指責你。整句話大致上的意思是：這樣傳福音的作爲不完備，自己辛苦還受責罵，怎可不知？──事實上，這樣的翻譯在《聖經》中是沒有的，這句話甚至可視爲〈世尊布施論第三〉翻譯者對《聖經》新約〈馬太福音〉第七章 6 節的注解：他想對中國的讀者說明，爲什麼不要將珍珠給豬？**亦即譯者除了翻譯之外，他還兼任注釋者的職務。**

如果我們用對應的觀點來看這一段翻譯，顯然把注釋放進翻譯之中是不恰當的，於是注釋者彷彿變成了和耶穌一樣的地位：其注解攪進了耶穌的「登山寶訓」之中，成爲「登山寶訓」的一部分，於是注釋者不僅成爲書寫者（像馬太一般），也成爲被書寫的那位發言者，成爲所有福音書寫的中心，也成爲福音書寫能夠存在的最終理由──那位神的兒子耶穌基督。福音書的翻譯，如果原文是在耶穌的話語當中（如此處〈世尊布施論第三〉所翻譯的「登山寶訓」），翻譯者所處的地位就極爲敏感，一切的引申、衍繹與注解，都會產生篡位效應：翻譯者自己的話語，會變成耶穌的話語。在沒有原文《聖經》對照參考的情況下，初初接觸基督教的讀者不知情地閱讀到此特殊版本的《聖經》，接收到被修改過的耶穌的教導，或者相信耶穌未曾說過的話語。

但是我們也可以從另一個觀點來看這一段翻譯者的自我詮釋。如果之前他的翻譯就是在豬與珍珠之間加進入遼人這樣一個新因素，那麼不翻譯爲咬人而譯爲「被嗔責」反而是恰當的，其語言的內在邏輯是一致的，可視爲在中國的翻譯者對於耶穌話語的一種獨特的理解與詮釋。而不同的理解與詮釋帶來不同的翻譯，或者說新的理解與詮釋帶來新的翻譯。薩伊德（Edward Said）認爲在國際環境中不同文化語言之間的影響，創造性借用和挪用範疇以及觀念和理論，從一處向另一處的傳送，這樣的旅行可分爲四個階段：「首先有一個起點，或看上去像起點的東西，標誌某個概念的產生，或標誌某個概念開始進入話語的生產過程。其次，有一段距離、一段旅程、一段概念從此至彼地移動時的必經之路。這段旅程意味著穿越各種不同的語境，經受那裡的各種壓力，最後面目全新地出現在一個新的時空裡。第三、移植到另一個時空的理論和觀念會遇到一些限定性的條件，可稱之爲接受條件，也可稱爲拒絕條件，因爲拒絕是接受行爲不可分割的組成部分。這些條件使人可以引進和容忍外來的理論和觀念，不論那些理論看起來多麼怪異。第四、這些充分（或部分）移植過來的（或拼湊起來的）概念，在某種程度上被它的新用法以及它在新的時間和空間中的新位置所改變。」〔註 60〕。

〔註 60〕參薩伊德 Edward Said，《世界，文本，批評家》"The World, the Text, and the Critic",

　　《聖經》〈馬太福音〉第七章 6 節就是一個起點，耶穌警告門徒和信徒在傳講福音時所當注意的事項。很有趣的是這段「登山寶訓」談論的是對於故意不信且抵擋福音的人，不必費事傳福音給他們，然而問題是：誰是那些不識珍珠的豬？總是要先接觸了才知道，有時又未必立即知道（亦即有人是起先拒絕，後來接受的──而且通常的狀況是如此），於是無論是可能接受福音、或不可能接受福音的人，宣教的人都必須一直保持接觸，因為我們永遠不可能知道是否會有一個信仰的臨界點，一旦突破，人就會接受福音。所以從這樣的觀點來看，就沒有所謂的不識珍珠的豬，而只是早識與晚識的差別而已，除非他抗拒到死。理論上雖是如此，然而實際上做這樣的判斷依然是可能的，著名解經家卡森（D. A. Carson）說：「耶穌使用隱喻的語言來命令他的門徒，不要把屬靈眞理最豐富的部分跟那些持續邪惡、不負責任和不感恩的人分享，正如珍珠不會得到殘暴的野獸的欣賞，只會激怒他們使他們變得危險〔註61〕。」

　　無論如何，景教進入中國了，穿越了許多的語境（希臘文、敘利亞文加上漢語），而它所經歷的眞正旅程，還不只是從敘利亞、經過波斯、到達中國數千公里的時空，而是語言的旅行──跨語際實踐的翻譯行爲。景教進入中國時，《聖經》的一小部分文本在翻譯成漢語的過程中，一方面受限於漢語語境的文化影響，另一方面則是翻譯者對這些文本的理解與企圖，因爲是部分文本之故，或許因爲讀者看不到《聖經》的全貌，於是翻譯者有一個企圖：希望能將《聖經》的意思更全貌地表達出來。換句話說，由於僅僅翻譯《聖經》的部分文本，因此對於唐代當時的讀者而言達到詮釋循環般地理解是不可能的，牛津學者伊戈頓（Terry Eagleton）指出：「試圖將文本的每項因素調和成完整的整體，其過程一般稱爲詮釋循環（hermeneutical circle）：個別特點得根據全文的角度才可理解，而且通過個別特點才可理解全文〔註62〕。」就是這樣的條件限制與譯者的企圖才出現了以「遼人」作爲翻譯的中介企圖更加全面傳達〈馬太福音〉第七章 6 節的意義。

　　在對〈馬太福音〉第七章 6 節的翻譯當中，我們發現〈世尊布施論第三〉的譯者由於所處時空的新位置，運用當時的民族文化中的種族意識，創造性地翻轉

Cambridge：Harvard University Press, 1983，頁 226～227，轉引自劉禾，2002，頁 111～112。

〔註61〕卡森，《主耶穌與神的國度》（The Sermon on the Mount：An Evangelical Exposition of Matthew 5～7）（美國麥種傳道會，2003），頁 176。

〔註62〕伊戈頓，《文學理論導讀》（Literary Theory—An Introduction），（台北書林出版，1993），頁 97。

且更加全面地詮釋了這一段《聖經》文本（歧視邊人，也挑起了希伯來民族歧視推羅、西頓、迦南婦人或外邦人的文化）——從這點來看，可以知道翻譯者嘗試把唐朝當世的文化因素加在翻譯的表達之中，目的應該就是希望使讀者能夠更容易和全面地理解《聖經》經意——當然，我們不能否認也有誤導的可能，或者我們可以說這是採取讀者需求導向的翻譯策略所導致的結果。

第四節　讀者需求導向的翻譯策略

我們現在來看引文 3.的分析：

> 從一（神）乞願，打門他與汝門（開），所以一神，乞願必得，打門亦與汝開。<u>若有乞願不得者，亦如打門不開，爲此乞願，不得妄索，索亦不得。</u>自家身上有者從汝，等於父邊索餅即得，若從索石，恐畏自害，即不得；若索魚亦可，若索蛇，恐螫汝，爲此不與。作此事，亦無意智，亦無善處，向憐愛處，亦有善處。向父作此意，是何物意？如此索者，亦可與者，亦不可不與者，須與不與，二是何物？兒子索亦須與，一（神）智裡，無有意智，亦無意智處，有善處有罪業處，不相和。在上須台舉，亦不須言。<u>索物不得，所以不得，有不可索，浪索不得。</u>你所須者，餘人索；餘人（所）須，亦你從索。餘人於你上所作，你還酬償。（對照太 7：7～12）

（《聖經》和合本）你們祈求，就給你們；尋找，就尋見；叩門，就給你們開門。因爲凡祈求的，就得著；尋找的，就尋見；叩門的，就給他開門。你們中間誰有兒子求餅，反給他石頭呢？求魚，反給他蛇呢？你們雖然不好，尚且知道拿好東西給兒女，何況你們在天上的父，豈不更把好東西給求他的人嗎？所以，無論何事，你們願意人怎樣待你們，你們也要怎樣待人，因爲這就是律法和先知的道理。

我們一比較就可以看出〈世尊布施論第三〉多了一些經文：「若有乞願不得者，亦如打門不開，爲此乞願，不得妄索，索亦不得。」以及：「索物不得，所以不得，有不可索，浪索不得。」比《聖經》多出來的兩段意思相近，都是說明禱告不得應允背後的原因，而這些原因是《聖經》在此處未予以說明的。

《聖經》沒有的，〈世尊布施論第三〉多了；而《聖經》有的，〈世尊布施論第三〉又加以濃縮。〈馬太福音〉七章 8～9 節說了三件事：祈求、尋找、叩門；〈世

尊布施論第三〉的譯者則只翻譯了祈求、叩門（乞願、打門），好像〈世尊布施論第三〉認為少了「尋求」無關宏旨，似乎「祈求、叩門」已包含了「尋求」的意思在其中（事實上我們知道祈求是希望上帝施恩，我們的願望達成；叩門是上帝對禱告有回應；而尋求乃是信徒嘗試明白上帝的旨意──中間是有差別的）。耶穌基督此處的教導重在信徒必須自己與上帝建立關係，以及上帝對信徒的慈愛關心和信實（上帝一定會回應祈求禱告）。

然而在這些之外，〈世尊布施論第三〉似乎更加關心如果祈求、叩門之後卻得**不到回應，該如何解釋的問題**。亦即《聖經》此處重點在以正面的肯定宣告上帝信實的重要屬性，〈世尊布施論第三〉則以反面的顧慮提出信徒內心的疑惑。

〈世尊布施論第三〉譯者的用意，我相信是因為他們知道唐朝的這些新進信徒或初接觸基督教的讀者，在實際應用這一段《聖經》經文時，會遭遇到困難，亦即神的信實似乎並不如耶穌自己說的那般篤定。很多時候、或者更多時候是求而不得的，那又該怎麼解釋？譯者給了一個答案，也就是不能妄索或浪索，意即祈求禱告要得到正面回應，必要條件是合理與不過份的祈求，而這「合理性與不過份」則是建基在上帝的認定或祂的旨意上。所以下邊的翻譯說：「自家身上有者從汝，等於父邊索餅即得，若從索石，恐畏自害，即不得；若索魚亦可，若索蛇，恐螫汝，為此不與。」亦即信徒的禱告祈求，最後的決定權在上帝，而上帝決定的標準在於此事對信徒是否真正有益處（或害處）？**真正的知識在上帝手中**，信徒（或人類）並不真知什麼才是對自己有益的──在經濟學裡，人類追求自我最大「真實」幸福的定義被改寫。信仰的經濟學中，最多資源並不能保證最大幸福，獲得最大幸福的捷徑，是從明白遵行上帝的旨意（真知識）才能到達。

再進一步推論，一個真實有益的祈求禱告，事實上不是自己心願的完成，而是上帝旨意的尋求與完成。這樣的意思，或者說這樣翻譯的真正內在邏輯很弔詭是與我們上文所討論的（〈世尊布施論第三〉所關的）〈馬太福音〉第六章中的〈主禱文〉相呼應：「願你的旨意行在地上，如同行在天上。」（太6：10）我們可以大膽猜測譯者利用〈主禱文〉中的一句，來詮釋與平衡同屬「登山寶訓」的這一個應許。

反觀《聖經》原意，則一直強調上帝的正面善意，完全不擔心上帝不回應，似乎所有的狀況都是上帝善意的對待：祂是一位充滿善意的上帝。耶穌似乎要信徒全然地相信上帝，不僅應允，且給的一定是最好的：重點在信徒對上帝的信心。對於擁有《聖經》全譯本的讀者而言，這一段《聖經》的反面意思，亦即〈世尊布施論第三〉所強調的部分，他們是不必擔心的，因為他們可以從事更全面的理

解，亦即部分到整體，整體再回到部分。

但是對於唐代中國的讀者，我不得不再說一次，〈世尊布施論第三〉的譯者非常顧及中國唐朝的這些新進信徒或初接觸基督教讀者的需要，因爲他們沒有《聖經》的全體文本作爲參考系統，他們擁有只是這一份文獻《一神論》，頂多再多一篇《序聽迷詩所經》。就《聖經》的翻譯而言，連斷簡殘篇都稱不上，更談不上詮釋《聖經》時的三個重要原則：詮釋循環（從整體到部分，再從部分返回到整體，尋找理解意義的統一性〔註63〕），上下文的關係（緊接的、臨近的與遠處的）；與經文間的互相參照，找出適當關係的串聯。所以譯者就自作主張替讀者設想，然後提問，接著回答，一氣呵成，幾乎看不出不是譯文。雖然還想跟隨《聖經》的脈絡（所以仍然使用相同的比喻，求魚、求餅），但是整個文本的發展已隨著「若有乞願不得者，亦如打門不開……」的假設性問題，分爲兩條脈絡：《聖經》原來的脈絡（強調「堅定的信心」，變不穩定了）與隱隱然有取代《聖經》脈絡的另一文脈（真實的知識、上帝的主權）。

在〈世尊布施論第三〉這樣的翻譯當中，再次看到表面上的相似性，但在文本的內在意義底層，整個座標系被位移了：從「必得」到「不得」，從「神的慈愛」到「人的無知與神的主權」。

我們看到的〈世尊布施論第三〉的翻譯原則，絕不是一對一忠實對應地譯出過程，而是根據特殊讀者群體的需要，依照譯者的自我判斷，或縮簡、或增添，甚至於重新書寫，爲了要讓不熟悉基督教教義的讀者，可以在極其有限的篇幅中，得到（相對上）比較整體與全面的教導。換句話說，其翻譯策略是極其讀者需求導向的。我認爲此即景教碑文說的：「詞無繁說，理有忘詮」的翻譯原則的運用。

接下來我們分析第1.段引文：

> 莫看餘（人）罪過，唯看他家身上正身。自家身不能正，所以欲得
> 成餘人，似如樑柱著自家眼裡，倒向餘人説言：汝眼裡有物除卻。因合
> 此語假矯，先向除眼裡樑柱，莫淨潔安人似苟言語。（對照太7：1～5）

（《聖經》和合本）你們不要論斷人，免得你們被論斷。因爲你們怎樣論斷人，也必怎樣被論斷；你們用甚麼量器量給人，也必用甚麼量器量給你們。爲甚麼看見你弟兄眼中有刺，卻不想自己眼中有梁木呢？你自己眼中有梁木，怎能對你弟兄說：『容我去掉你眼中的刺』呢？你這假冒爲善的人！先去掉自己眼中的梁木，然後纔能看得清楚，去掉你弟兄眼中的刺。

〔註63〕參加達默爾，1993，頁382～3。

　　這裡的「餘人」就是他人、別人的意思。我們再次看到〈世尊布施論第三〉的譯者修改《聖經》原文的作法，耶穌說這段話原來的意思是：「反對那種僞善和審判的態度——爲要提高自己而貶低別人。但祂並不是一概而論反對所有批判思考，只是要我們作出分別〔註64〕。」亦即重點在提高自己而貶低別人的僞善和審判的宗教態度（假冒僞善，對等譯字：Under-judger，hypocrite）：你如此對待人，上帝也將如此對待你。要修正這樣的宗教態度的最後原因是：上帝的審判。

　　但到了〈世尊布施論第三〉卻把不要論斷人的理由說成你自己本身正不正的問題，把一個態度的問題，轉變爲道德資格的問題，於是把《聖經》中〈馬太福音〉第七章1～2節的經文「……免得你們被論斷。因爲你們怎樣論斷人，也必怎樣被論斷；你們用甚麼量器量給人，也必用甚麼量器量給你們」全被省略掉，取而代之的是：「唯看他家身上正身。自家身不能正，所以欲得成餘人」，我幾乎可以相信譯者是有意作這樣的修改，把這一段經文限定在倫理學的範疇中：「論斷」成爲人與人之間的問題，而不討論宗教體系裡「被論斷」所隱含的神學問題。但是我們知道耶穌在《聖經》中強調「論斷」此一行爲的倫理道德根據是在上帝，所以說：「你們用甚麼量器量給人，也必用甚麼量器量給你們」這當中少了一個主詞「上帝」——上帝是那個最後使用量器量人、是公義的源頭、是人類所有行爲的終極審判者。然而耶穌也不是完全不要人作判斷，下文〈馬太福音〉第七章第6節豬與珍珠的比擬，事實上就是一種高度針對人的判斷，卡森說：「幾節經文以後，主耶穌自己就暗示某些人有如豬狗一般——這裡肯定是某種負面的判斷……如果我們理解了翻譯成論斷的這個希臘文的語意範圍，這裡的許多困惑就可以迎刃而解了。論斷可以表示辨別公平的審判或（不客觀、帶有成見的）論斷、定罪（司法上的或其他方面的）……必須從上下文表明這節經文的意思是：不要（不客觀、帶有成見的）論斷〔註65〕。」

　　〈世尊布施論第三〉的翻譯修改不算嚴重，事實上討論至此，譯者爲何修改《聖經》原文的動機愈來愈清楚了。一個可能的解釋是：阿羅本認爲《聖經》的意思可以直接跳到論斷者自身正不正的問題——亦即論斷者不正確的態度才是這段經文的重點：「唯看他家身上正身。自家身不能正，所以欲得成餘人，似如樑柱著自家眼裡，倒向餘人說言」——換句話說，也就是卡森所解釋的「不要（不客觀、帶有成見的）論斷」，我相信譯者認定此點是耶穌教導的重點所以才有濃縮式

〔註64〕靈修版《聖經》（Chinese Life Application Bible）1999，新約頁27。
〔註65〕卡森，2003，頁164～165。

的翻譯改寫。

　　《一神論》中的〈世尊布施論第三〉是唐朝漢語景教文獻各篇中翻譯《聖經》最多章節與篇幅的。除了我們上述所討論的「登山寶訓」的一部分（約一半）之外，還翻譯了《聖經》新約〈馬太福音〉27：50～28：20 近三十節的經文。這些經文有關的內容是：耶穌釘死的景象、財主約瑟（翻譯為姚霄）安放耶穌於新墓、次日巡撫派兵封石妥守（27：50～64）；耶穌死裡復活、婦女報信、祭司長和長老捏造謊言（28：2～20）。其中有幾點可資注意：一、〈世尊布施論第三〉的翻譯將〈馬太福音〉28：5～15 的兩個事件次序顛倒，亦即捏造謊言在先、婦女報信在後，為什麼？二、又為什麼是翻譯這些《聖經》經文，而不是其他的經文？

　　我們先來看看〈世尊布施論第三〉的這一段譯文：

> 　　此飛仙所使世尊，著白衣喻如霜雪，現向持更處，從天下來。此大石在舊門上，在開劫，於石上坐，其持更者，見狀似飛仙，於墓田中來，覓五陰不見，自曰遂棄墓田去。（對照太 28：2～4）

> 　　當時見者，向石忽人具論，於石忽人大賜財物，所以借問逗留，有何可見，因何不說？此持更人云：一依前者所論，彌師訶從死起亦如前者說。（對照太 28：11～15）

> 　　女人等就彼來處依法，石忽人於三日好覓向墓田，將來就彼，分明見彌師訶發途去，故相報信向學人處。喻如前者女人於天下寄信，妄報阿談，因有此罪業向天下來。喻如女人向墓田來，彌師訶見言是實，將來於學人就善處，向天下來，於後就彼來將信去也。（對照太 28：5～10）

第 2.段經文即〈馬太福音〉所謂：「他們去的時候，看守的兵有幾個進城去，將所經歷的事都報給祭司長。祭司長和長老聚集商議，就拿許多銀錢給兵丁，說：你們要這樣說：『夜間我們睡覺的時候，他的門徒來，把他偷去了。』」在這裡〈世尊布施論第三〉的翻譯稍作調整，不像《聖經》不厭其煩再述說一次，只說「一依前者所論」。因為此處祭司長和長老（石忽人）教守兵的捏造謊言在〈馬太福音〉二十七章已說過，而〈世尊布施論第三〉在約瑟埋葬耶穌之後，也同樣翻譯過這段：「石忽人使持更守掌，亦語彌師訶有如此言，三日內於死中欲起。莫迷！學人來是，汝靈柩勿從被偷將去，語訖似從死中起居〔註66〕。」因此翻譯者讓持更人回答眾人對耶穌死而復活的疑問，就用前述的門徒偷竊為說詞：作一次**省略**的翻譯。

　　這裡有幾個有趣的東西值得注意。一、學人，作為耶穌「門徒」的翻譯，與

〔註66〕翁紹軍，1995，頁 140。

《論語・憲問篇》古之、今之「學者」的意思接近，即學習之人，然而在此之前少有此用法；二、〈世尊布施論第三〉對耶穌後事的一些細節翻譯，顯然與猶太人文化有差距。三、為什麼第 2.、3.段經文要互換？

我們來看〈世尊布施論第三〉翻譯約瑟埋葬耶穌的經文：「姚霄（即 Joseph 約瑟）……向新惊布裏裏，亦於新墓田裡，有新穿處擘裂。彼處安置大石蓋，石上搭印」，沒錯！猶太人在山洞中埋葬死人（作過屍體處理，包括洗淨身體，以油和香料膏抹，然後用細麻布包裹起來），就像此處耶穌被放置在新鑿的山洞中（作為墓穴），但是只用細麻布裹屍，並沒有棺材埋葬之事。根據考古的結果，在耶穌當世，耶路撒冷與耶利哥城的巖洞墓穴有兩種類型：一是勒骨里型，一間巖室（中間通常有一個坑），三面牆上鑿出幾個壁龕；二是阿可索里亞型，在巖石中挖出一個檯子，把屍體放在上面——耶穌的墳屬後者，並無靈柩棺木可言〔註 67〕。所以聖經一直強調的是「把『他』偷去了」（隻字未提靈柩棺木），但是〈世尊布施論第三〉裡卻變成「靈柩勿從被偷將去」——不能否認這是文化上的差異所造成的誤解，在翻譯上很清楚地呈現出來。然而即使如此，也並不妨礙傳遞耶穌復活的信息。

就第三個問題而言，如果我們只單單閱讀〈世尊布施論第三〉，根本不可能知道翻譯文本與《聖經》原文比較過後第 2.3.段對調了。我們分析《聖經》的書寫邏輯，〈馬太福音〉之所以會先描述想來處理耶穌屍體的婦女們的反應，是因為記載了天使對婦女說了一番話，於是婦女們急忙向門徒報信，回過頭來才描述守衛也去向祭司長報告——在敘述脈絡上順理成章。但到了〈世尊布施論第三〉，則省略了天使對婦女說話的情節，只記載了守衛目睹天使降臨，且發現屍體消失無蹤，於是慌忙奔逃——所以立即接著描述守衛與祭司長的陰謀，也就沒有唐突之處。然後接下來再補述婦女獲知耶穌復活，興奮地去向門徒報告好消息的經過。

其實這兩件事的發生順序是同時間的，一起進行的。我們來看〈馬太福音〉28：11 希臘文原文（連接詞，此處作「並且」解）的英文直譯是 "And-（as）they were going"，亦即婦女去報信之際，守衛同時也去報告所見之事〔註 68〕。我相信譯者會調換《聖經》的段落順序，原因在於簡省的翻譯改變了敘述的行進方向，我們看到前面所討論的《序聽迷詩所經》的翻譯策略再次出現，發現其書寫者並不想作一個忠實的翻譯人，而是因其宣教的需要，適時地「譯寫」經文。

〔註 67〕參約翰・鮑克 2000，頁 362～363。
〔註 68〕參 The New Greek-English Interlinear New Testament（新希——英對照新約聖經,第四修訂版希臘文新約聖經/NRSV 英文聖經）頁 116。

「譯寫」經文的情形在此處〈世尊布施論第三〉的第三段經文中更加突顯，因爲我們看到一段在《聖經》上找不到的經文：「喻如前者女人於天下寄信，妄報阿談，因有此罪業向天下來。」這一段多出來的經文甚爲難解，從《聖經》或〈世尊布施論第三〉的前後文都找不到所謂的「前者女人」、「於天下寄信，妄報阿談」究竟所指爲何。

倒是「阿談」一詞〈世尊布施論第三〉之前出現過四次，都在同一段經文中，相當密集。這一段經文約三百五十字，是在耶穌被抓交付審判之後、釘死十字架出現四大神蹟之前，提及爲何被釘死的神學理由。然而所言相當隱晦，也不易明白。其中說到亞當夏娃吃分別善惡樹果子之事，也提到耶穌將像羔羊一樣犧牲〔註69〕，在這當中四次用到「阿談」：其中二次可能表示誣陷者（大祭司一幫人）的謊言胡說，另外二次用法稍有差異，爲複合名詞「阿談種性」，全出現在敘述「耶穌將像羔羊一樣犧牲」的後面，似乎已更加擴大其語意，指謊言之輩、罪孽之人。

但是即使我們如此對照參考「阿談」的解釋，依然無法解開「前者女人」、「於天下寄信，妄報阿談」如謎一般的句了──但顯然可以推論出之前發生過一些事，應該是有關一些婦女亂報信息，胡說八道一通的事件，但是究竟詳情如何已不可知。一般而言，傳統的說法將〈世尊布施論第三〉看作是從敘利亞原文翻譯過來的經典，由於〈世尊布施論第三〉的敘利亞原文版本如今已不可見、也不可考，其中有關〈馬太福音〉的翻譯部分，在對照《聖經》之後，竟然發現有多出來的敘述，這個句子不但找不到出處，也不知其所指爲何：**成爲漢語《聖經》翻譯史上的一個黑洞，漢語景教文本歷史上的一個不可知的句子，一段消失的軼事。**

從這樣的分析來看，我們更進一步可以肯定之前對於《序聽迷詩所經》的翻譯問題所下的結論，亦即〈世尊布施論第三〉的譯者所做的工作，某些時候更接近**譯寫**，甚而**創作**，而非忠實的翻譯。

我們現在來解決上面所提的第二個問題，亦即在各篇唐朝漢語景教經典中，《一神論》裡的〈世尊布施論第三〉翻譯的《聖經》經文最多，於是我們不禁要問：爲什麼翻譯的是這些經文，而不是其他的經文？所翻譯的這些經文有什麼特

〔註69〕〈世尊布施論第三〉此處説：「唯有羊將向宰處去，亦無作聲，亦不唱喚作，如此無聲。於法當身上，自所愛以愛汝，阿談種性輸與他」（翁紹軍，1995，頁 139）──顯然引自舊約《聖經》〈以賽亞書〉53：6～7：「耶和華使我們眾人的罪孽都歸在他身上。他被欺壓，在受苦的時候卻不開口（或作：他受欺壓，卻自卑不開口）；他像羊羔被牽到宰殺之地，又像羊在剪毛的人手下無聲，他也是這樣不開口。」即預言後來的耶穌基督將以如此形式受死。

殊重要性？

翻譯者在新、舊約《聖經》共六十六卷書中「選擇」翻譯這幾段經文，我相信一定有特殊原因。而這特殊原因代表一個特定的神學觀，亦即一個景教（**基督教**）的初信者或接觸者想要對此信仰有一個概括的認識，**他應該知道些什麼**？對於《一神論》的書寫者而言，「獨一無二的真神」（在〈喻第二〉中闡明）以及「人的靈魂與神的關係」（在〈一天論第一〉說明）是首要的神學；而對於翻譯《聖經》的宣教士而言，他顯然認為《聖經》中最基要的基督教真理就是「耶穌基督的教導」與其「死裡復活」此一事件，於是〈世尊布施論第三〉選擇翻譯了「登山寶訓」（〈馬太福音〉6：2～7：14）與耶穌復活前後的詳盡過程（〈馬太福音〉27：50～28：20）。

最後，我們可以再作一個小的比較：在《序聽迷詩所經》中所翻譯的《聖經》經文與〈世尊布施論第三〉偏重有何不同？就目前尚殘存的《序聽迷詩所經》中翻譯《聖經》的部分，明顯與〈世尊布施論第三〉有極大不同。《序經》幾乎是從耶穌出生、孩童時期、成年傳道，一路翻譯下來，到十字架上釘死，然後在四大神蹟處軋然而止（以下殘缺）。顯然《序經》重視的是耶穌基督一生的行傳呈現，或許這應該和經文的篇名有關：《序聽迷詩所經》學者一般認為即《耶穌彌賽亞經》〔註70〕，因為書寫定位是在耶穌的整體呈現，故有行傳式的翻譯重點與選擇。而〈世尊布施論第三〉此卷取名顯然是因為卷首翻譯〈馬太福音〉6：3～4：「世尊曰：如有人布施時……」之故，與整卷內容並無直接關連。其內容如上所論以「登山寶訓」與耶穌復活前後的詳盡過程為主——應該是譯者認為在景教的信仰中對於唐代的信徒與接觸者而言，這兩部分的《聖經》最為迫切，必須先明白救贖的恩典從耶穌基督而來，以及以耶穌的「登山寶訓」教導為基礎建立起一個新的人生倫理與價值觀。

〔註70〕從日本羽田亨博士考證《序聽迷詩所經》當作《序聽迷詩訶經》（見內藤博士還歷祝賀《支那學論叢》大正京都刊所收十五年《關於景教經典序聽迷詩所經》），後穆爾（1930，頁58～9）、龔天民（1960，頁53）、羅香林（1966，頁32）、朱謙之（1993，頁116）、朱維之、翁紹軍（1995，頁83）大致上沒有異議。僅有趙璧礎持不同意見：認為只要對照希臘文發音即可，解作《救世主中保經》——此說有二點不通：一、即我們知道唐朝漢語景教諸經典，皆為敘利亞原文翻譯過來的，不該用希臘文對照；二、為其所對照的語音皆為現代漢語，而非唐代中古音，顯示出趙氏在處理此一語音學問題的粗糙草率——現代漢語與中古音相距至少一千餘年，變化極大，根本不應該用現代漢語對照。參林治平編《基督教與中國本色化》，（台北：宇宙光出版社，1990），頁175。

第五節　漢語版《天使頌》初譯

　　幾乎所有翻譯過來的漢語景教經典，都失去了可資對照的原文版本，除了《三威蒙度讚》有敘利亞文的《天使頌》原文。在平行比較之後，我們發現《三威蒙度讚》比《天使頌》多了十行，且做了許多的調整和修改。以下我們排比 A. J. Maclean 的《天使頌》英譯〔註71〕與《三威蒙度讚》，作一比較研究：

Glory to God in the highest, (repeat three times) and on
無上諸天深敬嘆，大地重念普安和。

Earth peace, and hope good to mankind. We worship thee,
人元眞性蒙依止，三才慈父阿羅訶。一切善眾至誠禮，

We glorify thee, we exalt thee. Eternity who art from ever. Nature
一切慧性稱讚歌。一切含眞盡歸仰，蒙聖慈光救離魔。

hidden incomprehensible. Father, and son and Spirit holy. King
難尋無及正眞常，慈父明子淨風王。

Of kings, and Lord of lords, who dwellest in light glorious, whom any
於諸帝中爲師帝，於諸世尊爲法王。常居妙明無畔界，光威盡察有界疆。

man has not seen, and can not see. Holy
自始無人嘗得見，復以色見不可相。

alone, mighty alone, immortal alone.
惟獨絕凝清淨德，惟獨神威無等力。惟獨不轉儼然存，眾善根本復無極。

We confess thee, through the mediator of our blessings, Jesus Christ,
我今一切念慈恩，嘆彼妙樂照此國。彌師訶普尊大聖子，

Savior of the world, and Son of the Highest, Lamb of God living
廣度苦界救無億。常活命王慈喜羔，大普耽苦不辭勞。

Takest away sins of world, Have mercy upon us, who sittest at the right hand
願捨群生積重罪，善護眞性得無繇。聖子端任（在）父右座，其座復超無鼎高。

of the Father. Receive our request, for thou art our God, and thou art our Lord,
大師願彼乞（允）眾請，降筏使免火（大）江漂。大師是我等慈父，大師是我等聖主。

〔註71〕1892 年 A. J. Maclean 的《天使頌》英譯，轉引自吳其昱，〈景教三威蒙度讚研究〉，《中央研究院史語所集刊》57 本第 3 份，頁 417～9。

and thou art our King, and thou art our Saviour, and thou art forgiver of our sins.

大師是我等法王，大師能爲普救度。大師慧力助諸贏，Eyes of all men on thee

hang. Jesus Christ,

諸目瞻仰不暫移。<u>復與枯燋降甘露，所有蒙潤善根滋</u>。大聖普尊彌師訶，Glory

to God thy Father, and to thee, and to Spirit Holy

我嘆慈父海藏慈。大聖謙（兼）及淨風性，<u>forever. Amen.清凝法耳不思議。</u>

基本上我們知道敘利亞文的《天使頌》共十五行，而《三威蒙度讚》則是 22 行 44 句的七言詩體（除了「彌師訶普尊大聖子」爲八字一句外），二者之間的不同，並非《三威蒙度讚》多了十句這樣一個簡單的事實，其實有些句子《三威蒙度讚》是改寫，有些則是未予翻譯，換句話說，有多出的部分，有少譯的部分，也有改寫的部分。

例如 "Holy alone, mighty alone, immortal alone." 翻譯爲「惟獨絕凝清淨德，惟獨神威無等力。惟獨不轉儼然存」，可以看得出來漢語《三威蒙度讚》的版本由於是七言韻文之故，要適應這樣的語句形式，所以特別加上「絕凝，神威，不轉」三個加強性的副詞，使得這一段對神的屬性的描述更加絕對，修辭更具有說服力。

另外 "for thou art our <u>God</u>," 翻譯爲「大師是我等<u>慈父</u>」，將之前翻譯爲「阿羅訶」的 God，改譯爲「慈父」，原因不太明顯，或許是因爲要守一連三句「大師是我等」的格式，翻譯爲「阿羅訶」就八個字，破了格式。然而之後「彌師訶普尊大聖子」句，也是八個字，一樣破格，所以此處改譯爲「慈父」的原因，依然不詳。諸如這樣翻譯上並無特殊困難處，《三威蒙度讚》的譯者景淨幾乎可以隨意改動，例如 "who dwellest in light glorious"，翻譯爲「常居妙明無畔界」，然而照字面本當翻譯爲「常居榮光妙明界」。譯者之所以加入「無畔界」，乃是因爲緊接著植入了一句《天使頌》原本沒有的「光威盡察有界疆」，一方面爲了對仗，一方面爲了說明上帝的全知全能、無所不在的屬性，因此直接修改原文加入「無畔界」、「有界疆」的概念。

有時譯者景淨則對文法加以更動。很有意思的是兩處論及名詞救贖主（敘利亞文不加注元音與加注元音：prw-q-h, paroqeh, 即 Saviour）之處，均改爲動詞時態，其中 "Saviour of the world"，翻譯爲「廣度苦界救無億」，而 "and thou art our Saviour"，則翻譯爲「大師能爲普救度」，似乎景淨找不到一個有效的對譯名詞，只能以動詞的方式呈現，顯示出在唐代當時漢語中不存在「救主」這樣的觀念，又或許至少是景淨的漢語水準無法精確掌握這樣一個名詞之故，因爲一系列「大師是我等……（名詞）」的句法，實在沒有理由在這最後一句改爲動詞時態。然而

這也更加說明了景淨不具備現今傳統一對一對應式的翻譯觀念，因為如果秉持這樣的翻譯原則，幾乎不可能做如此大的更動，對這個並不困難的語句，應該是想盡辦法找到對應名詞加以翻譯出來才是。

最後一句 "forever. Amen." 是《聖經》禱詞或〈詩篇〉末尾的常用的結束句其翻譯竟為「清凝法耳不思議」，簡直可以用不可思議來形容。從原文與譯文兩句完全無關來檢視，或者說從《天使頌》這樣的翻譯的實際操作來看，景淨顯然並沒有以一對一對應式的翻譯觀念，作為其跨語際實踐的操作原則，雖然有敘利亞文的《天使頌》或拉丁文的《榮歸上帝頌》原文根據，但是**景淨似乎是將原文視為他書寫景教漢語經典的一個底本，亦即將原文當作一個基本的架構，挪用、改寫、位移、變造，給予新的韻文詩體，植入新的語句和觀念，或者另一方面根本忽視略過原文的某些語句：結果是翻譯出一篇中國式的《天使頌》**。這樣的書寫其實與《宣元至本經》以《老子》62 章作為書寫底本的原則是一貫的；另外就其翻譯的操作原則來看，與阿羅本翻譯《聖經》片斷是相通的，挪用、改寫、變造，二者比較大的區分是阿羅本翻譯《聖經》簡約省略居多，而《三威蒙度讚》則加入人量新的元素，將近三分之一。就這一點而言，對於翻譯來說是極不尋常的，因此我們更願意相信景淨原本就想以翻譯的手段，形成一個基本架構，真正的目的是書寫一篇完全屬中國漢語的《天使頌》。

下卷　唐代景教的處境化策略

第六章　景教倫理學的處境衝突

　　景教進入唐代長安，除了神學的輸入，同樣地，人與人相處的倫理規範與道德價值也一併輸入。

第一節　景教倫理學

　　在《大秦景教流行中國碑頌》文末頌詞之前，我們讀到一位帶職服事、受人敬重的景教徒：伊斯。我們來看看《景教碑頌》對伊斯的描寫：

　　　　大施主金紫光祿大夫、同朔方節度副使、試殿中監、賜紫袈裟僧伊斯，和而好惠，聞道勤行。

　　　　遠自王舍之城，聿來中夏，術高三代，藝博十全。始效節於丹庭，乃策名於王帳。中書令汾陽郡王郭公子儀初總戎於朔方也，肅宗俾之從邁。雖見親於臥內，不自異於行間。爲公爪牙，作軍耳目。

　　　　能散祿賜，不積於家。獻臨恩之頗黎，布辭憩之金罽。或仍其舊寺，或重廣法堂。崇飾廊宇，如翬斯飛。更效景門，依仁施利，每歲集四寺僧徒，虔事精供，備諸五旬。餓者來而飯之，寒者來而衣之，病者療而起之，死者葬而安之。清節達娑，未聞斯美。白衣景士，今見其人〔註1〕。

　　《景教碑頌》對伊斯的介紹大致分三段：先引介其頭銜，並下傳贊作爲總綱，

〔註 1〕翁紹軍，《漢語景教文典詮釋》，（香港：漢語基督教文化研究所出版，1995），頁66。

其次言其專長、經歷，最後則記錄其善行。

為什麼在如此重要的紀念碑上要記載一位世俗聖職人員（白衣景士）的行傳？原因可能是他不僅是景教各樣事功（建堂、博施、濟貧）的重要捐贈者，更可能是他就是立碑的贊助人〔註2〕，而另一個更不可忽視的原因則為伊斯與碑文書寫者景淨二人之間的關係，從碑文可以看出，原來伊斯是景淨的父親。

景教碑一開始書寫者景淨就記載自己的頭銜：秦尼斯坦教父、區主教兼長老亞當（景淨的教名），碑文末他又署名鄉主教耶質蒲吉之子亞當牧師靈寶。耶質蒲吉，敘利亞文作 Yazdbozed 或 Izdbuzid，其實就是伊斯亦即景淨之父。

我們來看看伊斯這位景教徒是一個什麼樣的人物？他應該就是唐肅宗時為了平定安祿山之亂，調西域諸國與大食、回紇諸部軍隊入華平亂時進入中國的。當時諸軍皆歸靈武郡太守充朔方節度使郭子儀統領。伊斯來自王舍之城，應即是今日阿姆河（Amu Daria）南岸之縛喝國（Balkh，大夏城，即玄奘《大唐西域記》卷一縛喝國條下所謂「人皆謂之小王舍城」〔註3〕），因軍功升任為郭子儀的副手：朔方節度副使。

根據伊斯與景淨之間特殊的父子關係，或許景淨在書寫父親的各樣善行之時不無溢美之詞，但是我們也不能否認其所記應該是符合景教的倫理學上的教義〔註4〕。

唐朝漢語景教文獻中最多論及倫理學者當屬《序聽迷詩所經》。《序聽迷詩所經》中提出的倫理教導主要分三部分：三事、十願、與處分事（上帝的教導）。

§景教的三事與十願

我們先來看「三事」：

> 眾生若怕天尊，亦合怕懼聖上……如有人不取聖上，驅使不伏，其人在於眾生即是叛逆。倘若有人受聖上進止，即成人中解事，並伏驅使，及作好之人，並諫他人作好，及自不作惡，此人即成受戒之所。第三須

〔註 2〕龔天民根本認為此碑就是伊斯所建造的，詳參龔天民，《唐朝基督教之研究》，（香港：基督教輔僑出版社，1960），頁 19。

〔註 3〕見羅香林，《唐元二代之景教》，（香港：中國學社，1966），頁 15 有詳細的考證。

〔註 4〕景教的倫理學或基督教的倫理學，特別注意的則是把人對神的瞭解，與神對人的要求相連起來，作為人行為的指標。聖經的倫理教訓基本上是以神為中心，艾擴特（W. Eichrodt, Theology of the Old Testament, V.2, London, 1967, p.316）說：「善的能力完全是建基在那位善者（神）身上。道德行為不能建立在抽象的善，這是行不通的。」詳參楊牧谷，《當代神學辭典》上冊，（台北：校園出版社，1997），頁 359。

> 怕父母，祗承父母，將比天尊及聖帝。以若人先事天尊，及聖上，及事父母不闕，此人於天尊得福不（丕）〔註5〕多。此三事：一種先事天尊，第二事聖上，第三事父母……眾生有智計，合怕天尊及聖上，並怕父母，好受天尊教法，不合破戒〔註6〕。

《新約·羅馬書》可說是《序聽迷詩所經》這一段經文的根據：「在上有權柄的，人人當順服他，因為沒有權柄不是出於神的，凡掌權的，都是神所命的；所以，抗拒掌權的，就是抗拒神的命，抗拒的，必自取刑罰。作官的原不是叫行善的懼怕，乃是叫作惡的懼怕，你願意不懼怕掌權的嗎？你只要行善，就可得他的稱讚， 因為他是神的用人，是與你有益的。」（羅十三1～7）。

對上帝與皇上的關係。其中我們可以看出：一、在倫理的優先順序上，孝道排在信仰上帝與效忠皇帝之後；二、似乎上帝與皇帝的地位是相當的──然而我們看到在這「三事」當中，「事天尊」置於第一的地位，且我們不能否認總是說「先」事天尊，可見在**景教的倫理學中，上帝仍然是一切關係的起點與中心**──如果敬畏上帝，就依照這樣的態度敬畏皇帝：神權是凌駕於王權之上的。所以又說：「據此聖上皆是神生」〔註7〕，甚至於上帝是君王權力的根據與來源。

我們再對照《舊約聖經》中的十誡，1~4 條都與敬畏耶和華上帝有關，第 5 條則是「當孝敬父母」，另外五條誡律也都是倫理道德行為上的規定，卻與君王一點關係也沒有。從這樣的對比看，再次印證對神的關係之外，人際的各式各樣關係中，只有與父母的關係被特殊化，賦予高度的重視，緊接在與神的關係的規範之後。如果說真是要在十誡中抽繹出人倫關係，頂多也只有「二事」：第一先事天尊，第二事父母；至於「事聖上」則是排不上的了。

我們先來看《序聽迷詩所經》十願的經文：

> 天尊說云：所有眾生返（叛）〔逆〕諸惡等，返（叛）逆於天尊，亦不是孝；第二願者若孝父母並恭給，所有眾生孝養父母，恭承不闕，臨命終之時，乃得天道為舍宅。為事父母，如眾生無父母，何人處生？
>
> 第四願者如有受戒人，向一切眾生，皆發善心，莫懷睚惡：第五願

〔註5〕原文作「不多」，然而從上下文推敲：「三事」都做到應該得極大福分才是。故知「不多」當作「丕多」才是，意即得福多，「丕」此為語詞。尚書堯典：「乂不（丕）格姦」，丕，語詞，參屈萬里，《尚書釋義》，（中國文化大學出版，1980），頁 29 注 56。

〔註6〕翁紹軍，1995，頁 90～91。

〔註7〕同上。

者眾生自莫煞生，亦末諫他煞，所以眾生命共人命不殊；第六願者莫姦他人妻子，自莫宛（怨）；第七願者莫作賊；第八（願者）眾生錢財，見他富貴，並有田宅奴婢，天〔無〕睢妬；第九願者有好妻子，並好金屋，作文證〔莫〕加祺他人；第十願者受他寄物，並將費用，〔莫事〕天尊〔註8〕。

首先要解決的問題是第一、第三願在哪裡？

各學者的說法不一。日本學者羽田亨認為第三願是勿拜偶像、守安息日，只因為怕跟當時氣燄日盛的佛教相衝突才暫闕不載。當然他之所以如此推論，前提是他認為十願就是舊約中的十誡〔註9〕。羽田亨的說法牽涉到兩個層次的問題，一是十願是否為舊約中的十誡？二是第三願的內容。

我們先來談後者羽田亨認為第三願是勿拜偶像、守安息日，其實舊約中的十誡「勿拜偶像」應該是第二誡（不可為自己雕刻偶像……不可跪拜那些像）、「守安息日」應該是第四誡。我們要問：為什麼要合第二、四誡為第三願？而漏掉第三願，真是因為怕跟當時氣燄日盛的佛教相衝突才暫闕不載嗎？我認為不可能！原因是在這之前不遠，《序聽迷詩所經》才大肆批判了造偶像、拜假神的問題，羽田亨的猜測顯然不成立〔註10〕。

雖然羽田亨的猜測不正確但是這並不構成第三願不能是勿拜偶像、守安息日的原因。然而卻也沒有強而有力的證據可以說明第三願就是勿拜偶像、守安息日唯一的理由是羽田亨認定十願就是舊約中的十誡，可是反對者（如同為日本學者的佐伯好郎）的原因卻認為十願是另有所指——《十二使徒教義》（Didache，或 The Doctrine Of The Twelve Apostles）〔註11〕中的教訓。

到底十願是舊約中的十誡，或《十二使徒教義》的教訓？目前並無定論。我

〔註8〕翁紹軍，1995，頁 92。
〔註9〕翁紹軍，1995，頁 92。
〔註10〕《序聽迷詩所經》：「無知眾生，遂造木馳眾牛驢馬等。眾生雖造形容，不能與命……眾生自被狂惑，乃將金造象，銀神像及銅像，並造神像，及木神像，更作眾眾諸畜產，造人似人，造馬似馬，造牛似牛，造驢似驢，唯不能行動，亦不語話，亦不吃食息，無肉無皮，無器無骨。令一切由緒，不為具說」，論點極清楚。翁紹軍，1995，頁 92。
〔註11〕白利諾瓦主教（Archbishop Bryennios of Nicomedia）於 1875 年在君士坦丁堡的耶路撒冷教父圖書館（Patriarch of Jerusalem's Library）發現的，於 1883 年出版，原文為希臘文。咸信此文件乃出自敘利亞，約寫於公元 65 至 80 年間，然而傳統上將之歸於第二世紀作品。另外希力德（J. Schecht）於 1899 年在慕尼黑發現的拉丁文譯本（De Doctrina Apostolorum）。

們可以來比較二者的說法：

　　羽田亨的研究結果是：十願的第二、五、六、七、八願，相當十誡的五、六、七、八、十誡。再加上第三願，對應爲第二、四誡；另外第九願（不可假見證），與第九誡對應，這樣就有八個誡與十願相符。如果我們將十願的第一句話「所有眾生返（叛）〔逆〕諸惡等，返（叛）逆於天尊，亦不是孝」視爲第一願，亦即不順服（叛逆違背）上帝的人民就是不敬畏（孝）神。這一願勉強可與十誡中第三誡對應「愛我，守我誡命的，我必向他們發慈愛，直到千代。」（出 20：6）十願從反面談，叛逆上帝就是不孝神；十誡從正面談，守神誡命的就是愛上帝的。兩者算是有異曲同工之妙。如此一來，十誡中有九條誡命與十願相對應。但是我們不要忘了，第三願與第二、四誡對應，此乃純屬羽田亨的猜測，沒有實際的證據，不能算數。因此只有七條誡命與十願對應。

　　然而問題是：如果十願就是十誡，爲什麼不完全相同？**這是翻譯的問題，還是版本的問題？**如果是翻譯的問題，那麼我們要問：爲什麼十誡會翻成像十願這樣的版本？如果是版本的問題，那麼十願的底本是什麼──是《十二使徒教義》（如佐伯好郎所認定的），還是另有根據？

　　我們先來看十願中與十誡沒有對應的幾條經文：第四、十兩願。

　　第四願（如有受戒人，向一切眾生，皆發善心，莫懷睢惡）與第十願（受他寄物，並將費用，〔莫事〕天尊）──二者確實在十誡中找不到可對應的。既然羽田亨的說法不完全，那我們轉向佐伯好郎，看看他的見解又如何？

　　佐伯好郎主要認爲十願出自初代教會時期的《十二使徒教義》。佐伯好郎以爲前三願不必討論，即前述的三事：事天尊、君王、父母；第四願至第十願則是《十二使徒教義》的教導〔註12〕。

　　但是我們要問三個問題：一、爲什麼前三願可以是三事？如果三事就是前三願，那麼直接切入說明十願即可，沒有必要在十願之外再提三事；二、況且第二願談的是事父母之孝道，第一願勉強說是事上帝，順序上與三事已然不能配合。那麼第三願又爲何？是事君王嗎？如果眞是事君王，爲什麼可以調動順序？（顯然在「三事」中，事君王的重要性高過事父母，調動順序不合經文中對「三事」的教導）；三、我們還應該分兩部分更深入地來考察佐伯好郎的說法：這前三願（三事）與《十二使徒教義》的對應狀況（如果後七願從《十二使徒教義》中出來，就沒有理由不相信前三願也應有相同出處），以及其他七願與《十二使徒教義》的

〔註12〕翁紹軍，1995，頁 92～93。

對應狀況，特別是四、十兩願，是否有可以對應的教導？

前三願或三事，是事上帝、君王、父母。我們查看《十二使徒教義》所有十六章經文，僅一處論及要敬愛上帝，亦即開宗明義論述所謂的生命之道〔註 13〕。其他各處均未提到任何有關君王、父母的經文。

至於四到十願，據佐伯好郎的研究，其對應關係為：

第四願──《十二使徒教義》1：2，2：6，7（2：7）

第五願──《十二使徒教義》2：1

第六願──《十二使徒教義》2：2

第七願──《十二使徒教義》2：2

第八願──《十二使徒教義》2：2

第九願──《十二使徒教義》2：3

第十願──《十二使徒教義》2：6（？）

然而我認為從第五到第九願都集中在《十二使徒教義》2：2～3 這兩節〔註 14〕，其內容與十誡大致相同，沒有太大問題。另外比較有爭議的是第四、十兩節。佐伯好郎認為第四節對照的《十二使徒教義》經文為：「當愛鄰人如己。己所不欲，勿施於人。（1：2）／不要恨惡鄰舍，不可睚怨。（6：7）」然而我認為與第四願原文意思相距太遠──第四願是「如有受戒人，向一切眾生，皆發善心，莫懷睚惡」，意思是景教徒或基督徒要愛人（眾生，而非僅鄰人），以善待人，不可恨惡人，對應《十》經文應該為 2：7，亦即：「你們不可恨惡人，應該勸化人，為人禱告，當捨己愛人〔註 15〕。」無論如何，我們在這一點上看到佐伯好郎的說法，比羽田亨舊約十誡好的地方是至少有相對應的經文，且都集中於第二章裡。

第十願「受他寄物，並將費用，〔莫事〕天尊」，原文何意，並不明顯（彷彿是說受人之託，寄放物品有關之事）。可是佐伯好郎認為對應《十》經文 2：6：「你

〔註 13〕第一章第二節：生命之道乃是：首先你必須敬愛上帝你的創造者；其次要愛你的鄰人如己。己所不欲，勿施於人。參 1998 陸易士（Ivan Lewis）翻譯自 extant Greek manuscripts with consideration given to the Coptic and Latin text.

〔註 14〕此二節原文英譯如下：2：2 You must not murder. You must not be adulterous. You must not molest children, you must not commit fornication, you must not steal, you must not practice magic, you must not practice witchcraft, you must not abort a child nor practice any form of infanticide. You must not covet your neighbor's possessions, 2：3 You must not commit perjury nor give false testimony, nor speak evil, nor hold grudges. 參 1998 陸易士（Ivan Lewis）翻譯自 extant Greek manuscripts.

〔註 15〕原文英譯如下：2：7 You shall not hate anyone; but some you must correct, and pray for others, and some you must love even more than your own life.

們不可起貪心，不可作榨取他人的偽善者，不可存惡意〔註16〕。」至少參考四個版本〔註17〕，我認為比較如實的翻譯是：「你不可貪心，不可斂財；不可假冒偽善，不可心懷惡意（或脾氣爆燥），不可驕傲自大。」無論是佐伯好郎或我的翻譯，實在都與第十願無關。

◎從十誡的被動到十願的主動

我們再回頭看，《序聽迷詩所經》中提出的倫理教導主要分三部分：三事、十願、與處分事（上帝的教導）。從這樣的經文結構考察，羽田亨認為十願乃舊約十誡的說法反倒更加合理，因為至少十誡與十願數目相當，保留了十願的完整性，不會產生像佐伯好郎的說法的困窘——亦即三事與前三願重疊，不知是要取消三事？亦或經文當改成三事、七願〔註18〕？佐伯好郎的說法唯一的好處只有為第四願找到可資對應的《十二使徒教義》，卻讓《序聽迷詩所經》的倫理教導整體肢離破碎。可是我們又如何解釋十願與十誡之間的參差不齊？以下再列出二者的關係：

第（一）願——第二誡
第二願——第五誡
第（三）願——？
第四願——？
第五願——第六誡
第六願——第七誡
第七願——第八誡
第八願——第十誡
第九願——第九誡
第十願——？

〔註16〕 原文英譯如下：2：6You must never be greedy, nor accumulate riches, nor a hypocrite, nor malicious, nor arrogant.此中文翻譯應出自翁紹軍，詳參翁紹軍，1995，頁93。
〔註17〕 參考的四個譯本為：1998 陸易士（Ivan Lewis）翻譯自 extant Greek manuscripts、1994 胡樂（Charles H. Hoole）翻譯自 Athenaeum of Christian Antiquity 版本、1884 希區考克（Roswell D. Hitchcock）翻譯自希臘文版本兼出版、史川德（Emily K. C. Strand）的譯本。
〔註18〕 這樣的說法也有支持者。莫菲特說：「第二部分似乎是嘗試將十誡詮釋和改動，以適合生活在中國文化中的基督徒，首先是三事……此外還有七願。」然而莫菲特並未解釋為何十願可以變成七願？參莫菲特（S.H. Moffett），《亞洲基督教史》，（香港：基督教文藝出版社社，2000），頁327。

　　如果仔細檢視，第三願原本就不詳，可以不論外，真正有問題的仍然是第四、十願。第十願又是語焉不詳，第四願依然值得再深入探討。

　　第四願「如有受戒人，向一切眾生，皆發善心，莫懷睢惡」，如果我們跳開佐伯好郎的說法，對羽田亨的意見再加以檢視，我們會發現第四願具有特殊的意義。對《新約聖經》稍微熟悉的讀者都知道，耶穌曾經歸納過神的誡命：「你要盡心、盡性、盡意愛主你的神。這是誡命中的第一，且是最大的。其次也相倣，就是要愛人如己。這兩條誡命是律法和先知一切道理的總綱。」（〈馬太福音〉22：37～40）事實上耶穌就是要基督徒愛神、愛人。很明顯地，第四願所強調的就是「愛人」。我們或許可以作一個很大膽但又僅只於是猜測的解釋——亦即第三願是「愛神」（實際內容無法得知），換句話說，《序聽迷詩所經》的作者在十願中加入了誡命終極精神的說明（用耶穌的話就是「道理的總綱」）〔註19〕。

　　這麼猜測其實是危險的，這樣就把十願放在不同的層次上來看，有的似是誡命，有的又似乎是闡揚誡命精神的。用符號學的說法即是一為誡命，一為誡命的神話系統〔註20〕。但是我們一定要注意：**十誡與十願應該是有某個程度上的差別。**十誡是上帝的十條誡命（Decalogu, Ten Commandments）〔註21〕，是從上帝發出的命令，由人來接收頒布（摩西）與遵守（全以色列民與信徒）；而十願的「願」〔註22〕，很明顯發出的主體是人本身，人類主動願意去完成信仰中的倫理要求。因此從這樣的觀點重新考察十願，我們發現新的角度：愛神、愛人可以是人之願，順服神（第一願不叛逆神）、孝順父母（第二願）也可以是人的主動意願，亦即所有原本從神發出的誡命，在《序聽迷詩所經》中被轉化了，作了一次大的轉向，成為人的主動意願。

〔註19〕事實上耶穌的總綱也未必是新約時代的想法，《舊約·申命記》6：5、〈利未記〉19：18 同樣相似的教導：〈利未記〉19：18「不可報仇，也不可埋怨你本國的子民，卻要愛人如己。」

〔註20〕可以參考羅蘭巴特對「語言與後設語言」的神話系統的理論，即〈Myth Today〉一文中 Language-object/meta-Language 圖表的說明，或者換句話說為「誡命/後設誡命」。參羅蘭巴特，"Mythologies", 1957 by Editions du seuil, Paris，1972 translated by Annette Lavers, by the Noonday press, N.Y.，頁 115。

〔註21〕十誡之名見於《舊約聖經》：〈出埃及記〉34：28、〈申命記〉4：13、10：4。

〔註22〕誡（戒）與「願」確實有分別。《序聽迷詩所經》說道：「有人受天尊教，常道我受戒，教人受戒，人合怕天尊，每日諫誤。」劉偉民認為「戒」應指「遵行天尊十項誡命的誡」，參翁紹軍，1995，頁 89～90。此處言戒（誡命），後又言願（十願），我認為二者有關，但是從命名看，確實有極細緻的分別——誡命發出者為天尊，人因怕天尊，故遵行誡命；然而十願強調人的主動性與意願。

　　景教倫理學的真實意義是：從**神的誡命**到**人的意願**，人主動願意行出誡命的要求，為的是維持與神的美好關係。這就跨越了一大步：雖然倫理的教導源自於上帝，但是人面對上帝的態度，從害怕敬畏的疏離－距離感，到主動願意的接近－親近感，亦即從神到人，又從人回到神。**景教的倫理學是以神為中心的人的道德行為規範。**

　　最有意思的是從舊約聖經十誡中的「第五誡」到十願「第二願」的敘述轉變。我們來作一個比較：

　　第五誡：當孝敬父母，使你的日子在耶和華你神所賜你的地上得以長久。
　　　　　　（出 20：12）

　　第二願：若孝父母並恭給，所有眾生孝養父母，恭承不闕，臨命終之時，乃得天道為舍宅。

　　十誡的第五誡有一個特性，亦即是《聖經》中第一條帶著應許的誡命〔註23〕。這個應許（神答應承諾之事）就是信徒可以在神所賜的地土上得享長壽，因為這是聖經中第一條帶著應許的誡命，我相信如果《序聽迷詩所經》的十願是以十誡為底本的話，這個應許絕對會讓作者特別注意到的。可是很有意思的是作者轉變了這個應許的方向，本來是在神所賜的土地上得以長久，亦即在世上長壽，然而第二願卻將場景轉換為我們死的那一刻，可以得到天堂美好的住處：**現世的土地成為天堂的住處；長壽的期待成為瀕死的願景。**上帝的應許指向地上、指向生命的延長；景教神學家的心願指向天堂、指向死後的盼望。

　　在這樣的對照之下，我不得不說十誡與十願真的是**站立在不同位置發言的結果。**十願依照宣教與教導信徒和初信者的需要，以十誡為寫作底本，但仍對十誡稍作修改，維持其一貫的翻譯原則。

　　《序聽迷詩所經》在十願之後又有許多教導。一般而言，都是針對我們應該如何對待某些特殊弱勢階層而發的：

　　　　見弱莫欺他人。如見貧兒，實莫回面。及宛（怨）家飢餓，多與食飲，割舍宛（怨）事。如見男努力與努力，與須漿。見人無衣，即與衣著。作兒財物，不至一日莫留，所以作兒規徒，多少不避寒凍。膚力見若莫罵，諸神有威力，加罵定得災鄜。貧兒如要須錢，有即須與，無錢可與，以理發遣，無中布施。見他人宿疾病，實莫笑他，此人不是自由

〔註23〕《新約‧以弗所書》6：2～3「要孝敬父母，使你得福，在世長壽。這是第一條帶應許的誡命。」說的就是第五誡。

－169－

如此疾病。貧兒無衣破碎，實莫笑。

　　莫欺他人取物。莫枉他人，有人披（被）訴，應事實，莫屈斷。有悖獨男女及寡女婦中訴，莫作宛（怨）屈，莫遣使有冤實。莫高心、莫誇張、莫傳口合舌，使人兩相鬥打。一世已求，莫經州縣官告，無知答〔註24〕。

　　大致上可以分為兩類，前半段有關弱勢者，後半段有關法律事務的處理態度。我們看到景教徒特別關懷弱者、貧兒、奴婢、傭工等階級的實際需要。飢渴的給飲食，無衣的給衣著，有金錢需求的，如果狀況允許，就當施捨；狀況不允許，也要以理勸導。對待雇傭員工應尊重，也不可有不當扣刻。一個很特別的態度是對待仇敵的方式，也要給他們豐富的供應，以便除去怨恨。

　　第二段專門談論法律事務不可冤枉人，特別是不可因著社會階層低下或資源不足而有不公平的審判行為。有一個特殊狀況就是「一世已求，莫經州縣官告，無知答」，翁紹軍認為此節相當於〈新約‧哥林多前書〉：「你們中間有彼此相爭的事，怎敢在不義的人面前求審，不在聖徒面前求審呢？」（6：1）我認為再加上6：2 就更明白了：「豈不知聖徒要審判世界嗎？若世界為你們所審，難道你們不配審判這最小的事嗎？」因此這一句不容易解釋的經文，可以如此來看：整個世界（一世）已求聖徒審判，信徒相互間有問題或衝突，千萬不可在州縣法院求審，以免失去基督徒被賦予的特殊權力，使自己陷入不知如何回答的困境。

　　僅僅是這樣兩段經文，根據翁紹軍的注解〔註25〕，《序聽迷詩所經》就引用了《十二使徒教義》（翁認為當翻為《救主之道》）、〈新約‧雅各書〉、〈舊約‧利未記〉與〈新約‧哥林多前書〉。其中甚至有聖經與《十二使徒教義》都找不到類似經文出處的，如「見他人宿疾病，實莫笑他，此人不是自由如此疾病。貧兒無衣破碎，實莫笑。」

　　如此看來，在這之前的十願，若是執意要說出於《十二使徒教義》，實屬牽強——那之後的經文又是新、舊約混合引用、改寫、編輯而成。我們寧願承認十願是以十誡為底本，攙入一些新約教義，這本是《序聽迷詩所經》的書寫原則，十願如此，此處的「天尊處分事」亦如此。

◎特殊規定：祭祀不犧牲

　　「天尊處分事」的第一教導是勸化人為善，而其中一件相當令人吃驚的教導

〔註24〕翁紹軍，1995，頁95。
〔註25〕同上，頁95～98。

是景教徒的祭祀是不能殺生的。這樣的規定在基督教的支派中並不尋常，因為在舊約中祭祀都與犧牲有關。我們先來看《序聽迷詩所經》的經文：

處分皆是天尊，向諸長老及向大小，迎向諫作好，此為第一天尊處分。

眾生依天尊，依莫使眾生煞。祭祀亦不遣煞命，眾生不依此教，自煞生祭祀，吃肉噉美，將屬詐神，即殺羊等。眾生不依此教作好處分人等〔註26〕。

《序聽迷詩所經》認為殺牛羊祭祀其實是人為了自己的好處——能滿足口腹之慾——才如此作。而神原來的教誨是不准人殺生：顯然是包括殺人和動物，而人類為了口腹之慾，藉祭祀之便，說是要祭祀神，其實是欺騙神，真正的目的卻是自己要吃。

然而，上帝似乎從未說過不准犧牲牛羊等動物作為祭祀之用。在舊約的〈利未記〉第一章到第五章說明了以色列人的五種重要祭典：燔祭、素祭、平安祭、贖罪祭與贖愆祭。其中只有素祭主要以素細麵加上乳香的祭祀〔註27〕，其他四種祭祀則一無例外，都是以動物獻祭，而且所獻的祭物還必須是最好的、沒有殘疾的。而獻祭之後的祭物，有一部分原本就歸祭司所有，這是他們重要的所得。素祭中的規定：「素祭所剩的要歸給亞倫和他的子孫。這是獻與耶和華的火祭中為至聖的。」（〈利未記〉2：10）另外平安祭又有規定：「祭司要把脂油在壇上焚燒，但胸要歸亞倫和他的子孫。你們要從平安祭中把右腿作舉祭，奉給祭司。亞倫子孫中，獻平安祭牲血和脂油的，要得這右腿為分；因為我從以色列人的平安祭中，取了這搖的胸和舉的腿給祭司亞倫和他子孫，作他們從以色列人中所永得的分。」（〈利未記〉7：31～34）

因此我們看到不僅祭祀要用動物作為犧牲品，而且祭品要分給大祭司及其家族，甚至於在新約時期這樣的祭祀仍舊進行著。《新約》上一位文士（猶太宗教學者）對耶穌說：「夫子說神是一位，實在不錯，除了他以外再沒有別的神；並且盡心、盡智、盡力愛他，又愛人如己，就比一切燔祭和各樣祭祀，好的多。」（〈馬可福音〉12：32～33）雖然耶穌提出最大的誡命是愛神及愛人，而這位對話的文士加以發揮，認為從內心發出對上帝對人的真實的愛比祭祀更加可貴。可見當時仍有祭司主持各式各樣的祭祀。

對於只注重形式的祭祀，而忽略真實對神的敬拜與對人的愛心，〈以賽亞書〉

〔註26〕同上，頁98。
〔註27〕詳參〈舊約·利未記〉第二章全部。

對此提出了嚴厲的批判：「耶和華說：你們所獻的許多祭物與我何益呢？公綿羊的燔祭和肥畜的脂油，我已經夠了；公牛的血，羊羔的血，公山羊的血，我都不喜悅。你們來朝見我，誰向你們討這些，使你們踐踏我的院宇呢？你們不要再獻虛浮的供物。……你們舉手禱告，我必遮眼不看；就是你們多多地祈禱，我也不聽。你們的手都滿了殺人的血。你們要洗濯、自潔，從我眼前除掉你們的惡行，要止住作惡，」（〈以賽亞書〉1：11〜16）先知以賽亞警告的是以色列人把獻祭當作是宗教義務，盡力完成義務即可，而獻祭儀式成為宗教形式，與現實生活疏離，於是社會中充滿了不公義：上位者欺壓百姓，滿了流人血的罪。儘管有如此嚴厲的批判，但素不素、葷不葷，從來就不是關注的重點。

什麼時候東方的基督教派如景教（聶斯多留支派）有這樣的不准殺生祭祀的規定？我相信應該是聶斯多留教派從敘利亞到波斯漸漸發展出來的規定。《十二使徒教義》第五章第二段論及許多的罪惡，其中有一項是：「不認識他們的創造者，謀殺孩童的人，摧毀上帝所造之物的人」（not knowing their Creator, murderers of children, destroyers of God's creation）〔註 28〕，或許殺生祭祀就是從「摧毀上帝所造之物」衍生出來的。

就在景教進入中國長安之前，波斯出現一位修道院院長卡斯卡的阿羅憾（Abraham of kaskar, A. D. 491〜586）。他退隱到尼西比斯的深山中，在伊茲拉山上所建立的修道院就叫「大修道院」。他根據聖經的權威和教父的傳統建立一套禁慾主義的修道規章，後來聶斯多留派教士特殊的剃頭形式，據傳就是他發明的，為的是與西方教派入侵的基督一性論者作一分別〔註 29〕。因此之故景教碑文記載「削頂所以無內情」，剃髮表示景教徒內心無私慾，這一方面代表景教宣教士以中國文化的觀點重新詮釋；另一方面，或許也代表阿羅憾的禁慾主義神學已滲透進傳入中國的景教之中了——而祭祀不以動物為犧牲品，所謂「祭祀亦不遺煞命」，不希望人們因此「吃肉噉美」的規定，或許亦與此有關。

再者，在這之前的禁戒主義（Encratites），一般而言是以亞洲最早的教父他提安（Tatian，第二世紀）為代表，有某些西方神學家非常敵視他，將他視為異端，指他提倡禁肉、禁酒及禁止行房〔註 30〕。我們不知這樣的指控是否屬實，但是無風不起浪，也許不是無的放矢，而導致後來的禁戒主義真有如此發展趨，而發展

〔註 28〕參考 Didache，1998 陸易士（Ivan Lewis），翻譯自 extant Greek manuscripts.

〔註 29〕聶斯多留派教士剃掉頭頂的頭髮留下像車輪或王冠似的光禿圓頂。有關卡斯卡的阿羅憾事蹟，參莫菲特 2000，頁 238〜241。

〔註 30〕同上，頁 79。

出類似的規定也不可知。

從「削頂所以無內情」這句話，我們知道在景教碑文中也記載了一段特別的倫理規範：

> 存須所以有外行，削頂所以無內情。不蓄臧獲，均貴賤於人。不聚貨財，示罄遺於我。齋以伏識而成，戒以靜慎爲固。七時禮贊，大庇存亡；七日一薦，洗心反素〔註31〕。

景教徒不蓄奴隸，因爲對待人無分貴賤，這背後的原因或許是：上帝創造人而且是按神的形象造人〔註32〕，因此景教徒不蓄奴隸，其實是不願羞辱神的形象。對人不分貴賤，對己則是不積蓄財物，寧可施捨給人，這一方面是聖經的教導〔註33〕，一方面也符合敘利亞東方教會的《十二使徒教義》的教導〔註34〕。幫助人其實是積財寶在天，這樣的觀念根深柢固在基督徒的心目中，死後的世界、永生的盼望，才是生命眞實的歸宿。人生終極的意義建立在上帝如何評價我的一切，而非自我意志的實現。

很有趣的是在「戒」（遵守神的誡命）之外，居然還有「齋」的規定。這可能與《序聽迷詩所經》不准殺生祭祀有關，或者與禁戒主義有關，又或者與當時佛教的盛行有關。然而我認爲最有可能的解釋是「禁食禱告」。齋雖有茹素之意，然而佛教也有過午不食之意〔註35〕，碑文中「齋以伏識而成」的意思〔註36〕指的乃

〔註31〕翁紹軍，1995，頁 52。

〔註32〕創 1：26 神說：「我們要照著我們的形象，按著我們的樣式造人，使他們管理海裏的魚、空中的鳥、地上的牲畜和全地，並地上所爬的一切昆蟲。」所以景教碑文說「然立初人，別賜良和，令鎭化海」，其中「良和」的意思即「按著神的樣式造人」，賜給人屬神的能力，可以管理天地海萬物。「良和」或許爲良知之誤。

〔註33〕〈馬太福音〉19：21 耶穌說：「你若願意作完全人，可去變賣你所有的，分給窮人，就必有財寶在天上；你還要來跟從我！」

〔註34〕《十二使徒教義》4：7～8 You must not hesitate to give, nor grumble afterwards, for one day you will face the reward of the Paymaster. Never turn away those in need, but always share all things with your brother, and never say that your possessions are your own, because if you share in eternal things, how much more in things that are temperal! 參 1998 陸易士（Ivan Lewis）翻譯自 extant Greek manuscripts

〔註35〕正午爲齋時，唐白居易長慶集卜四同錢員外題絕糧僧巨川詩：「齋時往往聞鐘笑，一食如何不食閒。」

〔註36〕穆爾認爲可翻爲：Purification is made perfect by seclusion and meditation.仍作齋戒自潔之意。一般而言學者多從此說；參穆爾（A. C. Moule），"Christians in china Before the Year 1550"，Mac Millan Co. 1930 p.38。
而吳昶興則語譯爲：他們遵守禁食的誡命，爲了治服知識。翻得有點不易明白，然而我認爲基本上禁食是對的，可是重點不在誡命，而在「禁食的態度」。參吳昶興，〈大秦景教流行中國碑白話文試譯〉，（台灣浸神學院簡訊，2001），頁 7。

是，耶穌教導門徒禁食禱告時要具備一個態度：「你們禁食的時候，不可像那假冒爲善的人，臉上帶著愁容，因爲他們把臉弄得難看，故意叫人看出他們是禁食；我實在告訴你們，他們已經得了他們的賞賜。你禁食的時候，要梳頭洗臉，不叫人看出你禁食來，只叫你暗中的父看見；你父在暗中察看，必然報答你。」（〈馬太福音〉6：16～18）「伏識」絕非治服知識，而是不使人知之意〔註37〕。「禁食禱告」是爲了專心與上帝建立關係的禱告，卻不是故意作給人看，以便博得人的尊重——景教中所有人際關係的倫理行爲並不停留在人與人之間的互動而已，一定要與上帝產生關係和連繫，因爲倫理的最終價值根源都指向上帝。

另外，根據日本學者佐伯好郎的研究，聶斯多留派有許多齋戒節期：包括四旬齋（lent）、聖徒齋（the fast of the Apostle）、聖母遷徙齋（the fast of the migration of the Virgin）、以利亞齋（the fast of Elijah）、通報節齋（the fast of annunciation）、尼尼微齋（the fast of the Nivevites）、聖母齋（the fast of the Virgin）等七種齋戒節期，全都爲禁食禱告的節期〔註38〕。

◎人只有這一生的機會

景教的倫理學中一個很重要的觀念是在《一神論》中表達出來的：

1. 如彼天下須者，此間合作；此間若不合作，至彼處亦不能作。一切功德須此處作，不是彼處作。莫跪拜鬼：此處作功德，不是彼處。一神處分莫違：願此處得作，彼處不得作。喻如作功德：先須此處作，不是彼處。布施與他物功德：此處施得，彼處雖施亦不得。發心須寬大，不得窄小，即得作寬：此處作得，彼處作不得。以此思量，毒心惡意惡酬增嫉，物須除卻：此處除可得，彼處除不可得。身心淨潔恭敬禮拜，不犯戒行：此處作得，彼處作不得。至心禮拜天尊，一切罪業皆得除免：此處禮得，彼處禮不得……。

2. 喻如人作舍，予前作基腳，先須牢固安置。若基腳不牢固，舍即不成。喻如欲作功德，先修行具戒備足，亦須知……須領一神恩，然後更別作功德……如似人無意智，欲作舍，基腳不著地，被風懸吹將去；如舍腳牢，風亦不能懸吹得。如功德無天尊證，即不成就〔註39〕。

〔註37〕在《十二使徒教義》中第八章也作了相同的宣告，甚至訂出禁食的日子。
〔註38〕參朱謙之，《中國景教》，（北京：人民出版社，1993），頁135。
〔註39〕翁紹軍，1995，頁125～7，底線是我自己加的。

引文 2.所談其實是耶穌基督的一段話：「所以凡聽見我這話就去行的，好比一個聰明人，把房子蓋在磐石上；雨淋、水沖、風吹，撞著那房子，房子總不倒塌，因爲根基立在磐石上。凡聽見我這話不去行的，好比一個無知的人，把房子蓋在沙土上；雨淋、水沖、風吹，撞著那房子，房子就倒塌了，並且倒塌得很大。」（〈馬太福音〉7：24～27）耶穌認爲的基石是把耶穌的話語和教導行出來，而此處景教的教導則是人能行出有價值的行爲，一方面是上帝的恩典與幫助（須領一神恩——即行善的能力由神而來），另一方面是所行若非上帝的教導或規定就不是功德（如功德無天尊證，即不成就）。

因此，人行善此一道德價值根源在於上帝：善的行動必須與上帝連結才有意義，上帝是人類倫理行爲的道德價值保證，但行爲的發動則在於人心，而這樣行爲的適用範疇則是這一生、這個世界——這就是引文 1.的含意。

「一切功德須此處作，不是彼處作」，所謂的「此處」，意即今世的生命；「彼處」，指死後的世界。所以對景教徒而言，人只有今生一生的生命，沒有佛教所謂的六道輪迴、投胎轉世的觀念。沒有輪迴，沒有來生，人只有一旦唯一的生命，要行善作功德，只可以在今生今世，死後進入另外一個世界（彼處），就不再有機會了。其實一直強調「一切功德須此處作，不是彼處作」的目的就是要引到一個觀念：人把握今生（此處）的機會努力進天國（彼處中那個令人嚮往的地方），如同耶穌在馬太福音說的：「天國是努力進入的，努力的人就得著了。」（〈馬太福音〉11：12）從倫理學的觀點來看，景教似乎是一個重視今生今世努力的信仰，要求即知即行的行動力；然而這一切的努力目的地卻不是今生今世，今生今世只是寄居作客的，眞正的目的是與上帝同在的天堂或天國，因此又說：「於此天下五陰身共作客，同快樂於彼天下〔註40〕。」這樣的觀念與新約聖經相同：「承認自己在世上是客旅，是寄居的。……他們卻羨慕一個更美的家鄉，就是在天上的。」（〈希伯來書〉11：13～16）

第一段引文提了七件事——功德與善行，第一是「莫跪拜鬼」，第二是「一神處分莫違」，第三是「布施與他物功德」，第四是「發心須寬大，不得窄小，即得作寬」；第五是「毒心惡意惡酬增嫉，物須除卻」；第六是「身心淨潔恭敬禮拜，不犯戒行」；最後是「至心禮拜天尊，一切罪業皆得除免」。

這裡的倫理內容包括：對獨一眞神的順服，不拜其他的假神偶像——此爲與上帝的關係；在與人的關係上，要行善幫助有需要的人。接下來四項很有意思的

〔註40〕同上，頁 122。

是都與「心」有關：要有一個寬大的心懷（包容、接納、饒恕等），除去內心的罪惡（毒心、惡意、報仇、妒嫉等），以一個聖潔的身心從事敬拜活動，最後是用最真誠的心敬拜上帝（這將帶來免除罪惡的結果）。

顯然對《一神論》的作者而言，心理因素在倫理的活動中佔有極為重要的地位，甚至於竟是主導的位置：善行的出發點在心，敬拜神的出發點也在心。倫理行為的價值標準在於上帝，但是行為的動機、能動的初始點是心，心在某個層面上反而成為一個更大、更重要的倫理活動場域。這與《聖經》的教導不謀而合：「你要保守你心，勝過保守一切（或譯：你要切切保守你心），因為一生的果效是由心發出。」（〈箴言〉4：23）

由此我們可知倫理行為的道德意義的圓滿完成的過程，人類必須：一、依照上帝的規定、旨意和話語去行；二、而我們之所以有能力力量能完成上帝的規定旨意和話語，乃是因為我們從上帝那裡得到能力和力量；三、而人之所以可以無阻礙地得到這樣的能力和力量，就有賴於心的自我調整，人的心如果可以寬大、除去罪惡、保有聖潔，與上帝之間沒有罪惡的阻隔，且因著敬拜上帝與上帝有直接的連結，那麼上帝的恩典與幫助（須領一神恩）就可以順暢進入人的生命當中，使人具有完成倫理道德行為的能力和力量。

這兩段引文大大突顯了景教倫理學的特色：一是人只有一個今生可以努力進天國（此處作得、彼處作不得）；二是人能行善（除了自己的意願與努力外），必須知道此乃神的恩典（使人免除罪惡，得到行善的能力），因為神是善的根源，是我們行善的基礎。人所行的究竟是否為善，那個判斷的最終極標準或者說審判的權力乃是在上帝。唯有從上帝而出的，才有善的可能：神是一切價值的根源。

◎回歸上帝的過程

總而言之，景教的倫理學仍舊以敬畏上帝為中心，《序聽迷詩所經》說：

> 有人怕天尊法，自行善心及自作好，並諫人好，此人即是受天尊教，受天尊戒……有人受天尊戒，常道我受戒，教人受戒，人合怕天尊，每日諫誤〔註41〕。

對自我而言，敬畏上帝（為因）、行善作好（是果），生命必須與上帝聯結在一起；對與他人的人際關係而言，上帝依然是中心，也要讓人與我一般，生命與上帝聯結，天天都要勸化人作好以及悔改認罪（每日諫誤），並傳遞福音的信息（教

〔註41〕翁紹軍，1995，頁 203。

人受戒）。人與人的關係要建立，倫理網絡要架設好，都要透過上帝，神成為一切關係的基礎與一切關係聯結的中介：這就是以神為中心的倫理學——人際關係是架構在人與神的關係之下的。其最重要的根據有三：一是我們人的生命乃神所創造及賦予的，《序經》說：「所在人身命器息，總是天尊使其然」〔註42〕，上帝創造給予人的生命，也維持人的生命，於是《序經》又說：「為此人人居帶天尊氣，始得存活」〔註43〕；二是耶穌基督乃救贖生命的根源，所以《序經》經末記載耶穌行傳而以受難、釘死的救贖計畫為主；三是神是善的根源，不透過祂無以善為，人是透過上帝得到為善的能力。《序經》中描述陷害耶穌的那些人說道：「所有作惡人，不悔過向善道者，不信天尊教者，及不潔淨貪利之人……〔註44〕」其實對於"作惡人"的幾句名詞補語，都是同義語句，作惡人即不悔過向善道者，即不信天尊教者，即不潔淨貪利之人，而真正的中心問題就是不信天尊教，就無法悔過向善道，從此衍生出一連串的罪惡。

　　因此景教倫理學的運作是一個**回歸**的努力過程：神創造人──→人因罪惡遠離神──→耶穌釘死救贖人──→人因信耶穌基督認識神──→從神得到為善的能力──→恢復與神的關係──→回歸到神。

第二節　基督教的倫理關切

　　景教既然是基督教的一支，我們就來看看一般而言基督教對於倫理學的關切可以從什麼不同的層面加以分析，這樣的瞭解有助於對景教倫理學整體的觀照。根據《當代神學辭典》的解說〔註45〕，基督教倫常可從四方面進行瞭解：一、以神為中心；二、創造；三、罪惡；四、救贖等四個觀點。基督教倫理學特別注意的，是把人對神的了解，和神對人的要求相連起來，作人行為的指標。

　　首先第一方面，我們在上文的分析裡知道，景教的倫理學是「以神為中心」的人的道德行為規範，事實上這正是《聖經》的倫理教訓。《聖經》最基本的倫理要求，就是要人效法神。舊約不斷出現的命令是：「你們要聖潔，因為我是聖潔的」（〈利未記〉11：44～45）；這與耶穌的要求是一致的，他要門徒能反映出天父的完全（〈馬太福音〉5：48；參路六36）。要達到這標準，使徒保羅在《新約》裡

〔註42〕同上，頁85。
〔註43〕同上，頁82。
〔註44〕同上，頁103。
〔註45〕楊牧谷，1997，頁359～362。

鼓勵信徒效法基督：「你們該效法神……也要憑愛心行事，正如基督愛我們，爲我們捨了自己。」（〈以弗所書〉5：1～2）。

　　第二方面，《聖經》論到「創造」的經文，亦爲基督徒倫理奠下了重要的根基。首要乃是宣告男人和女人，都是按「神的形像」（Image of God 來造的（〈創世記〉1：27），它標示出人的價值與地位；因爲神的本性就是善，按神形像創造的人，就等於具有某種天生的善惡意識。人即使不認識特別啓示，神的律也會寫在他們的心版上，透過良知的活動，人不能推諉說不知道（〈羅馬書〉2：14～15）。

　　創造論還爲社會倫理和個人倫理提供指引：人對整個創造應有的倫理原則，必須與創造者的設計配合。婚姻制度尤爲重要，根據《聖經》女人的受造記載：「耶和華神就用那人身上所取的肋骨，造成一個女人，領她到那人跟前。……因此，人要離開父母，與妻子連合，二人成爲一體。」（〈創世記〉2：22～24）成爲《新約》婚姻觀的基礎，它指出只有婚姻中的性關係，才是合法的性關係（〈馬太福音〉19：3～6；另參〈以弗所書〉5：28～31）。因此與妓女苟合，就是冒犯自己的身體，因爲身體「不是爲淫亂」（〈哥林多前書〉6：13～18）。

　　政府也是神賜下的制度，是人不應忽略的。但在某種特定情況下，個人抗拒政府命令亦被允許，這在道德上是合法的（參〈但以理書〉3：14～18；〈使徒行傳〉16：35～39）；不過人既群居，就必須有某種管理制度，這是合乎創造者旨意的：「在上有權柄的，人人當順服他，因爲沒有權柄不是出於神的，凡掌權的，都是神所命的；所以，抗拒掌權的，就是抗拒神的命，抗拒的，必自取刑罰。作官的原不是叫行善的懼怕，乃是叫作惡的懼怕，你願意不懼怕掌權的嗎？你只要行善，就可得他的稱讚， 因爲他是神的用人，是與你有益的。」（〈羅馬書〉13：1～7）。我們在上一節「景教的倫理學」裡分析「景教三事」時，知道進入中國的景教徒對於神權與君權的衝突做了某個程度的調整，下文我們將更詳細討論此一狀況。

　　第三方面，《聖經》創造論爲我們呈現出一種以神爲中心的倫理思想，《聖經》的罪惡觀卻讓我們看到，一個對人存在的困境最強而有力的分析，其中尤以人因背叛神而迷糊了道德知識，削弱了行善的意志，神人關係的破壞，以及道德判斷力混亂等等。

　　對景教而言，罪惡一方面固然源於人的罪性，另一方面也與惡魔的欺騙迷惑有關，《一神論》的〈一天論第一〉說：「眾人緣人聞有怨家，惡魔鬼迷惑，令耳

聾眼瞎，不得聞戒行〔註46〕。」因爲對魔鬼邪靈的見解，使得景教對所謂的假神偶像與拜祖先的態度，引起許多爭議。

　　第四方面，《聖經》所提出的倫理要求，從神對人的「救贖」觀點來看，也同樣要人向神的性情和行動學習，這就是記在約內的律法了。譬如，律法要求人善待奴隸，因爲以色列人在埃及爲奴之時，神也是這樣恩待他們，所以《序聽迷詩所經》說：「見男努力與努力，須與漿……庸力見若莫罵，諸神有威力，加罵定得災障。」〔註47〕。《聖經》又要求做生意的不要欺詐顧客，因爲古時人惡待以色列人的先祖，神也爲他們伸冤，這就顯出神是公義的了（〈申命記〉15：12～15；〈利未記〉19：35～36）。這同樣也是《序聽迷詩所經》在「天尊處分事」上極重視的：「莫欺他人取物，莫枉他人，有人披（被）訴，應事實，莫屈斷。有惇獨男女及寡女婦中訴，莫作怨屈，莫遣使有冤實〔註48〕。」

　　《聖經》這樣強調神的愛與公義，就是鼓勵信徒要行善。作爲與神立約的子民，有責任如此回應神的大愛，因此《序聽迷詩所經》又說：「受戒人一下莫他惡，向一切眾生，皆常發善心〔註49〕。」

　　從未來神的國度來看，也爲基督徒立下了社會倫理的目標。儘管上帝國的完全實現，還要等待大君王的突然介入，但基督已經完成祂要做的工作，祂的國度已然建立，因此基督徒就是一批蒙召，要向鄰居見證新價值、新關係的人，不論其中會有多少衝突與挑戰（〈路加福音〉4：18～19）。因此景教《序聽迷詩所經》就說：「受戒人……處分皆是天尊，向諸長老及向大小，迎向諫作好，此爲第一天尊處分〔註50〕。」「迎向諫作好」的意思就是向人作好消息（福音，使人回歸向神）與好行爲的見證。

第三節　歷史上景教引發的倫理衝突

　　我們知道，景教進入唐代長安之際，無可避免地發生了一些倫理道德上的衝突。主要的衝突對象就是最注重倫理規範的儒家，與中國當時的以儒家爲主的倫理文化產生了一些結構上的衝突，其中最爲嚴重的當屬景教對君權與政府的態度

〔註46〕翁紹軍，1995，頁128。
〔註47〕同上，頁95。
〔註48〕同上。
〔註49〕同上，頁98。
〔註50〕同上。

以及敬拜祖先的問題。

　　事實上從中國基督教歷史考察，反對者的重大理由也大多著眼於倫理的問題上。明朝萬曆年間的南京仇教案發生於 1616 年，距利瑪竇之死僅六年，由禮部尙書郎沈榷上書，理由一方面是維護儒家文化的優越性，他在萬曆四十四年五月八日及十二月連上三奏疏參核教士，標題就是：「遠夷闌入都門，暗傷王化」解釋道：「職聞帝王之御世，本儒術以定綱紀，持綱紀以明賞罰，使民日改惡勸善，而不爲異物所遷焉〔註51〕。」另一方面是治曆與祭祖問題，認爲教士所傳的曆法與《尙書》〈堯典〉〈舜典〉相牴觸；另一方面則是祭祖的問題，認爲違反儒家孝道的要求。他的奏疏說：「臣聞其誑惑小民，輒曰祖宗不必祭祀……今彼直勸人不祭祖先，是教之不孝也……何物醜類，造此矯誣，概儒術之大賊，聖世所必誅〔註52〕。」幾次上疏，不見影響。後來是因爲十二月的奏文，不僅說其有謀反之意「伏戎於莽，爲患叵測」，又說西方教士曾襲取呂宋國。萬曆皇帝經不起沈氏一干人一再上書，於是下旨驅逐宣教士出國，並且積極逮捕中國教徒，對當時的宣教工作造成不小的挫折。

　　第二次基督教教難發生於順治、康熙二帝（1659～1665）年間由新安衛官生楊光先發起，參核湯若望三大罪狀：一、潛謀造反；二、邪說惑眾；三、曆法荒謬〔註53〕。相同地也提到曆法的問題，不過這次著重點在於對政權的潛在威脅。他在《闢邪論》中針相當受順治帝眷寵的湯若望批評說：「若望借曆法以藏身金門，而棋佈邪教之黨羽於大清十三省要害之地，其意欲何爲乎？……大清因明之待西洋如此，習以爲常，不察伏戎於莽。百餘年後，將有知予言之不得已者〔註54〕。」認爲湯氏居心叵測，有謀反的意圖。雖事隔近五十年，我們看到其論述語言依然照舊（甚至襲用「伏戎於莽」四字），顯然楊氏以萬曆年間南京教案事爲鑑，希望故計重施能夠有效。當時恰值順治帝去世，康熙年幼繼位，大權操在輔政大臣鰲拜之手。鰲拜本不喜教徒，現又有楊光先鼓吹，繼而上一奏章言湯若望密謀造，反於是在康熙三年八月掀起大獄。康熙四年此案審議方定，地大震動，湯若望諸神甫因而被赦，然而任官欽天監的李祖白與其餘四名教徒均被處死，一干信徒大員如御史許之漸、皋臺許纘曾、撫臺佟國器等人均遭革職。楊光先在這場政治鬥爭中成爲最大贏家，出任欽天監監正。後乃因康熙親政，知其冤枉，才得平反，

〔註51〕參王治心，《中國基督教史綱》，（基督教文藝出版社，1993），頁 94～95。
〔註52〕同上。
〔註53〕同上，頁 119～130。
〔註54〕王治心，1993，頁 120。

楊光先遂遭革職，而原先因信教去職的數十位大員亦官復原職。

　　當然，康熙皇帝時代耶穌會士與多明尼會士之間對於在中國宣教的「禮儀之爭」，也是一個極重大的衝突點。原本康熙優待基督徒，然而當耶穌會士把祭祖與祀孔是否含有宗教性質的問題請示康熙皇帝時，卻引起了後來康熙皇帝與教皇意見衝突的政教之爭——顯然宗教權力再次威脅到政治權力——也使得康熙對基督徒的接納態度轉趨保守。

　　耶穌會士對於宣教的檔案記錄非常注重。雖然清朝初期康熙優待基督徒，可是雍正繼位後，一些官員開始指控並迫害基督徒。根據 1736 年 10 月 22 日〈巴多明神父致杜赫德神父的信〉，藉一位信徒張彼得所敘述的當時某些官員逼迫基督徒所持的主要原因為：「這一切都歸結為譴責某一宗教，在此宗教裡，男女混雜在同一地方。進這個教的人，不敬已故的父母，也不敬祖宗，不按習俗敬拜他們——這一切都與我們無關〔註 55〕。」顯然當時一般人認為教徒不嚴守男女之防，且不祭祀父母與祖先。

　　我們看到明清兩代的基督教所遭遇到的倫理問題（曆法問題並不屬倫理範疇），一般來看，**神權凌駕君權之上與不祭祖先**是最大的爭議所在。

　　事實上，唐代的景教在進入中國宣教時也遭遇到相同的倫理問題。

◎景教的政教策略

　　我們在第二章「景教文獻的解讀與綜觀」裡發現在孝親與忠君的順序這點上，與中國傳統儒家由內而外擴散型的倫理觀不符。《序聽迷詩所經》論及「三事」時說：「第三須怕父母，祇承父母，將比天尊及聖帝。以若人先事天尊，及聖上，及事父母不關，此人於天尊得福不（丕）多。」顯然事天尊與聖上的優先性被放在事父母之上，這與《大學》說誠意正心修身齊家，才能治國平天下，以及《孝經》說：「夫孝始於事親，中於事君，終於立身〔註56〕。」的主張皆有出入。

　　我認為景教《序聽迷詩所經》把忠君、怕君放在孝親、怕親之前，顯然有討好君王之意。我們從景教碑文說「道非聖不弘」，又以實際行動把皇帝像畫在教堂牆壁上，碑文又說：「旋令有司，將帝寫眞轉模寺壁，天姿泛彩，英朗景門，聖跡

〔註55〕杜赫德編，《耶穌會士中國書簡集——中國回憶錄》第三卷，（鄭州：大象出版社，2001），頁 168。

〔註56〕邢昺，《孝經注疏》，（台北：中華書局，1979），頁 2 下。

騰祥，永輝法界〔註57〕。」不僅諂媚阿諛至極，且違反景教不拜假神偶像的教義。把皇帝像公然繪於教堂壁，顯然又是另一種形式的造神運動。

不過在《聖經》中確實也有一、二處強調尊君的重要性。《新約‧羅馬書》將人民爲何要尊君的根據說出來：「在上有權柄的，人人當順服他，因爲沒有權柄不是出於神的，凡掌權的，都是神所命的；所以，抗拒掌權的，就是抗拒神的命，抗拒的，必自取刑罰。作官的原不是叫行善的懼怕，乃是叫作惡的懼怕，你願意不懼怕掌權的嗎？你只要行善，就可得他的稱讚， 因爲他是神的用人，是與你有益的。」（羅 13：1～7）。另一處尊君的《聖經》經文在《舊約‧箴言》：「我兒，你要敬畏耶和華與君王，不要與反覆無常的人結交，因爲他們的災難必忽然而起。耶和華與君王所施行的毀滅，誰能知道呢？」（24：21～22）這大概是最直接與《序聽迷詩所經》中「三事」將天尊與聖上併列有關的《聖經》經文；另一方面〈箴言〉也說：「暴虐的君王轄制貧民，好像吼叫的獅子、覓食的熊。無知的君多行暴虐。」（28：15～16）君王雖然與耶和華一起並列，但是其地位與價值卻是搖擺不定的，絕不似上帝具有終極的眞理的地位與價值。

事實上在《聖經》中，對君王的態度絕對沒有可能可以提高到與上帝比擬的地位，而且帝王的地位是遠低於神的。神是一切權力的源頭與創造者，所以《聖經》說：「因爲萬有都是靠他造的，無論是天上的、地上的、能看見的、不能看見的，或是有位的、主治的、執政的、掌權的，一概都是藉著他造的，又是爲他造的。」（〈哥羅西書〉1：16）因此就權力的製造者與分配者這點而言，神是一切權力擁有者（包括帝王）的元首：祂是最高當局的最高當局。《聖經》又說：「他是各樣執政掌權者的元首。」（〈哥羅西書〉2：10）所以神的位階是不同於帝王與一切掌權者的，祂是從上而下輻射、分配、給予權力的源頭，《新約‧以弗所書》1：21 說：「（基督）遠超過一切執政的、掌權的、有能的、主治的，和一切有名的；不但是今世的，連來世的也都超過了，」是故《聖經》勸勉基督徒要順服權力擁有者（當然也包括帝王）：「你要提醒眾人，叫他們順服作官的、掌權的，遵他的命，預備行各樣的善事。」（〈提多書〉3：1）順服的原因很簡單，因爲一切權力的來源根據——包括皇帝的權力來源——都是上帝。

但是一旦權力擁有者與神的旨意、教導有出入，或與上帝國度的計畫相衝突時，耶穌或基督的信徒會有不同的處理態度。

〔註57〕翁紹軍，1995，頁54～55。

當猶太的其他宗教領袖因為嫉妒耶穌的事功得到極多會眾的支持，於是想陷害他，就問他「是否當納稅給羅馬皇帝凱撒？」這是個兩難的問題，也是當時被羅馬帝國征服壓迫的猶太人文化特有的政治問題。他們的用意是：如果耶穌答「不」，那他們就報告巡撫說耶穌叛逆；若耶穌答說「要納稅給凱撒」，那他們就向猶太同胞控訴耶穌不忠於祖國。最後耶穌的回答是：「這樣，該撒的物當歸給該撒，神的物當歸給神。」（〈馬太福音〉22：21）耶穌不在這個問題上與宗教領袖起正面衝突，原因是上帝要藉著他完成的救贖計畫仍未竟全功，所以就以政治的歸政治，宗教的歸宗教來避開可能的迫害。

但是對耶穌而言，君權其實是當伏在神權之下的。所以在另外一處他回答門徒繳丁稅的問題時，答詞又有不同。當時他和門徒彼得到了迦百農，《聖經》記載道：「有收丁稅的人來見彼得，說：『你們的先生不納丁稅（丁稅約有半塊錢）嗎？』彼得說：『納。』他進了屋子，耶穌先向他說：『西門，你的意思如何？世上的君王向誰征收關稅、丁稅？是向自己的兒子呢？是向外人呢？』彼得說：『是向外人。』耶穌說：『既然如此，兒子就可以免稅了；』」（〈馬太福音〉17：24～26）很明顯地耶認為他自己是神的兒子，所以不必繳稅，原因就是我們前面說的，君王征稅的權力來自於神，而他是聖子、是三位一體的神，不屬君王權力管轄，反倒是其權力遠高於君王，是最高當局的最高當局，本來就該免稅的──當然這純粹是從神學的角度，來審視耶穌這位特殊人物（神而降生為人）的公民義務，才會有如此的結論。

另外當基督徒在遇到政權與上帝國度的計畫相衝突時，也會將神的要求置於君王的要求之上。彼得在耶路撒冷聖殿藉助聖靈的能力，醫好一位天生的瘸腿病患，引起數千人的圍觀聚集。當時官府、長老和文士也都在耶路撒冷聚會，甚為恐慌。《聖經》說：「於是叫了他們來，禁止他們，總不可奉耶穌的名講論教訓人。彼得、約翰說：『聽從你們不聽從神，這在神面前合理不合理，你們自己酌量吧！我們所看見所聽見的，不能不說』。」（〈使徒行傳〉4：18～20）顯然使徒們是將神權置於政權之上。

然而基督教初代教會史中，前進東方的聶斯多留支派到達中國後以景教之名進行宣教，形成了特有的宗教倫理，亦即給與帝王特別的尊重，僅次於對上帝的敬畏，甚至過於高估君王在信仰中所扮演的角色。景教碑文說：「真常之道，妙而難明；功用昭彰，強稱景教。惟道非聖不弘，聖非道不大。聖道符契，天下文明〔註

〔註58〕翁紹軍，1995，頁53～54。

58〕。」我們都知道在《聖經》中的神學絕對是「聖非道不大」，反之則非。《舊約》中現今的分卷〈撒母耳記〉上下、〈列王記〉上下四卷書原是一卷書，七十士譯本（《舊約》的希臘文譯本於耶穌前三至二世紀間完成）將這四卷書統稱 1～4 Basileiai，亦即關於王國或統治的四卷書〔註 59〕，特別是〈列王記〉上下主要敘述以色列王國從建國的掃羅王、到強盛的大衛王、再到王國分裂，直至被列強併吞為止。然而其主要的史觀卻是極驚人的，學者畢森（John J. Bimson）說：「〈列王記〉的作者按任何一個王在政治或戰場上的功過去評價他們。作者唯一的判斷標準在於一個王怎樣帶領子民去敬拜神，那些持守純正敬拜的君王備受尊崇；而那些助長偶像崇拜的則受到譴責……總而言之，〈列王記〉並不是一本直述的歷史書，而是充滿著對各項事件的神學評價〔註 60〕。」

顯然地〈列王記〉的作者的意圖是解釋當時歷史的神學意義，而非記述史實。所謂的「那些持守純正敬拜的君王備受尊崇」，意即「聖非道不大」。然而上帝要彰顯榮耀的大能，只有極少時候是透過君王（如大衛王），而當君王不遵守神的誡命與教導時，上帝會讓先知、孤兒寡婦各色人等，甚至於動物（巴蘭與驢子、以利亞與烏鴉）來彰顯其作為與旨意，君王從來不是第一選擇，充其量只是一個選擇而已。因此景教碑文說「道非聖不弘」，其實與《聖經》的神學相去甚遠。

甚至君王只是耶和華上帝的工具。《舊約》說：「雖然如此，耶和華的怒氣還未轉消；他的手仍伸不縮。『亞述是我怒氣的棍，手中拿我惱恨的杖。我要打發他攻擊褻瀆的國民，吩咐他攻擊我所惱怒的百姓，搶財為擄物，奪貨為掠物；將他們踐踏，像街上的泥土一樣。然而，他不是這樣的意思；他心也不這樣打算。他心裏倒想毀滅，剪除不少的國。』〔註 61〕」亞述王成為上帝懲罰褻瀆神的國家與人民的工具，甚至於違反他自己的意志，仍然要完成上帝的計畫。

既然如此，為什麼景教宣教士景淨還是願意如此推崇君王的影響力？原因我猜測最主要仍是宣教的考量〔註 62〕。唐太宗貞觀九年（635）景教正式進入長安，得到唐太宗大力支持，在翻譯《聖經》與各經典以及建立教堂鼎力相助，對當時宣教大有幫助。且宣教士與往後諸皇帝關係良好，對景教在中國的長期發展，也具有決定性因素。如果針對這點而言，歷史的事實是景教確實因著君王的支持得

〔註 59〕詳參鄧兆柏主編，《證主 21 世紀聖經新釋》，（香港：福音證主協會，1999），頁 347。
〔註 60〕同上，頁 348。
〔註 61〕以賽亞書 10：4～8。
〔註 62〕為了宣教的原因而違背聖經的神學是否值得？我們將在〈景教宣教策略的處境化理論〉一章再論。

以在中國發展；但是景教在中國宣教是否一定要透過君王的支持與幫助，則又是
另一回事了。

　　也因爲景教宣教士保持與皇帝的良好關係，所以我們看到在政治面上宣教幾
乎沒有遭遇到任何阻礙，一開始唐太宗就給予極優渥的待遇，後繼的皇帝也秉持
相同的政策對待景教的宣教工作，一直到唐武宗時才因滅佛的宗教迫害遭池魚之
殃。不過，這也是某個程度上犧牲了其神權至上與不拜偶像的信仰原則──這在
景教的宣教事工上，究竟產生的是正面或是負面的影響？其實一直到明清兩代，
甚至於近代、現代的基督教宣教工作仍然在討論這樣的倫理處境問題──政教究
竟該如何互動？發生衝突時，是否該堅持神權的優先性與終極性？或者政教根本
上就應該分離？至少景教的宣教士已採取妥協的態度來面對這一個問題。

◎不祭祖 Vs.愼終追遠

　　另一個景教所引起的倫理爭議就是該不該祭祖的問題。不能否認地，對於生
活在儒家傳統文化中的人民，祭拜祖先是一個根深柢固、幾乎不可搖動、無可改
變的立場與觀念。然而景教早期的經典就挑戰了「愼終追遠」這個儒家相當基本
的價值觀。《一神論》說道：「莫跪拜鬼，此處作功德，不是彼處……此人間怨家，
莫過惡魔迷惑人，故便有痴騃，在於木石之上，著神名字，以是故說惡魔名爲是
人間怨家〔註 63〕。」鬼，在這裡指的就是祖先，說明白了就是不贊成祭祀祖先之
意。不祭祖的神學上的理由：一是孝順父母（《聖經》十誡的第五誡；《序聽迷詩
所經》三事的第三事，十願的第二、三願），必須在他們活的時候孝順才有意義，
死後祭祀，毫無意義；二是祭拜此一行爲是與靈界互動，然而人死後，靈魂或進
天堂、或入地獄，子孫祭拜木石的牌位，並非敬拜祖先的靈魂，反而招致惡魔與
邪靈的迷惑和欺騙。對於基督徒而言，只有一個敬拜對象，那就是獨一的眞神上
帝，所以《一神論》又說：「唯事一神天尊，禮拜一神，一取一神進止〔註 64〕。」

　　然而我們先要問：景教從波斯西來中國，發生了什麼影響？從歷史上幾乎完
全湮滅這一點來看，可以很簡單地下結論說：沒有什麼影響。然而我們相信兩百
年的宣教，不太可能沒有影響力（──只是時空離得太遠），加上二十餘篇經典的
翻譯與書寫〔註 65〕，另外還有寺滿百城〔註 66〕，也許史料文獻的記載遺留下來的

〔註 63〕翁紹軍，1995，頁 125，128。
〔註 64〕同上，頁 125。
〔註 65〕我相信《尊經》的記載絕非無所根據，或在當時其作者仍然見到三十五部經典，只
　　　　是至今幾乎全佚失了。

有限，但我們相信一定也有相當的影響力。就在唐武宗會昌五年頒布滅佛禁令後約三十年，黃巢之亂攻陷廣州之際（唐僖宗乾符五年即 878～9），據十九世紀阿拉伯人旅行家阿布賽德哈珊（AbuZaid Hassan）所著的《阿拉伯人東方見聞錄》記載，約有十二萬至二十萬的回教徒、猶太教徒、基督徒、祆教徒被殺〔註 67〕。若平均一下，基督徒（景教徒）被殺人數，光是廣州一地也有三至五萬人之譜。就人數來看，我相信景教多少留下了一些影響，就如祭祖這個問題，從目前可見的景教漢語文獻本身來看，在唐代時似乎並未如後來明清兩代宣教士所面臨的那般具爆炸性的衝突，反而只能在某些文獻中看見其所隱含的漣漪般的細微影響。

陳寅恪引用《北夢瑣言》論唐代進士劉蛻父子不祭祖的問題，引起學者羅香林的共鳴。五代孫光憲的《北夢瑣言》卷三道：「唐劉舍人蛻，桐廬人，應進士舉。其先德戒之曰：任汝進取，窮之與達，不望於汝。**吾若沒後，慎勿祭祀**……蜀禮部尚書纂，即其息也。嘗與同列言之，君子曰：名教之家，重於喪祭。劉氏先德是何人斯？苟同隱逸之流，何傷菽水之禮？**紫微以儒而進，爵比通侯，遵乃父之緒言，紊先王之舊制。**報本之敬，能便廢乎？大彭通人，抑有其說，時未喻也〔註 68〕。」

陳寅恪的解釋相當有意思：「劉蛻劉纂父子，皆以進士釋褐。蛻仕至中書舍人，纂仕至禮部尚書，所謂以儒而進，名教之家也。而累世無菽水之禮，闕報本之敬，揆諸吾國社會習俗，已不可解。據復愚（按蛻字復愚）〈復崔尚書書〉云：況蛻近世無九品之官，可以藉聲勢；及〈上禮部裴侍郎書〉云：四海無強大之親。則復愚家世姻親皆非仕宦之族可知，已足致疑於復愚氏族所出實非華夏族類，而其籍貫問題則與此點亦有關係也〔註 69〕。」劉蛻劉纂父子，雖然一脈相承都不祭祖，但是是否可以因為其家世姻親皆非仕宦之族，就推論他們非華夏族類？我認為有遽下論斷之嫌。羅香林雖稱陳寅恪的推斷「富學術研究之啓發價值」，然而長篇累牘的考證〔註 70〕，也未能為劉蛻劉纂父子的籍貫下一個定論。

我認為最好的解釋是劉蛻劉纂父子成為景教徒——誠如羅香林所論「景教為基督教最早東傳之一支，則由劉蛻父子均以『沒後慎勿祭祀』為囑觀之，殆其本

〔註 66〕明末清初一直至今都有學者對周至的大秦塔感到興趣。最近的考察有向達在 1933 年發表的大秦塔專文，與 1998 年香港中文大學學生吳昶興的〈唐朝景教大秦塔的滄桑與變遷〉一文（有最新的考古資料）。

〔註 67〕詳龔天民，1960，頁 10；羅香林 1966，頁 20。

〔註 68〕羅香林 1966，頁 78。

〔註 69〕同上，頁 78～79。

〔註 70〕同上，頁 78～84。

人或其先代爲景教信徒，不然不致與世俗相違如是也〔註71〕。」其所言甚是。

　　孫光憲懷疑或者有文獻提及「愼勿祭祀」的特異主張，只是他未得見，所以說：「大彭通人，抑有其說，時未喻也。」然而我相信這並不是他的問題，通儒如孫光憲也前所未聞，也無法理解，實則因爲這是一個全新的倫理主張，與中國一般習俗正好相反牴觸，無怪乎不可解。這一個不可解正代表了景教進入中國，帶來一個與唐朝文化脈絡具有斷裂關係的信仰體系，此一信仰體系的倫理規範與從儒家相沿而下建構起來的唐朝中原文化習俗，是無法接續上的，亦即二者之間的關係是不連續性的。

　　我們相信像劉蛻劉纂父子這樣的唐朝知識份子，一般而言──誠如孫光憲所說的──是「以儒而進」，屬「名教之家」，「先王之舊制」成爲他們行爲倫理的準則。換個觀點來看，當時的知識份子如果進入科舉制度，作爲他們主要的生涯規劃，籠統地來說，就是以儒家的經典和思想與傳統的習俗制度〔註72〕，來定位及詮釋自身的生命意義。因此當有人不是用這樣的存有意義系統來規範自身的行爲，就會成無法被理解與接受的對象（就如孫光憲無法理解），實則劉蛻劉纂父子乃是採取了一套與當時儒家傳統文化、倫理規範完全不同的信仰原則，作爲他們在面對此一習俗的行爲準則，亦即以景教的倫理原則（莫跪拜鬼）來禁止其子孫的祭祀祖先行爲。

　　爲什麼在唐代景教不祭祀祖先沒有引起傳統勢力與一般人的反彈？原因是皇帝的保護政策嗎？相對於近一千年後利瑪竇來華，深得朝廷歡心，教會勢力不斷擴大，就在他死後六年，沈榷就發起了南京仇教案，引起大獄。我們可以從唐代與明代的歷史處境（context）來分析，一方面當時的景教雖然有皇帝的保護，但是組織的發展還不夠龐大，沒形成一個足以與道教、佛教與儒家這樣鼎立情勢的抗衡勢力；另一方面唐代基本上是一個高度國際化的帝國，事實上其政府承襲隋代鴻臚寺的制度且加以擴大〔註73〕，用以處理有關外交及外來宗教事務。《全唐文》記載：「官寺有九，而鴻臚其一……臚者，傳也，傳異方之賓禮儀與其語言也……

〔註71〕同上，頁79。
〔註72〕據清顧炎武《日知錄‧科目》載：「唐制取士之科，有秀才、有明經、有進士、有俊士、有明法、有明字、有明算、有一史、有三史、有開元禮、有道舉、有童子；而明經之別，有五經、有三經、有學究一經、有三禮、有三傳、有史科，此歲舉之常選也。」其基本的考試科目不脫儒家經典。詳楊金鼎，《中國文化史大辭典》，（遠流出版，1989），頁348～349從科目條至童子科條。
〔註73〕參《舊唐書》卷四四職官志鴻臚卿條下。楊家駱主編，《新校本舊唐書》，台北：鼎文書局 1981A（）。

古者開其官署，其官將以禮待異域賓客之地……國朝沿近古而有加焉，亦客雜夷而來者，有摩尼焉、大秦焉、祆神焉，占天下三夷寺，不足當吾釋氏一小邑之數也。」〔註74〕（由此也看出，比起佛教來，景教勢力確實不足觀）。

　　顯然唐朝政府很重視處理進入中國的外來宗教事務，所以擴大主其事的機構鴻臚寺的規模。很明顯地景教傳入長安，一定經過鴻臚寺的接待；同樣地，滅佛時不只僧尼被遣還俗，景教教士也遭池魚之殃，其主管單位一樣是鴻臚寺。據會昌五年八月武宗制文：「還俗僧尼二十六萬五百人……勒大秦、穆護、祆三千餘人還俗。」這些還俗的人，據中書門下條疏聞奏：「僧尼不合隸祠部，請隸鴻臚寺。」〔註75〕全部交由鴻臚寺處理。就是因為高度包容外來事物的能力，使得唐朝時代的中國成為一個擁有國際化文化的場域。景教既然在一個最具爭議的「君權與神權」議題上採取妥協立場，未與當政者正面衝突，又處在一個具**文化高度多樣性的社會**，或許就是因為如此，使得不祭祖的爭議性的敏感度降至最低：它是一個外來宗教，它者的文化，它有一些異己的東西存在是可以理解的，可以包容的——就讓它以它自己的方式存在吧！

〔註74〕《全唐文》卷七百二十七載舒元輿作《唐鄂州永興縣重岩寺碑銘并序》。
〔註75〕楊家駱 1981A，頁 605。

第七章　景教宣教策略的處境化選擇與結果

　　景教進入中國長安曾經一度興盛〔註1〕，在兩百多年之後卻迅速沒落，甚至於完全消失，在歷史上幾乎找不到其影響力。為什麼？這一直是學者感興趣的課題。

　　有人認為主要原因是宣教未曾深入民間，龔天民說：「雖然景教努力傳道，但仍歸失敗……其中失敗最大的原因，筆者以為景教在中國沒有獲得漢人的信徒，祇成為唐代在中國居留的波斯人和西域人的宗教，以及蒙古人的宗教，故此朝代一經轉換，政府政策變動以後，景教也就首當其衝，蒙受莫大的損害了〔註2〕。」龔天民的說法，事實上只是個人的猜測，沒有歷史的證據。如果景教真的只是屬於外來移民的宗教，那為什麼景教宣教士如此努力翻譯經典為漢文？

　　江文漢的意見與龔天民類似：「他們沒有什麼群眾基礎。景教的碑文只是提到設立景寺，而沒有提到接納信徒的情況，他們的傳教範圍主要限於皇室貴族，以及在唐朝的西域商人和使臣。當地信奉景教的並不很多，景教碑文說『道非聖不弘』……景教失敗的真正原因，就在於依附政權的指導思想〔註3〕。」

　　龔、江二氏的說法，我們要作很大的保留。如果他真的相信景教碑文的記載，而且解釋正確的話，就不會如此簡化問題與過度推論。景教碑文確實沒有「直接」提到接納信徒的情況，但是在描述唐朝高宗時期的盛況時說道「寺滿百城，家殷景福」〔註4〕，這裡的家可也沒有直接說是「皇室貴族，以及在唐朝的西域商人和

〔註1〕至少在景教碑文上敘述於唐高宗時「寺滿百城，家殷景福」。參翁紹軍《漢語景教文典詮釋》，（香港：漢語基督教文化研究所出版，1995），頁58。
〔註2〕龔天民，《唐朝基督教之研究》，（香港：基督教輔僑出版社，1960），頁89。
〔註3〕同上，頁9。
〔註4〕林悟殊認為唐代景教僧到中國，與近代來華的基督教宣教士一樣，都是希望中華歸

使臣」（這樣的解釋可說是江氏的想像〔註5〕），而且我們從上下文看，更有可能是指在百城中一般信徒的家庭。碑文又說：「廣慈救眾苦，善貸被群生——我修行之大猷，汲引之階漸也〔註6〕。」在景教的慈善行動中，可以接觸許多生活困苦亟需幫助的一般民眾，這正好是他們傳教的大好時機。「汲引」的原意是導入、引導，亦即用慈善行動導引一般人讓人們認識上帝的慈愛，換句話說，就是傳福音使人認識上帝。這句話可以說把景教宣教的策略很清楚地宣示出來。我相信這裡的「眾苦」與「群生」，絕非江氏所謂的「皇室貴族、西域商人和使臣」。

林悟殊對這一點有很透徹的說明：「對於身處水深火熱的普通民眾，最好的傳教手段是救其生、恤其死，唐代的景教徒顯然明白這個道理，並且努力而爲之。不過與皇室連繫，參與國事活動，史書多有記載，後人易於考證。在民間傳教，與官方無涉，史志便多忽略，是以今人若以未見景教民間傳播的記錄爲由，便認定該教並未深入民間，就歷史實際而論，恐未必盡然〔註7〕。」

在跨越多個文化區域之後，要將一個完全陌生的信仰宗教引介進入中國，即使漢語景教文獻並未著力於論述其宣教策略，但是不可否認的是必然有宣教策的指導原則——無論是明顯的或隱含的。

林悟殊更從三夷教的綜合比較研究中，得到一個景教宣教上更全面的圖像〔註8〕。在唐代的三個境外移入的宗教，景教、摩尼教、祆教，三者的宣教策略各有不同，摩尼教有回鶻爲其護法、祆教則有大量西域移民信徒作爲群眾基礎，其僧侶也不熱心向漢人傳教，至今亦未發現任何原始經典被翻譯成漢文。但是對於景教而言，既無外國政治軍事勢力的借助，也無大量移民信徒作群眾基礎，因此景教要在唐代中國這樣一個廣大的國度中發展，衹能依靠自己的努力：於是一方面，在增加接觸面上，派遣宣教士建立教堂、教會，上述的慈善活動，都是積極推廣性質的傳教策略；而其中與中國統治者及官方建立關係，則是合法化與擴展影響力的一個關鍵環節。另一方面，在深化信仰與認識景教上，翻譯文獻是其重要宣

主，所以碑文說「寺滿百城」、「法流十道」，與其說是他已取得的成就，不如說是他們企圖達到的目標。參林悟殊，《唐朝景教再研究》，（北京：中國社會科學出版社，2003），頁97。

〔註5〕而江文漢之所以會有如此想像，我想是因爲景教碑文通篇累牘述說皇帝的支持，以及後文又載入伊斯的行傳，確實容易引起這樣的推想。

〔註6〕翁紹軍，1995，頁64。

〔註7〕林悟殊，2003，頁96。

〔註8〕參林悟殊，2003，頁90～91。

教策略之一〔註9〕。

　　從宣教的觀點來看，由於中國是一個基督教的處女地，所以可以這麼說：這群宣教士彷彿先驅的拓荒者，從零開始，在這塊土地上所作的一切努力，都是宣教的努力，都是爲了讓更多人接觸到景教，讓更多人認識到耶穌基督的救恩與救贖的計畫。

　　目前我們僅可從存留下來的景教文獻推測與試著掌握其宣教策略和活動，特別是在遭遇到文化障礙時，宣教士之間又是如何處置？針對此點的深入分析，更能凸顯其宣教策略的實際運用。

第一節　神學與文化的衝突

　　首先第一個要解決的問題就是偶像的崇拜。我們在第二章〈景教文獻思的解讀與綜觀〉曾論及《序聽迷詩所經》與景教碑文之間存著一個矛盾和衝突，亦即景教宣教士到了中國長安之後，在崇拜假神偶像的問題上到底立場如何？《序聽迷詩所經》的主張與舊約《聖經》的十誡一致，即持反對立場。但是景教碑文記唐太宗貞觀十二年秋七月時（638）所頒布的一道詔書中說：「大秦國大德阿羅本，遠將經像，來獻上京。」然而據碑文的記載，後來宣教士甚至於在寺內繪上皇帝的畫像：「旋令有司，將帝寫眞，轉模寺壁，天姿泛彩，英朝景門〔註10〕。」似乎阿羅本這位景教領袖已經在這一點上有所妥協退讓？顯然他不止帶來《聖經》，也有一些聖像同行。更不可思議的是：將皇帝的肖像畫在教堂牆壁上，簡直是造神運動。

　　一般而言，學者都將《序聽迷詩所經》的翻譯者（或作者）歸入阿羅本名下。果眞如此，我們就要問：爲什麼阿羅本譯經時是一套，與皇帝接觸時又是一套？他「遠將經像」帶來長安到底帶了些什麼像？又爲什麼皇帝的像會登大雅之堂繪在教堂壁上？

　　一個可能的答案是《序聽迷詩所經》根本與阿羅本無關，然而這樣推測無法有效解釋碑文所說的「翻經書殿」。我想一個正確的學術態度是如果沒有更直接的證據可以用來推翻阿羅本翻譯包括《序聽迷詩所經》的諸多經典，那麼我們就該

〔註 9〕從這點來看，景教顯然已接觸到許多唐朝中國人民，所以才積極翻譯諸多漢語文獻。有關此點莫菲特也注意及。參莫菲特（S.H. Moffett），《亞洲基督教史》（香港：基督教文藝出版社，2000），頁 332。

〔註10〕翁紹軍，1995，頁 55。

採取保留的態度，先不否定阿羅本與《序聽迷詩所經》間的關係。可是爲什麼會有神學教義與實際宣教矛盾的現象？

要解答這個問題，我認爲另一個《序聽迷詩所經》與碑文之間的關係也要一起釐清，亦即在宣教上大力倚重皇帝的幫助。我們在〈景教文獻的倫理處境化問題〉一章中曾探討《序聽迷詩所經》的「三事」中的「怕聖上」，認爲並不太符合《聖經》的教導，雖然聖經也認爲順服敬畏君王是必須的，但決不是無限上綱提高其重要性到與上帝同等的地位。然而我們換個角度看，這正是（屬東方教會的）景教，在進入中國長安之後的一個獨特宣教策略；另一方面在景教碑文中，則是直接宣告出此策略：「道非聖不弘，聖非道不大」〔註11〕，且也把從阿羅本以降的景教宣教努力，如何與唐朝各皇帝建立密切關係及皇帝的支持（從貞觀九年到建中二年，公元 635～781 近一百五十年間），用碑文一半以上的篇幅，詳細記錄下來。很明顯地，這就是阿羅本定下在中國的宣教策略與大方針，後來的領導人也繼續遵行這樣的策略與方向。

事實上我們從景教的宣教史來考察，的確與皇家有密不可分的關係。就這點而言，景教碑文與《序聽迷詩所經》可以說是一致的。而非常重要的是「旋令有司，將帝寫眞，轉模寺壁，天姿泛彩，英朝景門」此舉，可謂是其宣教策略付諸實現的一個重要步驟；然而這個事件的發動者其實並不是阿羅本本人，而是唐太宗自己，所謂「旋令有司」乃是太宗下令、阿羅本配合。也許阿羅本是迫於情勢，不得不如此。但是太宗爲什麼會這樣下令？我認爲最可能的原因是皇帝看到阿羅本帶來長安的聖像，於是興起在教堂壁上畫像的想法。

我們不知道阿羅本究竟帶了些什麼聖像來到長安，然而我們從後來的一些位於中國西部的景教壁畫與畫像，也許可以推測一二。英國斯坦因博士（Aurel Stein）於 1906～1908 年進行中亞細亞學術探險旅行，在中國敦煌千佛洞拿走一批繪畫。後來根據威利（A. Waley）的研究〔註12〕，編號 XLVIII 的畫像原是景教「基督教聖者」的作品，卻被當成佛教的菩薩來崇拜。佐伯好郎研究認爲此像應爲「耶穌像」，他將之稱爲景教的「佛畫像」〔註13〕。

德國勒科克博士（A. Von Le Coq）在 1905 年新疆高昌國遺址發現景教遺物與

〔註11〕同上，頁 54。
〔註12〕Waley, Arthur. A Catalogue of Paintings Recovered from Tunhuang by Sir Aurel Stein, K.C.I.E. London, 1931. 另參佐伯好郎（P. Y. Saeki）《中國之景教文獻及其遺跡》（The Nestorian Documents and Relics in China），東京 The Maruzen Co. Ltd.，1951，頁 409 有 Furuyama 先生描繪附圖。龔天民，1960，頁 3 的圖說明。
〔註13〕參朱謙之，《中國景教》，（北京：人民出版社，1993），頁 194～195。

殘卷，其中有一幅景教大秦寺西側的壁畫殘片〔註14〕。據佐伯好郎的研究，所繪應為棕櫚祭日（the Palm Sunday），即新約〈約翰福音〉12：12～13 所記耶穌騎驢駒進耶路撒冷之事：「第二天，有許多上來過節的人聽見耶穌將到耶路撒冷，就拿著棕樹枝出去迎接他，喊著說：『和散那！奉主名來的以色列王是應當稱頌的！』」同時在此大秦寺東側一室，勒科克也發現一幅壁畫，據格魯威德教授（Prof. Grunwedel）的描繪，斷定其為景教文物，此騎在馬上的人物即是耶穌基督無疑〔註15〕。

　　所以我們從這些目前可見的位於中國境內景教出土資料推測，阿羅本攜來長安的聖像應該是耶穌基督的畫像或聖經故事（甚至只是福音書中有關耶穌基督的故事）繪畫——或許皇帝在明白了景教徒有在教堂繪製聖像的傳統，於是在自以為有貢獻於景教的傳播的想法下，下令要求將自己的寫真描繪於教堂壁上。當唐太宗如此要求時，阿羅本因著宣教的緣故予以配合。因此之故，我們相信這是唐朝中國教堂的特色，然而已然逸出了常軌。

　　贊成圖像崇拜（iconodules 源自希臘文的 douleia——事奉之意）的神學家斯都弟的狄奧多若（Theodore the Studite, 759～826）認為聖像能代表所畫之主體的位格（Hypostasis），只不過它有不同的本性（ousia），因此基督的聖像能使信徒直接與基督本人接近：這聖像不是偶像〔註16〕。

　　根據基督教史，我們知道反圖像之爭（Iconoclastic Controversies）是在拜占庭時代（726～843）展開的爭辯，始於利奧三世（Leo III, 717～741），基本上到第七屆大公會議（尼西亞，787）才暫告一段落——摧毀聖像被判有罪。然而高盧教會在法蘭克福會議（794）又極力反對，利奧五世在位期間（813～820）摧毀圖像的行動恢復，直到842年才停止。843年三月十一日在「正統勝利」的大會上正式宣告：圖像可以在教堂內恢復其地位。東正教因此以這個日子後的第一個主日紀念此事〔註17〕。

　　阿羅本來華時間為貞觀九年（635），其實是在「反圖像之爭」之前。由此可以推測出聶斯多留教派雖反對聖母為神之母的崇拜，故而不拜瑪利亞，也不拜其像，然而其他聖像（以耶穌基督為主的聖像），則不在反對之列，仍然是其崇拜之對象——此所以阿羅本才能攜帶經像來到長安。

　　可是無論如何聖像絕不能與皇帝的畫像等同起來：聖像必然要與耶穌基督有

〔註14〕佐伯好郎，1951，頁416～7 間的圖版，有些學者主張當為洗禮圖。
〔註15〕參佐伯好郎，1951，頁418；朱謙之，1993，頁194。
〔註16〕參楊牧谷主編，《當代神學辭典》，（台北：校園出版社，1997），頁569～570。
〔註17〕同上，頁569。

關。畫在教堂牆壁上的畫,很難可以說不用與信仰有關,特別是景教或之前的基督教已有這樣的聖像傳統。那麼把皇帝的寫眞模繪在教堂壁上,是否意味著阿羅本同意皇帝畫像也算是聖像?這麼做的原因應該很明顯,爲了得到皇帝的支持,讓宣教的工作更順利。

◎處境化的理論

把皇帝的像畫在教堂的牆壁上,是一回事;把耶穌基督的像畫成是佛像一般,又是另一回事〔註 18〕。有關於後者,其問題不只與聖像傳統有關,也可以說是與本色化(indigenization)或者處境化(contextualization)的作法有關。

處境化是一個宣教學的概念。格蘭·奧斯邦(Grant R. Osborne)認爲:「處境化是一種動力過程(dynamic process),是一個文化不同的團體或文化業已成熟的團體,解釋某個宗教或文化準則——其核心爲超文化的溝通〔註 19〕。」學者尼可斯(B. J. Nicholls)對所謂的本色化加以解釋:對於基督教而言,則是指不變的福音怎樣移植到一個固定而一般又是較低下的文化圈去的問題,包括崇拜儀式、信仰與文化傳統的關係、社會制約、教堂建築及傳福音方法等本色化的問題〔註 20〕。

對於這樣的區分,重要的宣教學者包序(David J. Bosch)極端不滿意。在他的經典之作《變化更新的宣教》裡〈宣教即是進入文化〉一節中,特就上述看待處境化問題的方式,以及從西方宣教的歷史觀點檢討後,對本色化提出批判。他說道:「西方大規模的殖民擴展開始之時,西方基督徒並不知道他們的神學已經受了文化的支配:他們總以爲信仰是超文化而且全世界都有效的,而且西方文化被認爲是基督教文化,所以在外銷基督教時,也要把文化一併帶去。不過大家很快也看出,如果要把基督教快快傳開,這過程必須要有一些調整。而這些調整策略就分別叫做順應(adaption)、調適(accomodation——天主教的說法),或者本色化(更正教的說法)〔註 21〕。」他指出這些調整似乎都只是一些枝微末節、無關緊要之事。於是他從七個方面批判西方在宣教上的高姿態與盲點。其中第六點談到「順應」,使人覺得可以在周邊性的、表面性的、非宣教重心的方面進行變動。

〔註 18〕長久以來,這幅耶穌聖像一直被當作佛像來敬拜——這正是景教借用佛道教語言與形式作爲本色化的一個媒介所引發的危機。
〔註 19〕格蘭·奧斯邦,《基督教釋經學手冊》,(台北:校園出版社,2001),頁 424。
〔註 20〕參楊牧谷,1997,頁 245。
〔註 21〕包序(David J. Bosch),《更新變化的宣教——宣教神學的典範變遷》,(台北:華神出版,1996),頁 608～9。

彷彿基本上有著核心（kernel）、外殼（husk）的差別，核心一定不能改變，只有形式可以採用新文化中的東西。

　　包序其實是想跳脫開西方科學傳統中區分「內容和形式」的那種分析方式，如果將之套用到宣教上，很自然地就把信仰當成核心，文化當成外殼〔註22〕——這的簡易二分對立所衍生出來的宣教策略，不僅在許多非西方文化區域不管用，也過度簡化文化的複雜性及其與信仰之間的互動。他理想中的主張是：「宣教士不能只是費心於帶基督到其他種族文化中，而是要容許每一個民族經歷基督時，其信仰可以有機會開始它自己的歷史。進入文化（inculturation）主張**雙重的運作**：就是基督教立即進入文化，以及文化基督化……一方面福音帶給文化『屬神奧祕的知識』，一方面福音又能幫助文化從它們自身的生活傳統中，帶出基督徒的生活、慶典以及思想富於創意的表達〔註23〕。」

　　雖然包序不喜歡「核心／外殼」的分析模式，但是他仍然引述詹思深（Gensichen）的話說：「福音和文化之間的權衡、協調，應該架構在基督論上〔註24〕。」可見神學普世超處境的層面仍然不可忽視——沒有了基督論，基督教的信仰也沒了。這點與士來馬赫判定一個信仰是否為基督教的標準是一致的〔註25〕。

　　研究處境化的學者都知道，《聖經》本身就已在許多地方表達出處境化的重要。格蘭‧奧斯邦說道：「首先，我們看到人與人的溝通的關係起了改變，這包括語言，如新約在引用舊約（原為希伯來文著作）時是用七十士譯本（為希臘文譯本），也用拉丁文、亞蘭文（敘利亞地區語言），這也包括文化的調適如……哥林多前書第八至十章『剛強的人與軟弱的人』；第二，我們注意到傳福音的處境化就是在文化上嘗試『向什麼人就作什麼人』為了要『救些人』（林前九23），使徒行傳中的講道最能顯明這一點，對猶太人的講法和對外邦人不同……第三，我們必須注意護教的處境化就是用反對教會之人的話語來抵擋他們……〔註26〕。」關於這最後一點，奧斯邦認為在**顯明處境化的限度方面**格外重要——教會雖然借用收

〔註22〕包序，1997，頁617。
〔註23〕同上，頁617。
〔註24〕同上，頁617。
〔註25〕參本論文〈景教文獻的漢語語境糾纏〉中「景教信心之書」有詳加說明士來馬赫的判斷異端的標準。根據士來馬赫的看法，否定神藉耶穌基督救贖人類，就是否定基督教宣告的基要真理：是基督教與否，就看是否接受此一原則而定。第二個問題的判準，亦即正統與異端的區別，則在於接受此一原則之後，對它如何解釋——換言之，異端並非不信的一種模式，而是信仰內部的現象：基督教信仰中某種不完備或不可靠的模式。
〔註26〕參格蘭‧奧斯邦，2001，頁426～7。

受文化的形式（林前九 19～23），但是卻拒絕妥協信息的內容。所以他下結論說：「初期教會視處境化為傳福音的工具，它可以影響福音表達的形式，但福音的內容卻不能離開神所啓示的模式〔註27〕。」

對於格蘭·奧斯邦而言，形式與內容，成為處境化最重要的問題——雖然包序並不贊同這樣的分析與看法。格蘭·奧斯邦問道：「要將《聖經》處境化最大的困難是判斷一段經文中何為文化（或受時間限制）的成分，何為超文化（或永久性）的原則〔註28〕。」對他而言，《聖經》中剝落文化包裝之後的永恆真理是最後的標準。於是建立釋經模式，尋索這樣的超文化原則，變成是不可少且極迫切的工作。

我們再回到皇帝畫像的問題。在〈唐朝景教的倫理學〉一章中我探討過《聖經》經文固然贊成人民要尊敬君王，但這是否構成將其畫像繪於教堂牆壁上的理由？教堂壁上的皇帝寫真，固然是因為中國文化特別尊君所導致的結果，但是我們在〈唐朝景教的倫理學〉那一章中的討論看到：《聖經》的歷史觀的中心是上帝。上帝國度的建立與擴張（「傳福音到地極」——〈使徒行傳〉1：8），是上帝親自的作為〔註29〕，上帝會興起一切有利的因素來完成其計畫。

因此，雖然歷史的事實是景教確實因著君王的支持得以在中國生根發展；但是景教在中國宣教，是否一定要透過君王的支持與幫助，則又是另一回事了。從神學的觀點考察，君王的幫助僅是景教宣教在中原文化區這個處境的一個助力，卻不能因此提高其宗教地位到與諸聖像同等，甚至於到可以被繪於教堂牆壁上的地步，因為贊成聖像崇拜者認為聖像能代表所畫之主體的位格，因此基督的聖像能使信徒直接與基督本人接近，所以聖像不是十誡中所反對的偶像〔註30〕。但是將君王畫像繪於教堂壁上，就是典型地宣教處境化所產生的問題：把文化考量置於信仰內容之上的結果，因為顯然的信徒是不可能把君王當成敬拜的對象。因此格蘭·奧斯邦說道：「若文化尺度被舉到經文之上，就不再是神學了，只不過是以人為中心的人類學而已〔註31〕。」景教宣教士在聖像敬拜的問題，做了重大的讓

〔註27〕同上，頁 427。

〔註28〕同上，頁 424。

〔註29〕〈使徒行傳〉1：7～8 耶穌對他們說：「父憑著自己的權柄所定時候、日期，不是你們可以知道的。但聖靈降臨在你們身上，你們就必得著能力，並要在耶路撒冷、猶太全地，和撒瑪利亞，直到地極，作我的見證。」這是耶穌在世最後的一段話，宣告上帝的國度之所以能建立——原因是：這是上帝自己的計畫。

〔註30〕狄奧多若（Theodore the Studite）的意見，參楊牧谷，1997，頁 569。

〔註31〕參格蘭·奧斯邦，2001，頁 430。

步，為了取得唐朝統治者的支持。因此我們相信景教的宣教工作的推動，很大一部分倚重政府的認可和支援，所以一旦統治者有了不同或不利的政策，對宣教工作必然產生重大變數。林悟殊說：「探討唐朝景教衰亡的原因，與其刻意從該教本身去尋找，不如從統治者的政策，以及制定這種政策的社會歷史背景去發掘，也許更能觸及問題的實質，更能反應歷史的本來面目〔註32〕。」

我認為政府政策的轉向，對於景教宣教的失敗，固然是一個重要的影響因素，但絕不是唯一的決定因素，**其整體的宣教策略的制定與選擇才是重點！**

景教進入中國——進入一個全新的文化地區，我們看到景教（基督教）與中國文化短兵相接，事實上，宣教處境化的問題在各個層面全面展開！全面展開的程度，甚至於有學者認為「景教」之名亦與處境化有關。朱謙之引述佐伯好郎解釋景教命名的理由有四：「一、當時彌施訶教徒說彌施訶是世之光，景字第一字義即光明之義。二、景字通京，為日與京二字合成，而京有大字之義……故景有大光明之義。三、對於佛教的政策，當時長安頗有屬於佛教密宗特徵的『大日教』的勢力，景教為扶持勢力，故加以利用……四、對於道教，道教的主要經典有《黃帝內外景經》，這《景經》與景教相似，可以給予暗示」〔註33〕，朱謙之以為從一、二兩項看出景教之名與祆教、摩尼教有關因後二者均崇拜太陽；三、四兩項與佛、道教牽扯關係，朱謙之認為有混水摸魚之嫌，他將之稱為「機會主義」，認為是後來明清來華耶穌會士的「機會主義」傳教方式無二致。其所說的「機會主義」實即處境化的宣教策略。

事實上，誠如包序所言：「基督教的信仰要經過**轉譯**（translated）到文化中的過程，才有可能存在〔註34〕。」這就涉及跨語際的實踐與運作，亦即景教的翻譯製作過程。

第二節　翻譯與宣教

為了讓以漢民族為主的中國更能接受耶穌基督的形象，所以採取**佛像化的表現形式**。這點似乎可以與之前我們討論的借用**佛、道教語言**的問題牽涉到關係，甚至於整個的翻譯行為都牽扯到這樣的問題——為了讓中國人民認識景教，「如

〔註32〕林悟殊，2003，頁 105。
〔註33〕參朱謙之，1993，頁 131。
〔註34〕包序，1997，頁 607。

何」翻譯景教經典就成爲極關鍵的問題了——此即我們在〈黑暗中的摸索——《聖經》的最初漢譯〉一章中所關切的一個重要主題，即**翻譯策略**的選取問題。

以上這些問題都可以放在**宣教**這個大框架下來討論。甚至於翻譯與否，翻譯些「什麼」經典，也都具有宣教上關鍵性的意義。

我們知道在西方的教會專用拉丁文，東方的教會，如東正教會，多以希臘文爲主。而聶斯多留教派主要用敘利亞文，然希臘文、拉丁文及各地土話亦不禁止；進入中國的景教，則可用漢語直接敬拜上帝——這就是宣教上採取處境化策略的結果。《三威蒙度贊》（即《榮歸上帝頌》或《天使頌》)、《大聖通眞歸法贊》的翻譯，說明了景教宣教士就是爲了讓操漢語的信徒可以用他們熟悉的語言敬拜上帝（三位一體的神）與耶穌基督。我們看到敬拜的內涵是超文化、超處境且普世的，但是形式或採取的語言卻可以處境化：敘利亞語可以敬拜，波斯語也可以敬拜，對唐朝的景教信徒而言，漢語當然更可以敬拜——只要敬拜的對象是三位一體的上帝。所以包序（David J. Bosch）說：「我們一方面要肯定所有神學處境性的重要，但也必須同時肯定神學普世超處境的層面〔註35〕。」

然而我們也不能夠否認雖然有《三威蒙度贊》的翻譯，但仍舊是希臘的文本或說敘利亞文本的轉譯，已是第二、三手的翻譯，唐代中國的信徒仍舊需要宣教母國的餵養。不過有趣的是《三威蒙度贊》比敘利亞原文《天使頌》多了十行，據吳其昱的比較研究〔註36〕，除了多了十行之外，也有一些修改，這些修改代表了在華的宣教士與信徒共同的書寫欲望，他們對於敬拜上帝有更多的渴望和熱情，他們要加入這首偉大的詩歌傳統中，成爲頌讚天使中的一員，或〈詩篇〉所唱的：「萬國啊，你們都當讚美耶和華！萬民哪，你們都當頌讚他！」（117：1）中的一員。無論如何，從《三威蒙度贊》我們看到唐代在中國宣教的景教宣教士不滿足於複製敘利亞經驗，他們要從漢語的語境中生出屬漢語的敬拜文本。

我認爲《三威蒙度贊》或許是《尊經》中記載的屬景淨翻譯、今日仍然可見的三部作品中最初的翻譯文本，《志玄安樂經》、《宣元本經》則是景淨之後的作品，應該是全然創新的書寫——也看出這位當時中國教區的教父、區主教兼長老的景淨的企圖心：大膽使用佛教經典的表述形式，借用佛道教語言，試圖以當時中國兩大主要宗教的混合改造語言，以優美流暢的敘述，書寫完全從漢語語境生發的漢語神學文本。

〔註35〕包序，1996，頁 577。
〔註36〕吳其昱，《景教三威蒙度贊研究》，（《中央研究院史語所集刊》57 本第 3 份），頁 414～419。

對於翻譯（或書寫）的策略，《志玄安樂經》特對此處境化問題發表了意見：「為化人故，所以假名」〔註37〕，化人的意思很明顯是教化人，讓人認識耶穌基督的救恩。這句話雖然原本針對的是「四達、十文」的命名說的，但是也可用來說明其他翻譯之作為何採用如此之多的佛、道教語言，原因很簡單——為了使中國的人民可以用他們熟悉的語言來認識上帝與景教這個信仰。

換句話說，翻譯使得景教可以文本漢語化，這個動作的策略性意義就是景教可以進入漢語的語境，接觸使用漢語的人民，取得**進入漢語文化**的機會。再進一步就要**突破漢語文化**的障礙：借用佛、道教語言，降低認識障礙，使得讀者藉著熟悉的佛、道教語言得以進入景教的信仰體系。借用佛、道教語言，就是其跨語際實踐的一個重要機制。

但是這樣的書寫策略，在宣教上是成功的嗎？可能要打上許多的問號。我們看到的可能是更多認同佛、道教的書寫，反而使得景教的神學隱而不彰——《志玄安樂經》、《宣元本經》都產生這樣的問題。

◎釋放《聖經》與神學知識

另外，景教宣教士也翻譯《聖經》，雖然只翻譯了極少一部的《聖經》經文為漢語，主要集中在新約的福音書。這個舉動其實可以看出初來乍到的宣教士，他們有多麼急於將上帝的話語和基督的救恩介紹給唐代中國的人民。如果我們知道對於整個歐洲，即使在中古世紀，提起《聖經》時，一般人只知道拉丁文的「武加大譯本」，直到十六世紀馬丁路德翻譯出德文版的《聖經》之後，歐洲各國才紛紛效法，出現各種語文版本的《聖經》〔註38〕。可是早九百年在唐代的中國信徒，已經有機會可以自行研讀漢語版的《聖經》——雖然只是一部分有關耶穌基督的生平與其登山寶訓——都集中在景教最早的經典《一神論》、《序聽迷詩所經》裡，顯見阿羅本是真正運用進入文化的策略在中國宣教，因為翻譯《聖經》代表一個極重要的意義，即《聖經》的知識不再掌握在少數的（敘利亞）祭司階級（景教僧）手中，一般的信徒也可以擁有閱讀《聖經》的機會，進而擁有解釋《聖經》

〔註37〕翁紹軍，1995，頁 168。

〔註38〕在歐洲宗教改革的時期（1500～1650），由於印刷術的傳入與發展，以及改革派人士觀念的突破，使得各國翻譯《聖經》的風氣大盛：從德國的馬丁路德開始，法國、英國、荷蘭、義大利、西班牙、瑞典、丹麥的譯經先驅人士，運用他們自己的語言，在很短期的時間內，風起雲湧翻譯《聖經》。詳見陶理博士編，《基督教二千年史》，（香港：海天書樓，1997），頁 396～400。

的權力：詮釋《聖經》的權力被釋放出來了。這就是景教宣教士對唐代中國人民信徒的信仰經營翻譯經典為漢語的目的很清楚地就是要在中國這塊以漢語操作為主的土地上使其人民可以自行從生命內部建立與上帝的關係，且自力推動信仰生活。

阿羅本藉由翻譯《聖經》，釋放詮釋《聖經》的權力，其作為與意圖是很明顯的，因為我們知道在《一神論》、《序聽迷詩所經》裡，不只翻譯《聖經》〔註39〕，且譯寫不少的神學論述，將詮釋的知識變成公開的漢語文本，即使理解不易，但已是打開中國信徒能夠自行與他所信仰的上帝直接溝通之門，亦即可以越過祭司階級的中間媒介，信徒可以用漢語的思考和表述模式進行的信仰活動，像這樣的宣教策略是一直延續下去的，所以之後會有有名的《三威蒙度贊》（即《榮歸上帝頌》或《天使頌》）和《大聖通真歸法贊》的讚美詩的翻譯，讓唐代中國信徒可以用漢語直接敬拜上帝；神學作品則有《宣元至本經》、《宣元本經》與《志玄安樂經》等。

◎專有名詞的音譯

在討論過景教翻譯經典，企圖透過借用佛道教語言，以更貼近漢語宗教語境的方式，突破文化的障礙，使唐代中國的讀者和信徒可以在比較低的認識門檻的基礎上，藉由閱讀，進入這個宗教領域。

龔天民認為在使用佛道教語言這點上，其實有不得不的理由：「景教……對於中國人是一個前代未聞的新宗教，如果景教宣教師用中國字固執地將基督教的Theos（God）音譯的話，恐怕沒有一個人會懂得它的真意義吧！……景教入唐不久，既無中國信徒的著作家，亦無時間創造新的神學名詞，匆匆借用了中國歷代固有的宗教名詞來解釋景教〔註40〕。」他也用宗教史的發展加以解釋：「差不多世上現有的每一宗教，當它初興之時，大都或多或少曾借用了當地或鄰近既有的宗教術語，以及風俗習慣等，應用在自己的新宗教中，<u>予以特別的解釋</u>。如果這個新宗教能夠長久維持，信徒日增，那末這個曾經從別人處吸收來的東西，也會逐漸變成自己的專有品了。」龔天民甚至於作了一個大膽的推測：「景教宣教師在各

〔註39〕《一神論》中的《世尊佈施論第三》197 行經文裡，〈馬太福音〉的登山寶訓佔 42 行 713 字，而耶穌基督的生平與殉難佔 155 行 2651 字，都是《聖經》的翻譯，但《喻第二》、《一天論第一》則是神學論述。《聖經》翻譯的統計數字，詳林悟殊，2003，頁 203～204。

〔註40〕龔天民，1960，頁 83～4。

方面用了許多佛教的東西，另一個目的或是想把佛教的東西予以洗禮而逐漸形成為基督教之物，亦未一定。在這一點上，景教徒在波斯已獲得相當成功，他們曾大量使用了波斯薩贊朝的美術在耶穌身上，圖畫斷片業已在各地被發現，但可惜的，景教在中國的壽命不長，他們所作的工作不過成了歷史上的一片遺蹟而已〔註41〕。」甚至於有學者認為宣教士引起的問題相當嚴重：「霍士特認為就佛教徒而言，景淨引起的危險不是因他令基督教佛教化，乃是因他嘗試令佛教基督教化〔註42〕。」看來處境化那種轉譯以進入文化的進路，似乎只有這一個可能性了。

　　然而我們也知道 Theos 固然不宜音譯，可是還可以義譯，而且也確實應當義譯為神（因其原意就是神，而不是神的名字，本來就不該音譯）；漢語景教文獻中有許多義譯名詞出現，幾乎可視之為中國基督教史上最早的漢譯──第二章〈景教文獻思想的解讀與綜觀〉中論及「上帝的名字」時，我們討論了兩個特殊的景教專有名詞：自聖（指耶和華神的名字）與聖化（指耶穌基督的救贖），就完全是極精準的義譯。另外景教碑文中的「三一」（三一妙身、三一分身、三一淨風，即指三位一體）的翻譯〔註43〕，就是八百年後耶穌會的宣教士〔註44〕，或者今日的譯名，對此神學概念的命名，亦無出其範圍〔註45〕。

　　對專有名詞的翻譯，在借用佛道教語言和義譯之外，還有另外一個方式，即

〔註41〕同上，頁85。
〔註42〕參莫菲特，2000，頁331。
〔註43〕龔天民認為碑文的三一妙「身」、分「身」的命名，乃是採用佛教釋迦牟尼有三身的說法，因一世紀左右的大乘興起給釋迦修道三個神化階段：法身、報身、應身。參龔天民，〈景教碑中的佛教用語解釋〉，教牧分享，1983，頁5。
　　　　然而我們未必贊成其說，原因有二：一、對諸宣教士而言，三位一體的神論早在主後二世紀便已開始，聖雅典那哥拉（St Athenagoras, 活躍於177年）在《辯解書》（Apologia）中指出，三位一體是教會不可缺少的一部分（參楊牧谷，1997，頁1154），而特土良（Tertullian, 166～225）則是此名詞 Trinitas（英文 Trinity）的發明者（──參麥葛福 Λ（A. E. McGrath），《基督教神學手冊》，台北校園書房出版，1999，頁304），宣教士實際上早已有此觀念，不必等入中國長安辛苦尋找佛教三身之說；二、碑文有妙身、分身，僅此二身，聖靈則直指為淨風，未稱其為何身。《尊經》雖有應身，然其餘二者稱妙身、證身，也與佛教所稱不同，內容也不同。釋迦牟尼有二身的說法知者不多，而二位一體則是基督教的基本神學觀念，Trinitas 譯為三一，乃極正確的譯名，龔氏之說恐有附會之嫌。
〔註44〕明朝進士李之藻因利瑪竇（Matteo Ricci）接觸到天主教，而後成為教徒。其〈在讀景教碑後序〉中即已提到三位一體。參張之宜 B，〈大秦景教流行中國碑捃微二〉，（遠景雜誌，1982），頁102。
〔註45〕當然從唐代到明朝，對於景教的宣教而言──中間元代雖有景教徒（也里可溫），然而與中原的文化有相當隔閡──確乎有一個歷史的斷裂，或許三一譯名的同一，有可能是原義的明確性使然。

龔天民提及的音譯。我們知道義譯一般上看不出來是否爲翻譯名詞，除非經過審密的追蹤溯源；而借用佛道教語言，誠如上述所討論的，乃是爲了貼近漢語的原有宗教語境，以熟悉感降低認識障礙。可是音譯卻會產生相反的效果，亦即陌生感、疏離感，或者說異國味道（exotic）的名字吧！這又對宣教產生什麼效果？

我們明白，即使是音譯，誠如龔天民自己說的，只要「予以特別的解釋」，或者有時根本無需特別解釋，只要從上下文（context）或各經之間相互參證，即可明白意思，如此一來，反而更能立即確立其特殊性。例如在後的景教碑文中說「室女誕聖於大秦」，事實上是總結了在這之前的《序聽迷詩所經》中一段事實：「天尊當使涼風，向一童女，名爲末豔。涼風即入末豔腹內，依天尊教，當即末豔懷身，爲以天尊使涼風，伺童女邊，無男夫懷任（孕）。……末豔懷孕，後產一男，名爲移鼠。……生於拂林園（國）烏梨師斂城中。」碑文中的「室女、誕聖、於大秦」，在《序聽迷詩所經》裡全找到了它文本的環境與歷史：「末豔懷孕，後產一男，名爲移鼠……生於拂林園（國）烏梨師斂城中」——人、事、地、物具備，「末豔、移鼠、拂林園（國）烏梨師斂城」放在具體的事件中，一點也不難理解。音譯反而成爲其特色與優勢——來自大秦的景教本當有異國味道的名字。

劉禾討論翻譯的實踐問題時，對於翻譯的製造者與製造過程非常在意：「對我來說，問題的關鍵不在於不同文化之間的翻譯是否可能，也不在於他者是否是可以瞭解的，甚至不在於某一晦澀的文本是否是可以翻譯的。問題的關鍵在於究竟出於何種實踐的目的或者需要（它們維繫著一個人一整套的方法論），文化人類學家才孜孜不倦地從事文化翻譯。……問題的關鍵是我在上文所提出的問題：用誰的術語？爲了哪一種語言的使用者？而且是以什麼樣的知識權威或者思想權威的名義，一個民族志學者才在形形色色的文化之間從事翻譯活動呢？〔註46〕」

上述的幾個景教專有名詞，最爲詭異與可議的當屬《序聽迷詩所經》裡的「移鼠」了。若說它是一個有異國味道的特殊名字，那也眞的是夠特殊了。如果像《一神論》裡的「翳數」也罷，雖然不算高尚但也不致於引發負面想像。有的學者認爲「移鼠」和「翳數」比較起來，「翳數」算是進步的，對於一個宗教的教主較沒有那麼多的不敬成份，所以依此決定《序聽迷詩所經》比《一神論》早完成。當然，這也無法解決「移鼠」對基督教最重要的救贖者的污名化。

林悟殊有一個很特別的解釋，他認爲日本高楠氏所藏的《序聽迷詩所經》，其

〔註46〕劉禾，《跨語際實踐——文學，民族文化與被譯介的現代性（中國1900～1937）》，（北京：三聯書店，2002），頁3。

實是重新謄寫製作過的，原因是當時敦煌文書的市場的價值取向是側重外觀的好看，而不著眼於內容的文獻價值，而謄寫者顯然是一位教外人士，且是一位反教人士，於寫經時故意調侃洋教，用「移鼠」指稱景教教主耶穌〔註 47〕。也許其說是可能的，但必須所有假設一起成立才有可能，顯然可能性也不是太大。

事實上，林悟殊懷疑的假設，一方面是建立在明代之後有許多人「書估作僞」的歷史；另一方面許多學者的質疑爲什麼《序聽迷詩所經》裡專有名詞不統一或怪異不可解，如《序聽迷詩所經》經名與「移鼠」（耶穌基督的譯名竟是如此貶抑）。於是有教外反教人士於寫經時故意調侃之說的解釋。專有名詞不統一或怪異不可解，林悟殊認爲是考證《序聽迷詩所經》眞僞的突破點。在引述了多位學者（羽田亨、佐伯好郎、方豪、羅香林等）對各個專有名詞的考據之後，林悟殊說：「按《序聽迷詩所經》，苟按學者一般所接受的羽田氏的看法，即『序聽』係『序聰』之誤，『迷詩所』則是『彌師訶』之訛。假如這一個解釋得以成立，則僅有六個字的經名，其中竟有四個錯字。如是，吾人能認爲這個寫本是出自唐代景教徒之手嗎？……一部宗教寫經，竟然連題目都寫錯，夫復何言？〔註 48〕」

林悟殊的推論言過其實，如果所言一切成立，也只錯二字，而非四字。「迷詩所」是「彌師訶」之訛，頂多只是錯一「所」字，非三字；另外「序聽」究竟是否是「序聰」之誤，仍需進一步考據。事實上把「迷詩所」看作是「彌師訶」之訛，背後是有一個假設的，亦即學者須假定「彌師訶」是對的翻譯，而與此不同的（如「迷詩所」）就是錯的翻譯，因此可以透過「彌師訶」校對「迷詩所」。換句話說，他們認爲敘利亞文的 Mashiha 與唐代漢文「彌師訶」間有一個「對等關係的喩說」，然而劉禾說：「對等關係的喩說，只是在近代的翻譯過程中才建立起來，並且是借助於現代雙語辭典而得以固定下來的〔註 49〕。」我認爲無論是「移鼠」或「翳數」，或者是「彌師訶」、「彌施訶」、「彌詩訶」與「迷詩訶」，甚或是其他的專有名詞對音譯名，都旨在提供語音接近的翻譯，亦即用漢字作音標來命名，且每一個翻譯名稱都是正確的。所謂的「對等關係的喩說」可能只是我們的一種想像，劉禾說：「任何現存的意義關連，都是來自於歷史的巧合。這些巧合的意義則取決於跨語際實踐的政治，這種連繫一旦建立起來，某一文本就在翻譯這個詞通常的意義上成爲**可翻譯的**〔註 50〕。」

〔註 47〕參林悟殊，2003，頁 226～228。
〔註 48〕參林悟殊，2003，頁 220～222。
〔註 49〕參劉禾，2003，頁 10。
〔註 50〕參劉禾，2003，頁 10。

　　我們如果用之前劉禾的提問方式來思考「移鼠」的問題，會更有意思。究竟這樣的翻譯出於什麼樣的目的或需要？我們從第六章〈景教文獻的跨語際行爲——《聖經》的最初漢譯〉的分析討論來看，阿羅本的翻譯目的是爲著信徒能知曉景教的基本信仰內容，策略是爲著讀者的理解需要會做各樣的改寫、挪用、編輯。有這樣的瞭解後，我們不禁要問：「移鼠」用的是誰的術語？這絕不是漢語的文本，而是敘利亞文 I～shoh 的對音，亦即用漢語作爲敘利亞文的標音符號。可是有意思的是，這樣一來，這個詞就成爲既不是漢語，也不是敘利亞語：作爲「移鼠」這樣形式的漢文字，其實是代表敘利亞語的聲音；可是作爲聲音符號的「移鼠」，卻不再是敘利亞語，而是以漢文字的形體存在。於是我們又要問：爲了哪一種語言的使用者翻譯的？若沒有意外，應該是爲了唐朝中國操漢語的信徒而翻譯的，可是卻給他們一個準確的敘利亞聲音，加上一個怪異、無法理解的漢文字詞項。學者認爲「移鼠」對一個宗教的教主而言，確實太污穢。事實上無論用何等美好的漢文翻譯耶穌的名字，都無法回到耶穌的希臘文原義或約書亞的希伯來文原義，即神拯救；「移鼠」它只是一個對的標音名字，這才是它存在的最重要目的，本不該從字面尋求意義。若眞要從字面上尋求意義，「移鼠」、「翳數」或「耶穌」都是錯的，都與神拯救無關。

　　對阿羅本而言，敘利亞語是一種「音／義」語言，其文字的作用只爲標音。或許他在翻譯 ishoh 這樣的專有名詞時，也只想完成標音，他的語言本能知道「音對了，義就對了」；這時還要面面兼顧漢語「形／音／義」的特殊性，反而成爲不切實際的苛求，一個不可思議的難題。

　　事實上，使童女末豔（瑪麗亞）懷孕的聖靈，翻譯也不高明，譯爲「涼風」。我們從第二章的討論知道「涼風」爲聖靈的翻譯原因，但是對於阿羅本最想傳教的唐代人民，我認爲像這樣的句子「末豔懷孕，後產一男，名爲移鼠，父是向涼風」，他們讀來也只能抱著遲疑納悶的態度思考吧！且爲耶穌施洗的約翰，翻譯的漢語名字是「若昏」，也是敘利亞文的對音 Johun。一位爲教主「移鼠」施洗的先知，一位被稱爲最後的先知，卻相當諷刺地翻譯爲「若昏」——如果我們要深究其字面的意義的話。

　　我認爲這一切和翻譯者有極大的關係。如果阿羅本是那位翻譯者的話，他是敘利亞文與漢文中間的一個最具關鍵位置的介面，他是第一位風塵僕僕、翻山越嶺、千里迢迢來到長安，與中國皇帝接觸且深受唐太宗肯定的主教，這樣的經歷必然使他成爲中國教區，無論是資歷或神學知識，都是眞正的權威。如果他自己就是那個「翻經書殿」的人，這些看似奇特的譯名與語法怪異的經文，可能都是

他運用極為有限的漢語能力搜索翻譯出來的——而且極為可能是他來到之前就已翻譯好了，所以貞觀十二年的詔書說他：「遠將經像，來獻上京」，所獻的經典當然不會是皇帝看不懂的敘利亞原文版本，而是處理過翻譯好交到唐太宗手上，於是他也才能得知景教經典表現的是：「玄妙無為……詞無繁說，理有忘詮」。或許後來我們所見阿羅本翻譯的經典，其實是他早就翻譯好的——在他抵達長安之前，而那時他對於專有名詞的翻譯原則就是精確的音譯，就他能力所及給予最精準的漢文音標，不管其字面涵義，所以才有我們今日見到的不易理解現象我們不妨修改一下《志玄安樂經》所謂的「為化人故，所以假名」的翻譯原則，可以改一個字就更符合此處所討論的問題：「為化人故，所以假音」（這裡的「假」意思當然就是假借之意）。如果我們的推論是不離譜的話，那麼或許《序聽迷詩所經》有重新謄寫的可能，卻未必是謄寫者惡意的諷刺吧！而只是照著敦煌原件的謄錄的結果。

這樣的音譯專有名詞如「移鼠」、「末豔」、「若昏」、「翳數」、「烏梨師斂城」，或者是「彌師訶」、「彌施訶」、「彌詩訶」與「迷詩訶」等等，雖然乍看來陌生疏離但是也就是這種陌生疏離感使得讀者警覺注意力被喚醒知道這是一個異質性的專有名詞之前不曾存在於漢語的語境中於是其語意在漢語的語境中被從意義零度的基準點開始建立起來：經過定義式的說明，上下文的語意，或者不同經文的互參補充——終於我們看到：景教音譯專有名詞的理解與意義，可以說是完全從漢語語境中生產出來的，卻可以不受到其他無關宗教語言的干擾。

這樣的跨語際實踐，應該是景教專有名詞比較有效的翻譯策略，也比較能達成沒有副作用的宣教目的。

◎尋找富於創意的表達

我們在一個宣教的架構下，討論過借用佛道教語言與景教專有名詞的音譯後，我們要再進一步討論套用佛道教經典的敘述形式的問題：《志玄安樂經》和《宣元本經》套用佛教經典的敘述形式書寫；《宣元至本經》則基本上將景教神學置入《老子六十二章》，然後加以剪接、改寫，成為景教的經典。這樣做法顯示出什麼宣教的效應？

套用佛道教經典的敘述形式，比借用佛道教語言更進一步，亦即不只借用語言，連形式都借用；另一方面，我認為這絕對是時間推移歷史進展的結果：最早的經典《序聽迷詩所經》和《一神論》沒有這樣的情況；屬中期開元時的作品《宣元至本經》剪接、改寫《老子六十二章》，只與道家發生關係；後期屬景淨的作品，

情況更複雜，套用佛教經典的敘述形式外，也借用佛、道教語言。這樣的進展，除了一步步模仿得更像道教或佛教的經典，令唐朝中國的讀者更加熟悉外，有獲得更進一步的宣教突破與效果嗎？

這不免讓我們又想起之前所引述的包序（David J. Bosch）理想中的主張，亦即在宣教運作進入文化時應有雙重的運作：就是基督教進入文化，以及讓文化基督化──後者的意思是讓福音幫助文化從它們自身的生活傳統中，帶出一種基督徒的生活、慶典以及思想富於創意的表達。我們現在要探討的這三篇經文《志玄安樂經》、《宣元本經》與《宣元至本經》，究竟是否是包序所謂「思想富於創意的表達」？相當耐人尋味。

三篇經文，說實在地都非常難以看出是屬於「翻譯」的作品：《志玄安樂經》看起來像是一部佛教論述、《宣元至本經》則無論是形式或語言都是道家特色的，而《宣元本經》則介於其中，具佛教經典的表現形式，卻有道教的思想內容。然而《尊經》卻指二者（或應該說三者）為翻譯之作。此矛盾如何解決？

我認為《尊經》所謂的「譯得」，或者並不是我們嚴格意義上的對應式翻譯，而是像景教碑文所謂的「觀其元宗，生成立要；詞無繁說，理有忘詮」式的翻譯，亦即前半的精神是舉神學上的重要點翻譯，如《聖經》選擇〈馬太福音〉裡耶穌的登山寶訓一部分和殉難過程；後半部的精神是翻譯出內容思想的精義即可，有挪用、修改、重編、甚至加文（如《三威蒙度讚》比原敘利亞文版《天使頌》多了十行），亦再所不辭。

可是像今天我們看見的《宣元至本經》，若不是一位深體道家《老子》思想的宣教士所寫〔註51〕，就應該是有一位宣教士口述景教神學思想，然後由一位改信景教的道教人士融會貫通後執筆寫成。所以這一位書寫者他不是寫出《宣元至本經》來注解《老子》（如朱謙之所猜測的），而是利用、改造《老子六十二章》以及其他道教語言來傳遞書寫他領悟來的景教神學（《約翰福音》的「道」與《羅馬書》的「因信稱義」〔註52〕）。

因此我要說：漢語的景教文本《宣元至本經》確實做到了讓福音幫助當時的唐朝文化從它們自身的語言環境的歷史傳統中（既是特定的道家語言，又是當代的知識份子共同的語言文本），找到了一種富於創意的景教思想書寫方式。從這樣

〔註51〕這在唐代應該並不困難，唐朝皇室自認為是李耳之後，尊崇道教，唐玄宗且為《老子》作注《道德經御疏》。景教宣教士既定的宣教政策，既有借用佛道教語言，則習練道教經典，不足為怪。

〔註52〕參第三章〈小島文書真偽考〉第二節「重新定位《宣元至本經》」有詳論。

的書寫創意來看，我們要說景教的宣教在漢語神學文本的處境化上，某個程度上可以說是開花結果了。這樣的宣教上的重大突破，是如何達成的？無論是如何焊接、剪貼、改編《老子六十二章》的經文，事實上都必須有一個非清楚的神學觀──因信稱義，按著這個神學觀，去重新改寫《老子六十二章》爲一篇景教的信心之書。

◎新造的神祇

《志玄安樂經》和《宣元本經》的情況又是如何？

我相信這是失敗的嘗試。包序主張「進入文化」的那種雙重運作包括了基督教進入文化，以及文化基督化兩方面二者都必須與福音有密切的關係而根據學者的意見：「神的福音是『論到祂兒子』的（〈羅馬書〉1：1～3），它告訴我們神怎樣藉著基督成爲肉身和藉著救贖工作，去成就施恩萬邦的古老應許〔註53〕。」因此道成肉身與救贖的計畫仍舊是福音的中心。

但是我們來看《志玄安樂經》雖然表述方式套用了佛教淨土宗經典的形式，所論的主題也扣緊了救贖論（《志玄安樂經》的說法是「救護有情」），然而其主旨如果能扣緊福音的信息，很清楚地將道成肉身與救贖的計畫充分表達，外在的表述形式的問題反而容易解決。

然而問題應該不至於這麼簡單。也許我們可以假設說景淨是一個很有彈性的領導人，他不反對用佛教經典的文本形式來表達景教神學思想。我們也知道從景教碑文來看，景淨是認同處境化的調整，例如高度的尊君，強調君王在宣教的工作中的重要性。但是在福音的基要眞理上，景淨仍舊在景教碑文中主張：「三一分身景尊彌施訶隱戢眞威，同人出代……圓二十四聖有說之舊法……制八境之度，煉塵成眞。啓三常之門，開生滅死……棹慈航以登明宮，含靈於是乎既濟。能事斯畢，亭午昇眞〔註54〕。」這段對耶穌基督的描述一樣集中在道成肉身（同人出代）與救贖世人的計畫（從耶穌是舊約二十四位先知預言的那位彌賽亞，到他降世爲人，到他釘死、復活），可以說是福音的一個簡述。

可是《志玄安樂經》談的又是另一回事。在〈景教文獻的語言與界限〉那章裡，我們從專有名詞（善根）的角度分析知道，其所論與《聖經》的人論原罪觀相違背；從文本的分析看，其救贖論已成爲人的自救行動，更有甚者把《志玄

〔註53〕參楊牧谷，1997，頁459。
〔註54〕翁紹軍，1995，頁49。

安樂經》當成救贖主、當成《聖經》——救贖捨此別無它途：

> （四種勝法……）唯此景教勝上法文，能爲含生反（返）眞智命。
> 凡有罪苦，咸皆滅除。若有男女勤修上法，晝夜思維，離諸染污，清淨
> 眞性，湛然圓明。即知其人，終當解脫。是知此經，所生利益，眾天說
> 之，不窮眞際。若人信愛，少分修行，能於明道，不憂諸難，能於暗道，
> 不犯諸災，能於他方異處，常得安樂，何況專修？……行吾此經，能爲
> 君王安護境界……吾經利益，同於大火〔註55〕。

　　我之所以不厭其煩地再引述此段經文，就是要看清楚《志玄安樂經》如何無限上綱提高四種勝法（無欲、無為、無德、無證）與其文本本身在景教中的地位。所謂「凡有罪苦，咸皆滅除」這在基督教的信仰中，只有神可以赦罪的權力，卻拱手讓人——讓渡到一個以「無」爲中心的修養功夫論（——「無」取代了神：一個新造的神祇）？對於景教或基督教而言，耶穌基督既是三位一體的神，又是上帝的獨生子，是上帝救贖計畫的代表人，所以滅除罪苦唯一的可能性，亦即必須透過耶穌基督的救贖與赦罪。

　　新約〈路加福音〉有一個極佳的例子可以作爲說明：「有人用褥子抬著一個癱子，要抬進去放在耶穌面前，卻因人多，尋不出法子抬進去，就上了房頂，從瓦間把他連褥子縋到當中，正在耶穌面前。耶穌見他們的信心，就對癱子說：『你的罪赦了。』文士和法利賽人就議論說：『這說僭妄話的是誰？除了神以外，誰能赦罪呢？』耶穌知道他們所議論的，就說：『你們心裏議論的是甚麼呢？或說你的罪赦了，或說你起來行走，那一樣容易呢？但要叫你們知道，人子在地上有赦罪的權柄。』」（〈路加福音〉5：18～24）耶穌醫治了癱子，也赦了他的罪，正是《志玄安樂經》所謂的滅除罪苦。然而《志玄安樂經》卻將這樣的權力轉移到「四種勝法」那種人爲的修行上面，顯然已經離棄福音的最中心的基本訴求——在這一點上我們相信書寫景教碑文的那位「景淨」是不會認同的，無論這樣的表述是如何的具有創意。既然與福音無關，包序所主張的「進入文化」的那種雙重運作也就不成立了。我們可以確定：這是一次失敗的處境化〔註56〕。

〔註55〕翁紹軍，1995，頁 183～4。

〔註56〕趙璧礎認爲《志玄安樂經》乃是本色化深化的一個成果。他的原因是「已能應用練達文字，經過變義後的佛道用語，解說本身的信仰思想」。引證的經文，或解釋四種勝法，或指出《志玄安樂經》與佛道語言及形式的相似，前後一番論述，不知與景教有何關係？

　　唯二引述認爲與景教信仰的連繫是其中有說：「常習我宗，不求安樂，安樂自至」，以及我們上引的「若有男女勤修上法，晝夜思維，離諸染污，清淨眞性，湛然圓明。

　　但是無疑地，是一次極大膽的嘗試！我一直認為景淨是一位具有偉大企圖心的宣教領袖，或許他書寫《志玄安樂經》背後眞正的想法，是想要匯通景、佛、道三教，然後將之置於景教的名下；更深沉的動機則是：景教思想可以統攝佛、道教，使得景教在一個不太受到重視的唐朝社會中，可以被推上一個比目前崇高的地位。然這樣的匯通與統攝，不但無益，亦且徒然，更連景教自我的主體性也一併失去。在宣教的效果上人們看不到一個清晰的景教形象只是一個模糊的三教合一更多看到的是

　　我們看到在目前可見的唐代漢語景教文本中，《志玄安樂經》與其他幾篇之間產生了一個重大的斷裂：在基督的救贖與赦罪的權柄這兩個問題上，《志玄安樂經》自我孤立出來，把神的救贖轉為人的自救，確實中了格蘭‧奧斯邦所預言的——如果文化尺度被舉到經文之上，就不再是神學了，只不過是以人為中心的人類學而已。

　　當然對於基督論的救贖觀來看，《志玄安樂經》對福音宣教是無益的。可是我們也看到了另一種可能性，亦即景教神學在中國由於大量借用佛道教語言的緣故，是很可能發展出另類觀點的、屬於漢語原來文化的力量的展現的神學論述：《志玄安樂經》如此，《宣元本經》亦復如此。

　　《宣元本經》所關切的神學，基本上是創造論，然而也在關鍵處落入道教「以無為本」的形上學窠臼。我們從景淨會去翻譯佛經這一事來觀察，他自己內心那一把判準的量尺已漸漸愈來愈寬，對於神學上誓不兩立的景教和佛道教，認為或許可以找出匯通之處。我相信他或許認為釋放出來這樣的善意，對於宣教——減低中國人民的敵意和戒心——有幫助吧！也許眞的有幫助，但是沖淡的神學使得景教的面目愈來愈模糊。如果景教不想成為佛道教的附傭，更重要的是在漢語的語境中，找回且建立屬於它自己的語言與神學判準。

即知其人，終當解脫。」這兩條引文從上下文來看，前者說的「我宗」是以無為宗，後者勤修的「上法」是四種勝法。可是趙璧礎竟解釋為：「指示清楚不過。此寧靜心情，道德高尚之生命，除去貫行無欲無為無德無證之外，尚需安於信仰，等待上天旨意成就。」事實上所謂的「尚需安於信仰，等待上天旨意成就」，全是趙璧礎無視上下文、自我陶醉的強行解釋——《志玄安樂經》根本了無此意，反倒是通篇佛道思想，除了彌師訶、岑穩僧伽、景教、曨稽這四個不時出現且被佛道理論和語言強暴的景教標籤和專有名詞之外，實在看不出與景教有什麼特別的關係，因此也根本稱不上本色化，遑論深化的本色化。參林治平編《基督教與中國本色化》，（台北：宇宙光出版社，1990），頁 181～187。

第三節　景教經典整體觀

　　從這點上來看，不禁讓我們聯想到「詮釋循環」的問題。詮釋學由於源自於對聖經的詮釋，所以在方法上，牛津學者伊戈頓（Terry Eagleton）指出：「試圖將文本的每項因素調和成完整的整體，其過程一般稱爲詮釋循環（hermeneutical circle）：個別特點得根據全文的角度才可理解，而且通過個別特點才可理解全文〔註57〕。」當然就聖經的詮釋而言，這是沒問題的。然而對於唐朝漢語景教文本來看，不可否認地，我們是通過唐朝漢語景教文本來重構唐朝的景教思想與神學，亦即我們是通過個別特點才建構起全文。這裡其實有一個重大的問題：是否存在著一個所謂的意義完全統一性的全體或全文？亦即唐朝漢語景教文本是否可視爲意義完全統一性的全體？

　　顯然不行！然而對於加達默爾（Hans-Georg Gadamer）而言，這卻是詮釋循環的一個大缺憾，他說：「理解的運動經常就是從整體到部分，再從部分返回到整體。我們的任務就是要在各種同心圓擴大這種被理解的意義的統一性。一切個別與整體的一致性，就是正確理解的當時標準；未達這種一致性，就意味著理解的失敗〔註58〕。」如果《志玄安樂經》與其他幾篇唐朝漢語景教經典之間，確實有著無法彌補的斷裂和鴻溝──如同我們先前的理解，是否意味了這是一次失敗的理解？或者是我們應該調整對所謂「整體」的看法？

　　加達默爾認爲有一個「完全性的先把握」（Vorgriff der Vollkommenheit）〔註59〕作爲支配一切理解的一種形式的前提條件，他說：「只有那種實際上表現了某種意義完全統一性的東西，才是可理解的。所以當我們閱讀一段文本時，我們總是遵循這個完全性的前提條件，並且只有當這個前提條件被證明爲不充分時，即文本是不可理解時，我們才對流傳物發生懷疑，並試圖發現以什麼方式才能進行補救

〔註57〕伊戈頓，《文學理論導讀》（Literary Theory-An Introduction），（台北：書林出版，1993），頁97。

〔註58〕加達默爾，《詮釋學I　眞理與方法──哲學詮釋學的基本特徵》（Hermeneutik I Wahrheit und Methode-Grundzuge einer philosophischen Hermeneutik），（台北：時報出版，1993），頁382～383。

〔註59〕加達默爾描述海德格對詮釋循環的見解：「對文本的理解永遠都是被前理解（Vorverstandnis）的先把握活動所規定。」他加以解釋道：「支配我們對某個文本理解的那種意義預期，並不是一種主觀性的活動，而是由那種把我們與流傳物聯繫在一起的共同性（Ineinanderspiel）所規定……這種共同性並不是我們已經總是有的前提條件，而是我們自己把它生產出來，因爲我們理解參與流傳物進程，並因而繼續規定流傳物的進程。」而所謂的「完全性的先把握」就是這樣的循環意義的一個詮釋學結論。同上，頁385。

〔註60〕。」

　　其實我們並未發現《志玄安樂經》的文本不可理解，而只是它與其他的文本之間有「基督的救贖」與「赦罪的權柄」此二基督教基要神學的斷裂而已——而原因是它用另外的救贖之道（四無的自救修行）取代之。事實上，唐朝漢語景教文本，也未必可以在《志玄安樂經》、《宣元本經》與其他七篇文本之間，乾淨俐落、一刀兩分截然劃清界線，一方面它確實是運用景教的重要代表人物耶穌（與彼得）作為主角，且也多次在文本中自稱其所詮釋的宗教為「景教」（顯然書寫者自認為景教文本的書寫人，而不是其他宗教的書寫人——這點很重要，也不容忽視與否認）；另一方面它也提出某些重要的景教在中國的宣教文字操作策略（「為化人故，所以假名」）。

　　另外其他七篇之間也有相互矛盾衝突之處，如景教碑文中的教堂君王寫真與《序聽迷詩所經》反對拜假神偶像的基本誡命，絕對是相牴觸的——我們當然可以解釋清楚為何會有這樣的矛盾產生，但是並不代表二者可以調和為一個意義完全統一性的東西。

　　所以我們不禁要問：什麼是（唐朝漢語景教文本的）整體？或者有沒有意義完全統一性的整體？我認為至少就目前可見的幾篇唐朝漢語景教文本而言，是不存在這樣一個「理想性的整體」。其中可看到矛盾、衝突與不穩定，換句話說，以神學的熱力學觀點看，其語言操作和結構整合上亂度很高，仍處於整理的階段，雖然有其神學的母體基督教作為理論發展的根據地，但是在與中國當時強大的佛道教接觸碰撞中，許多新的可能性正在成形當中，許多新的神學議題也將形成，是極可發展出屬於漢語文化的景教神學體系。可惜的是唐武宗的會昌滅佛，兼及三個外來宗教，景教亦遭池魚之殃。也因體質未健全，會眾未有規模，神學未深耕與生根，因此雖然佛教可以在一年後武宗過世當下反撲成功，而景教就因此一蹶不振了。

　　但我們依然可以將它們視為一個整體，只是不再存在一種內在的有機性，可以將文本的每項因素調和成完整的整體。其實在幾篇唐朝漢語景教文本中，我們只看到一個鬆散的結構，具有兩個層次的關係：一是各篇文本之間的關係，一是各篇文本各自與《聖經》的關係。

　　各篇文本之間的關係，由於都與景教有關，所以大致上是相容的、具有互補功能，然而也各自具有擴散效果，例如《序聽迷詩所經》特別在上帝聖靈的風與

〔註60〕同上，頁385～386。

人生命氣息的關係上加以發揮，是在《三威蒙度贊》、《一神論》、景教碑文、《尊經》與《志玄安樂經》各篇之中所沒有的，大大擴張聖靈與人生命關聯性的意義向度；又如《一神論》中對上帝的時空性論述（接界、起作的概念），是其他各篇都未曾觸及的主題，把景教的神論因著更複雜的討論擴散到更多的範疇──而這是其他篇章所無法想像與觸及的空間。當然各文本之間也存在著矛盾、不連貫的關係，如前述的君王寫眞問題，又例如《志玄安樂經》與其他的文本之間有基督的救贖論上的牴觸和斷裂，《宣元本經》則是對於創造宇宙的形上基礎以道教的「無」取代上帝的話語。

這種鬆散的結構關係，更類似維根斯坦的遊戲理論給語言意義那種「重疊交錯的相似性複雜網絡」的「家族相似性」〔註61〕比擬，各篇文本都在「景教」此一家族大標誌之下，它們之間好比各個家族成員存在不同的相似性。若要像加達默爾說它們之間（或說部分與整體之間）具有被理解的意義一致性與統一性，才可能有正確的理解，我認爲是牽強了，也太過理想化了，只能算是一種想像的論斷。

雖然上述這些唐朝的文本是分布在一段爲時近二百五十年間書寫的，然而由於語言的轉換（翻譯）與空間的轉移（宗教的旅行），我們基本上是用平面的關係來處理其間的比較研究。另一層次的關係是各篇文本各自與《聖經》的關係，比較上是垂直的關係，因爲我們不能否認漢語景教文本無論是神學文本、《聖經》翻譯文本，或敬拜的詩歌、頌詞、聚會儀式文本，應該都與《聖經》有著直接或間接的關係，又或者另一種可能：根本沒關係。

這其實就是我們在〈小島文書眞僞考〉一章中「景教信心之書」一節裡所提出的異端問題，如果在這幾篇唐朝漢語景教文本中，無論是神學、翻譯或各式各樣的文本，都可以在《聖經》中找到脈絡關係與參考架構，那麼試問：如果有一篇文本找不到這樣的關係，它還算是一篇景教的文本嗎？換句話說，**景教文本的必要條件是什麼？**從宣教的觀點來問的話，如果我們肯定宣教士來華的目的就是要宣揚景教，那麼**景教一定要讓人知道的內容是什麼？**回過頭來看《志玄安樂經》或《宣元本經》，它們算是景教文本嗎？它們達到宣教目的了嗎？

景教碑文裡提到阿羅本來華，唐太宗認爲他「深知正眞」，於是「特令傳授」。我相信阿羅本一定好好把握了這一次機會向唐太宗宣講景教教義，然而他會說些

〔註61〕詳第四章〈景教文獻的語言與界限〉中，第三節「語意價值的轉投資」中的「遊戲理論」。

什麼？如果我們不否認早期經典《序聽迷詩所經》和《一神論》與阿羅本有密切關係〔註62〕，那麼我們也可以相信《序聽迷詩所經》和《一神論》要傳達給長安與唐朝人民的神學觀，也應該是傳授給唐太宗的教義，因爲他們在與景教接觸這件事上是相同的陌生。所以在最早的經典裡所傳達的教義，應該就是景教最希望讓人知道的內容。此二者的重要神學包括：神論（《一神論》中特別有闡明獨一真神的論述）、倫理學與基督論；翻譯的部分則集中於基督論的救贖計畫與耶穌的生平和倫理教導。

　　因此我們相信聶斯多留教派來到中國的宣教策略，除了傳揚神論、基督論之外，也非常注重倫理學，反而三一神論是中後期才更進一步宣講的（《三威蒙度贊》、景教碑文、《尊經》），可是基督論（《宣元至本經》）與神論（《大聖通真歸法贊》）依然是重點。這一點與西方的宣教策略有顯著的不同，包序說道：「在十六世紀前，宣教只跟三位一體的教義有關，只涉及父神差遣聖子，以及聖父聖子差遣聖靈等方面〔註63〕。」

　　因此要回答上述「唐朝漢語景教文本的必要條件是什麼？」這個問題，我們知道至少必須是關乎神論、基督論、三一神論，或者與以神爲中心的倫理學有關的文本。從這樣的判定標準來看，《志玄安樂經》都與這些無關涉，其所謂的十觀〔註64〕、四勝法也與上帝、耶穌基督或三位一體的神學無涉。《志玄安樂經》在表達形式上是採取佛教淨土宗架構，而在思想內容上則是佛、道攙半——正好表達出唐朝當代的思想特色，只是貼了景教的標籤罷了。而《宣元本經》則是集中論述上帝的創造論，一方面肯定神的創造之功與全知全能的屬性，可是另一方面對創造的根據歸於道教形上學的「無」，所以整體來看《宣元本經》是一部攙雜景、道教的神學文本。然而，除去神的話語，就除去神的道（Logos, Word），使得道成肉身的救贖計畫無法完成，同時也削去了耶穌基督在救贖論中的絕對不可或缺的地位，於是整個舊約的先知預言全數落空，那麼就和景教碑文所宣告的：「景尊彌

─────────────

〔註62〕景教碑文說阿羅本「翻經書殿」，《尊經》也說他「居於中夏，並奏上本音，房玄齡、魏徵宣譯奏言」——阿羅本無疑與早期翻譯經典有關。

〔註63〕包序，1996，頁1

〔註64〕十觀所傳達的思想，頗似舊約《聖經》的〈傳道書〉：「我察看我手所經營的一切事和我勞碌所成的功。誰知都是虛空，都是捕風；在日光之下毫無益處。」（〈傳道書〉2：11）然而十觀問題的解決乃倚靠人爲四勝法的修行，與上帝沒有關係。可是《傳道書》認爲一切問題的答案仍在神身上：「這些事都已聽見了，總意就是：敬畏神，謹守他的誡命，這是人所當盡的本分（或作：這是眾人的本分）。因爲人所做的事，連一切隱藏的事，無論是善是惡，神都必審問。」（〈傳道書〉12：13～4）。

施訶隱戩眞威，同人出代……圓廿四聖有說之舊法」——舊約廿四位先知預言基督的實現與耶穌道成肉身，全部沒有著落。神的話語是上帝能力的實踐，如果只肯定神的全知全能，卻除去神話語的終極地位，而將這創造根源歸之於道教的「無」，就會陷入以無爲本的本體論，造出另一個以無爲中心的神論。

閱讀《志玄安樂經》對景教的認識沒有幫助，反而導向認同佛教、道教。它的問題比景教的「佛畫像」更嚴重，因爲景教的「佛畫像」原先想要畫的是「耶穌像」，只是所運用的繪畫語言是佛教式的，故此被誤解。但是《志玄安樂經》並不想表達與眞正的景教有關的神學思想，它只是用佛經畫一個框，然後塡上佛道教內容，最後貼一個景教的標籤，宣稱這是景教的產品。如果我們站在景教的立場，就可以說：這是標籤的誤用，是低劣的仿冒，是假的文本——雖然它很可能是如假包換得之於敦煌藏經洞的唐代敦煌寫本。在假的文本裡：看不到上帝，看不到救贖。

在《志玄安樂經》的文本中我們看到：處境化的失敗就等於宣教上的失敗，福音的聲音被埋沒在本色化的文化調整與語言努力之下了。

宣教，如果沒有《聖經》與精準的信仰判準，作爲支撐系統與判斷標準，本色化或處境化很可能變成**去基督化**的精巧設計而已。

第八章 結 語

從一個比較大的視野來看，唐代的景教應該算是亞洲基督教宣教史的一段歷史。來自波斯的聶斯多留派的宣教士們，於唐太宗時來到中國長安，企圖輸入一個全新的宗教。宣教士無疑地在當代波斯與中國這兩個宗教與文化上斷裂的世界裡，特別在景教的引介上，佔據了有效的主導地位。

景教進入中國時，面對的是一個許多宗教競爭的局面。

第一節 唐代各宗教宣教比較

在上一章〈景教宣教策略的處境〉，我們由唐代景教漢語的文獻內緣分析其宣教的操作，然而當我們將視野擴大，把景教與當代其他各宗教間的比較研究，可以更清楚看到景教的輸入，是如何在宗教強權的鬥爭夾縫中求生存，以及其宣教的實際操作原則。

事實上，我們首先可以注意的是從貞觀九年（635）到景淨書寫景教碑文的建中二年（781），目前可見的經典是九篇到後來的《尊經》歷時二百七、八十餘年間，記載出於景淨之手的翻譯經典三十五篇，扣除學者考證其中三篇當屬摩尼教經典外，景淨譯經為三十二篇，加上碑文《尊經》與未載入《尊經》的四篇經典（即出阿羅本之手的《序聽迷詩所經》、《一神論》與翻譯者不詳的《宣元至本經》、《大聖通真歸法讚》），如果《尊經》所載可信的話（至少上述三篇摩尼教經典就有問題），總共不過是三十八篇經典，比起同時傳入中國的摩尼教，翻譯經典的數目當然多了不少。然而摩尼教的經典原本為數不多，林悟書說：「摩尼教⋯⋯其教

主摩尼的著作不過八部〔註1〕。」

可是景教翻譯的經典的工作，若是比起當時的佛教，就顯得相當蕭條了。事實上，佛教從東漢末傳入中國，翻譯經典一直是其重要的傳教方式，傅樂成說：「佛教徒的譯經工作，從兩晉南北朝直到唐朝，從沒有間斷過，而唐代的譯經工作，其規模的龐大，成就的高超，又遠超過前代〔註2〕。」我們單單只舉一人為例，即玄奘，它於貞觀十九年返國，攜回佛經六百七十五部，凡五千二百卷，他有一個譯經的團隊，前後十九年，共翻譯經、律、論七十五部，一千三百三十卷〔註3〕。

更重要的是從漢代起，佛教徒就給予翻譯佛經者以特殊的地位，湯用彤說：「漢代於西域譯經傳教者，恆尊之為菩薩〔註4〕。」唐代的《六祖壇經》也給予某些佛經很高的價值：「持誦《金剛般若經》即得見性，當知此經功德無量無邊，經中分明讚嘆，莫能具說。」（般若品第二）因此六祖惠能會鼓勵信徒抄寫經文，認為也算是一種功德：「吾於大梵寺說法以至于今，抄錄流行，目曰：《法寶壇經》，汝等守護，遞相傳授，度諸群生，但依此說，是名正法。」（付囑品第十）這樣的觀念對翻譯、抄寫經典當然具有極大的鼓舞作用。

反觀今日我們所見的景教經典，就篇幅論，每一篇頂多可視為一卷經文，亦即二百餘年、近三百年的一個宗教團體的翻譯事業，尚不及玄奘一人所領導的翻譯團隊的翻譯量的尾數。這個現象似乎可以解讀出一個訊息，亦即就景教的宣教策略而言，翻譯經典固然重要，但是顯然並不是最重要的策略，我認為就目前可見的九篇經典中，即有三篇與聚會有關的頌讚〔註5〕，或許聚會中人與人接觸傳講福音、或者慈善活動、助人義舉的方式，才是景教宣教的主要方法。

另外與祆教摩尼教相較，在唐代此二外來宗教都被禁止傳教活動。《新唐書》：「兩京及磧西諸州火祆，歲再祀而禁民祈祭〔註6〕。」雖然准許祆教建祠，但卻不准人民祈祭。很有意思的是三夷教中只有祆教的僧侶被列入職官編制，《通典》卷四十《職官典》：「視流內，視正五品，薩寶；視從七品，薩寶府祆正。……視流外，勳品，薩寶府祆祝；四品，薩寶率府；五品，薩寶府史〔註7〕。」陳垣解釋道：

〔註1〕林悟殊，《唐朝景教再研究》，（北京：中國社會科學出版社，2003），頁98。

〔註2〕傅樂成，《漢唐史論集》，（台北聯經出版社，2002年），頁356。

〔註3〕詳參傅樂成，《漢唐史論集》，頁356。

〔註4〕湯用彤，《漢魏兩晉南北朝佛教史》，（台北：臺灣商務印書館，1998），頁102。

〔註5〕即《三威蒙度讚》、《大聖通真歸法讚》、《尊經》三經。

〔註6〕歐陽修、宋祈，《新唐書》卷46百官志一「祠部」，1981C。

〔註7〕《通典》卷四十《職官典》，轉引自陳垣，《明季滇黔佛教考（外宗教史論著八種）上下》，（石家庄市：河北教育出版社，2002年），頁129～130。

「唐代之尊崇火祆，頗有類於清人之尊崇黃教，建祠設官，歲時奉祀，實欲招徠西域，並非出自本心〔註 8〕。」林悟殊認為：「在伊斯蘭征服之前，入居中國的西域移民中，其大多數應屬於火祆教的信徒……唐朝當局把火祆教僧侶列入職官編制，顯然旨在通過這些僧侶，來加強對西域移民的管理和控制〔註 9〕。」祆教既以西域移民為其主要信眾，雖不可以向中國人民傳教，影響似不大，因為唐代初期由於對外屢次征伐，降服不少外族。傅樂成說：「估計從太宗貞觀初至玄宗天寶初的一百二十年間，外族被唐俘虜或歸降唐室，因而入居中國的，至少在一百七十萬人以上……外族來華經商傳教的，也極眾多〔註 10〕。」這些為數眾多的外來移民，成為祆教的基本教眾，所以祆教既不翻譯經典，也看得出並無意願積極向中國人民傳教——雖然政府禁止其傳教。

《通典》卷四十載玄宗開元二十年七月敕曰：「末摩尼本是邪見，妄稱佛教，誑惑黎元，宜加禁斷。以其西胡……自行，不需科罪者〔註 11〕。」雖然玄宗認為摩尼教為邪教，但是之後由於回紇幫助唐朝平安史之亂，改變此一形勢，陳垣說：「回紇則君臣上下，一致尊崇，故摩尼教在回紇能風靡一時，并隨回紇入唐，傳其教於大江南北〔註 12〕。」回紇成為摩尼教的護法國，藉著回紇的勢力，摩尼教得以建法堂，大力傳教，《僧史略》卷下：「大歷三年，回紇置寺，宜賜額『大雲光明之寺』〔註 13〕。」不說摩尼建法堂，而說回紇置寺，顯見回紇以政治力幫助摩尼教推廣宣教。

景教既不以外來移民為其傳教對象，又無護法國的奧援，於是一方面為了深入中國民間傳教，必須翻譯經典；另一方面沒有外政治力的幫助，只好與唐朝最高統治階層保持良好關係（景教碑文記載相當詳盡），成為其宣教上合法化的一個重要依據。關於後者，我們只要比較回教的傳入，其態勢就更加明顯了。

據陳垣的考證，回教應該是在唐朝與大食在永徽二年（651）正式通使前後傳入的〔註 14〕。大食的勢力在唐朝時已佔領了中亞細亞，建立了一個龐大的回教帝國，據《冊府元龜》所記，西域諸國為大食所侵之時，曾向唐朝請救兵，然而唐朝一概未允，乃因當時大食的國勢正盛，唐人不願與之結怨，甚至有向其借兵之

〔註 8〕陳垣，《明季滇黔佛教考（外宗教史論著八種）上下》，頁 128。

〔註 9〕林悟殊，《唐朝景教再研究》，頁 110。

〔註 10〕傅樂成，《漢唐史論集》，頁 357～358。

〔註 11〕陳垣，《明季滇黔佛教考（外宗教史論著八種）上下》，頁 148。

〔註 12〕陳垣，《明季滇黔佛教考（外宗教史論著八種）上下》，頁 149。

〔註 13〕陳垣，《明季滇黔佛教考（外宗教史論著八種）上下》，頁 154。

〔註 14〕陳垣，《明季滇黔佛教考（外宗教史論著八種）上下》，頁 213～216。

舉。陳垣說：「肅宗時借大食兵以平安史之亂，其後更有主張連大食以亢吐蕃者〔註15〕。」唐朝與大食往來密切不僅政治上如此商業活動更是活絡。

一般而言，回教大量傳入是在安史之亂後，大食人自海路來華經商者日眾，寺院也愈多，但只限於南方。《舊唐書》鄧景山傳謂：「劉展作亂，引……田神功兵馬討賊，神功至揚州，大掠居人資產，鞭笞發掘略盡，商胡大食、波斯等商旅，死者數千人〔註16〕。」此為肅宗至德年間事，可見當時來華從事商業活動的大食人極多，同時也將回教文化帶進中國，陳垣認為回教人士：「飲食習慣特別，不便與異族通婚，所以其民族自為風氣，世代相傳，改宗不易〔註17〕。」不僅如此，為了維繫宗教的完整性，回教徒甚至形成一個獨立社區生活圈，宋人朱彧的《萍洲可談》云：「廣州蕃坊，蕃人衣裝與華異……至今蕃人，但不食豬肉而已〔註18〕。」所謂的蕃坊即獨立的回教社區生活圈，其形成應該是唐代時已然如此，最主要的原因就是維護其完整與獨立的宗教生活與文化習俗，也因此回教徒基本上在中國是不向外（即中國人民）傳教的。大食的回教徒能夠在中國如此維護其完整與獨立的宗教生活與文化習俗，我相信一方面多少與當時大食的國力鼎盛有關，且另一方面唐朝也仰賴其幫助才平亂，二者之間多少是有盟邦的友好關係——也就是在這樣的政治優勢下，回教乃能順利登堂入室，進入中國。

可是反觀景教，基本上是在一個極度困難的情勢下，進入中國進行其宣教工作的，所以在某個層面上，宣教實在是以極端克制，甚至隱忍的方式進行的，例如劉蛻父子不祭祖，竟未在中國社會引起倫理衝突，可見其行事相當低調。

總而言之，景教在這樣的諸多不利因素下，摸索出一條能夠適應且生存下去的宣教策略：即與政治權力中心維持極好的關係是其主軸，然後努力拓展民間宣教工作：包括翻譯經典、慈善活動、儀式聚會等，然後以高度具彈性的模式，減低一切可能引起倫理上的衝突的敏感性，以自行吸收、內化處理倫理問題的方式，使得宣教事業得以順利進行。

第二節　爭奪生命意義的詮釋權：赤裸裸的鬥爭

事實上，在唐朝一般人對於生命意義的自我詮釋，除了儒家思想與傳統習俗

〔註15〕陳垣，《明季滇黔佛教考（外宗教史論著八種）上下》，頁217。
〔註16〕劉昫等撰，《新校本舊唐書》，楊家駱主編，（台北：鼎文書局，1981），頁3313。
〔註17〕陳垣，《明季滇黔佛教考（外宗教史論著八種）上下》，頁228。
〔註18〕轉引自陳垣，《明季滇黔佛教考（外宗教史論著八種）上下》，頁219。

之外，佛教和道教也是極為重要的詮釋語境和權威。另外就是因為唐朝初期的開放政策，讓所謂的三夷教（景教、祆教、摩尼教）與回教陸續傳入中國。唐朝政府雖然包容各式各樣的宗教，但似乎各宗教間透過政治運作，相互攻訐的現象屢見不鮮。當時各個宗教間存在著一種特殊的張力，亦即宗教間會互相攻擊，而一般而言發出攻擊的通常是在政治與社會上佔主導地位的儒、佛、道三教。

儒家發出的攻勢以韓愈反對迎佛骨為代表。中唐文學祭酒韓愈，登進士第，調授四門博士，轉監察御史，身為文壇領袖、重要知識份子與政府官員，對當時的影響力不可謂不大。唐憲宗遣使往鳳翔迎佛骨入禁中，盛況空前：「王公士人奔走膜唄，至為夷法灼體膚，委珍貝，騰沓係路。」於是韓愈上表諫迎佛骨：「臣雖至愚，必知陛下不惑於佛，作此崇奉以祈福祥也……然百姓愚冥，易惑難曉……以至灼頂燔指，十百為群，解衣散錢，自朝至暮，轉相仿傚，唯恐後時，老幼奔波，棄其生業。」後來憲宗大怒，本要賜死韓愈，後群臣爭諫，乃貶潮州刺史〔註19〕。

對於以儒為本的韓愈，百姓為了迎佛骨而「灼頂燔指，十百為群，解衣散錢，自朝至暮，轉相仿傚，唯恐後時，老幼奔波，」的表現，就是「棄其生業」。然而對這些相信佛教的百姓而言，他們這麼作卻是對生命最終極意義的投資，他們以釋迦牟尼的一截指骨，希望透過敬虔的禮拜，能使生命的價值得到實現。

而且另一位古文大師柳宗元的意見就與韓愈相左，〈送僧浩初序〉：「儒者韓退之與余善，嘗病余嗜浮圖言，訾余與浮圖遊……浮圖誠不可斥者，往往與易論語合……吾之所取者，與易論語合〔註20〕。」柳宗元大致上以儒家、佛教作為其生命意義的詮釋架構〔註21〕。唐朝這些知識份子，或複述或改編儒、佛經典與思想體系來詮釋生命的價值與意義。

事實上，在唐代儒、佛、道三大教的相互批判，已然是一種傳統的政治習慣動作。我們知道從北魏、北周起三教相爭不絕，湯用彤說：「（周武帝）自天和至建德年中，七次令爭辯三教先後〔註22〕。」從此漸漸形成所謂的「三教論衡」的活動。董乃斌說：「唐自高祖開端，歷代不斷，太宗、高宗均曾幸國子學，引道士、沙門、博士相與駁難〔註23〕。」而大約從德宗起，「三教論衡」定在皇誕日舉行，

〔註19〕詳見歐陽修、宋祈，《新校本新唐書》卷176，韓愈列傳，頁5258～5261。
〔註20〕周紹良主編，《全唐文新編》卷579，（長春：吉林文史出版社，2000），頁6611。
〔註21〕柳宗元接受佛教，似乎有一個前提，即其理論與儒家相容。從這一點來看，至少表面上，儒家在詮釋存有意義上是居於一個更加根本的地位。
〔註22〕湯用彤，《漢魏兩晉南北朝佛教史》，頁540。
〔註23〕董乃斌：《流金歲月——唐代卷》，（香港：中華書局，1992年），頁140～142。

《舊唐書》韋渠牟傳曰：「貞元十二年四月，德宗誕日，御麟德殿，召給事中徐岱、兵部郎中趙需、禮部郎中許孟容與渠牟，及道士萬參成、沙門譚延等十二人，講論儒、釋、道三教〔註24〕。」

另外唐文宗太和元年（西元 827），舉行了一場三教辯論，白居易代表儒方，寫了一篇《三教論衡》，提出這樣的結論：「儒門、釋門，雖名數則有異同，約義立宗，彼此亦無差別，所謂同出而異名，殊途而同歸者也〔註 25〕。」雖然白居易想調和三教的差異，但是顯然道教人士並不領情，於是就在文宗過世後，繼位的武宗會昌年間，道教就發起大規模的滅佛、滅三夷教運動。

在唐代，道教又是另一個重要的詮釋生命的意義脈絡。唐太宗貞觀十一年修老君廟於亳州，且敕曰：「老子是朕祖宗，名位稱號宜在佛先。」朱謙之說：「唐代宗教以李唐自稱和老子是本家，歷代尊崇老子，保護道教。據《續高僧傳》二集貞觀二十一年命玄奘三藏敕令，翻《老子》五千字文爲梵言，以遣西域；唐玄宗且自注《老子》，通令全國立老子廟，學生習《道德經》〔註26〕。」唐太宗推廣《老子》到西域各國，唐玄宗所注的《老子》經文見於道藏〔註 27〕。而景教的消失很大一部分的原因，不可否認地，也與道教有關：會昌五年（845），唐武宗爲了經濟的利益而滅佛，兼及景教、祆教、摩尼教，而此事件的起因則是武宗寵信道士，接受趙歸眞、鄧元起、劉玄靜一批道士的提議所致〔註28〕。

事實上，由於唐朝帝國所擁有的高度國際性質，其政府承襲隋代鴻臚寺的制度且加以擴大〔註29〕，用以處理有關外交及外來宗教事務。《全唐文》記載：「官寺有九，而鴻臚其一……臚者，傳也，傳異方之賓禮儀與其語言也……古者開其官署，其官將以禮待異域賓客之地……國朝沿近古而有加焉，亦客雜夷而來者，有摩尼焉、大秦焉、祆神焉，占天下三夷寺，不足當吾釋氏一小邑之數也〔註30〕。」

顯然唐朝政府很重視處理進入中國的外來宗教事務，所以擴大主其事的機構鴻臚寺的規模。很明顯地景教傳入長安，一定經過鴻臚寺的接待；同樣地，滅佛時不只佛教僧尼被遣還俗，景教教士也遭池魚之殃，其主管單位一樣是鴻臚寺。

〔註24〕詳見劉昫等撰，《新校本舊唐書》卷 135 韋渠牟傳，頁 3728。

〔註25〕見周紹良主編，《全唐文新編》冊 11，頁 7653～57。

〔註26〕朱謙之，《中國景教》，（北京：人民出版社，1993，頁 68。

〔註27〕道藏 355～356 冊《唐玄宗御製道德眞經疏》。

〔註28〕事詳《舊唐書》卷十八上武宗本紀會昌五年元月至八月條下。劉昫等撰，《新校本舊唐書》，頁 603～608。

〔註29〕參劉昫等撰，《舊唐書》卷四四職官志鴻臚卿條下。

〔註30〕《全唐文》卷七百二十七載舒元興作《唐鄂州永興縣重岩寺碑銘并序》。

據會昌五年八月武宗制文:「還俗僧尼二十六萬五百人……勒大秦、穆護、祆三千餘人還俗。」這些還俗的人,據中書門下條疏聞奏:「僧尼不合隸祠部,請隸鴻臚寺〔註31〕。」全部交由鴻臚寺處理。

我們知道前面談到韓愈在憲宗時以儒家的觀點攻擊佛教;同樣地我們也在景教碑文裡看到佛教、道教攻擊景教:「聖曆年,釋子用壯騰口於東周;先天末,下士大笑訕謗於西鎬〔註32〕。」顯然在武則天當政時佛教曾攻擊景教,而玄宗時道教曾攻擊景教,真實的情況雖然無法得知,但是一些敦煌出土的資料似乎透露出佛教對景教的攻訐的蛛絲馬跡。

敦煌唐寫本《歷代法寶記》述罽賓國:「其王不信佛法,毀塔壞寺,殺害眾生,奉事外道末曼尼及彌師訶等〔註33〕。」彌師訶即景教,末曼尼即摩尼教,雖然未正面批評景教、摩尼教信仰,但是論罽賓國王不信佛法,事奉景教、摩尼教的結果卻是毀塔壞寺,殺害眾生,可知書寫者必為佛教信徒,且對罽賓國王所信的景教、摩尼教持極端負面看法。

另外,同屬敦煌唐寫本的《講唱押座文》,亦有相近的見解,將景教、摩尼教、祆教視為外道:「且如西天有九十六種外道,此間則有波斯、摩尼、火祆、哭神之輩〔註34〕。」波斯即指景教,《講唱押座文》的書寫者大約與《歷代法寶記》的見解相同,外道即非正道,以此貶低景教與其他宗教的價值。

雖然佛、道教大動作批判三個外來宗教,但是其中有翻譯經典的景教與摩尼教卻逆向操作,所翻譯的經典不斷向佛、道教靠攏。景教的狀況,我們在這本論文之前的論述已多而詳盡。關於摩尼教,林悟殊說:「吐魯番發現的摩尼教經文殘篇 M801 和 M42,已經把教主摩尼分別等同於彌勒佛和佛陀。北圖所藏的《摩尼教殘經》(宇自第 56 號新編 5470)是現存最早的漢譯摩尼教經,……其中已充斥佛教術語。而大約一百年後翻譯的《下部讚》,竟然把摩尼教的眾神都冠以佛號……《摩尼光佛教法儀略》撰於開元十九年,把教主摩尼與佛陀老子合為一體,三聖同一〔註35〕。」摩尼教顯然比景教更進一步,直接將佛、道教的專有名詞套用,企圖泯除與佛教、道教之間的界線。饒是如此,依然難逃佛教道教的的攻擊與勦滅。

〔註31〕劉昫等撰,《舊唐書》,頁 605。
〔註32〕曆年為武則天年號,先天為唐玄宗年號。翁紹軍,《漢語景教文典詮釋》,(香港:漢語基督教文化研究所出版,1995,頁 59。
〔註33〕《大正新修大藏經》卷 51,No.2075,頁 180。
〔註34〕S6551 背面,詳參黃永武主編《敦煌寶藏》,第 48 冊,頁 364。
〔註35〕林悟殊,《唐朝景教再研究》,(北京:中國社會科學出版社,2003 年),頁 99～100。

武宗時，道教針對當時幾乎所有其他宗教發起大規模攻擊，包括佛教、景教、祆教與摩尼教等。為什麼，原因是什麼？

韓愈攻擊佛教，或者道教攻擊其他宗教，真正的原因其實是經濟利益。武宗的制文：「朕聞三代已前未嘗言佛，漢魏之後像教寖興……以至於蠹耗國風而漸不覺……九州山原、兩京城闕，僧徒日廣、佛寺日崇。勞人力於土木之功，奪人利於金寶之飾……且一夫不田，有受其飢者；一婦不蠶，有受其寒者。今天下僧尼不可勝數，皆待農而食，待蠶而衣。寺宇招提，莫知紀極，皆雲構藻飾，僭擬宮居。……拆招提蘭若四萬餘所，收膏腴上田數千萬頃，收奴婢為兩稅戶十五萬人〔註36〕。」這些都充公的話，對國庫的收入當然大有助益。但是要株連大秦、穆護、祆教這三小宗教，用意就更深沉了——因為在他們身上基本上是沒有什麼經濟利益可言。

這是宗教間的競爭，爭奪的是**對這個世界背後的存在意義與價值觀的解釋權**。道教如果能排除其他宗教，擁有獨一的解釋權，且與政治的權力中心結合，就可以獨享從最高當局分配出來的政治資源與經濟利益。我們不要忘了景教碑的記載，從唐太宗一直到德宗這一百五十年間，景教與皇帝維持著相當親密與良好的關係。因此，如果說武宗時道教會處心積慮連景教一起鏟除，那在之前玄宗時道教曾攻擊景教，也就不足為奇了。

另一方面，發起這場大災難的其實是唐武宗身邊寵信的道教集團，他們運用對唐武宗的影響力，決定性地改變了唐朝的外交政策。唐武宗本紀說：「以道士趙歸真為左右街道門教授先生。時帝志學神仙，師歸真。歸真乘寵，每對排毀釋氏，言非中國之教，蠹耗生靈，盡宜除去〔註37〕。」我們應該特別注意趙歸真毀謗佛教的理由，深入分析來看有二：一、非中國之教——僅僅是這一點，就會影響唐朝的外交策略，這背後隱含一個思想，即排外意識，不是中國文化的產物就不好，這樣的價值觀標準是極為狹隘的，表現出一種內在焦慮與情緒反應；二、蠹耗生靈——經濟因素，永遠是最關鍵的原因。

「非中國之教」的排外思想，其實對佛教而言是欲加之罪、何患無詞，之前我們已經說過佛教早已是一個內化的中國宗教，可是這樣的排外思想卻代表了多重意義：一方面是政治動作，帶來大舉消滅潛在敵人（三夷教）的藉口；另一方面表示唐政府的外交策略已在劇烈轉變當中——從開放、多元、包容到封閉、單

〔註36〕劉昫等撰，《舊唐書》，頁605～606。
〔註37〕劉昫等撰，《舊唐書》，頁600。

一、排外，其中有民族主義的情緒反應，也有當時的國際政治現實。

　　林悟殊說：「查武宗大舉滅佛之前，已先對摩尼教下手，會昌初元，漠北回紇敗於黠戛斯，向西南遷移，其中在中國內地的勢力也敗退，於是唐政府對於摩尼教變得不太客氣了〔註38〕。」為什麼回紇國力衰退，就要對摩尼教下手？其實很重要的原因是排外、仇外的思想已醞釀成形。

　　許多學者都注意到唐朝政府得政策的轉變。陳寅恪分析道：「回紇自唐肅宗以後，最為雄大，中國受其害甚鉅，至文宗之世天災黨亂擾其內，黠戛斯崛起侵其外，於是崩潰不振矣。當日中國亦非強盛之時……〔註39〕」中國當時之所以國勢不振，原因即遭到安史之亂。傅樂成說：「李唐皇室起源於北朝胡化的漢人，他們的民族思想，亦即所謂夷夏觀念，本甚薄弱……安史亂起，唐室怵於禍害，夷夏之防，也因而轉嚴〔註40〕。」林悟殊也認為安史之亂是關鍵事件：「發生於西元755-763年的安史之亂，是導致唐朝由盛而衰的劃時代歷史事件。在此之前，唐朝無疑是當時最強盛的國家……統治階級對自己對未來充滿信心，朝廷深具大國風度，對外開放，招徠西域。在意識形態領域則採取較為寬鬆的政策，各種宗教流行〔註41〕。」然而安史之亂的禍首安祿山與史思明以及其一批手下，都是西域胡人，而後來助平亂的回紇人，又恃功而驕，在各地為非作歹引，起中國社會各界的排外、仇外心理。而唐武宗的滅佛固然是仇外、排外思想的體現，但是最重要的是道教集團在背後的策劃與驅動。

　　另一個滅佛的原因是「蠹耗生靈」，顯然佛教佔用了太多了國家與社會資源。道教與佛教間存在著一個巨大的張力，爭奪終極存在意義與價值觀的解釋權，以及隨之而來的政治資源與經濟利益。經濟利益與排外思想兩者結合，可看出是道教對佛教的鬥爭主軸，然而一方面固然與安史之亂有關，另一方面方面我認為是複製約三十年前憲宗時韓愈對佛教（迎佛骨）的鬥爭路線：表面上是道統之爭，韓愈上表說：「佛者，夷狄之一法耳，自後漢時始入中國，上古未嘗有也〔註42〕。」武宗的制文與此有異曲同工之妙；骨子裡則是要壓制佛教的經濟惡性膨脹。

　　這一點看似與三個夷教無關，事實上卻是隱然有關連的，亦即新的宗教從新的世界帶來新的存在意義與價值觀的解釋權。這對於道教當然是一個威脅，景教

〔註38〕林悟殊，《唐朝景教再研究》，頁115；相關史實參劉昫等撰，《舊唐書》，頁588。
〔註39〕陳寅恪，《唐代政治史述論稿》，（台北：里仁書局，2000年），頁278。
〔註40〕傅樂成，《漢唐史論集》，頁362～363。
〔註41〕林悟殊，《唐朝景教再研究》，頁117。
〔註42〕歐陽修、宋祈，《新校本新唐書》，頁5259。

不只爲儒、佛、道三足鼎立的價值與意義的系統注入新的可能性，也威脅到其分配資源的平衡關係。另外，排外、仇外也拒絕外來的新事物，一併也解決了外來競爭者的威脅。

第三節　新宗教的潛在力量

誰帶來新世界的新宗教？答案也許是宣教士；不過宣教士永遠不是新世界的先鋒，商人才是兩個世界的眞正開拓與聯結者。日本學者白鳥庫吉說：「大凡世界的交通路線都是發生於各國互相企圖獲得外國特產物品的欲望〔註43〕。」唐朝的兩條陸路絲路與後來的海上絲路，就是商人居中貿易所拓展出現的，《西域圖記》的序文說：「發自敦煌，至于西海。凡爲三道，各有襟帶：北道從……其中道……其南道……總湊敦煌，是其咽喉之地〔註44〕。」其中中道、南道即爲絲路。朱謙之引夏德（Hirth）的說法：「絲絹是中國古代輸出的大宗商品，而憑藉這種商業常博巨利的卻是波斯商人〔註45〕。」很有意思的是，唐朝外來的三個小宗教都是由波斯傳進來的。商業交流爲前導，開拓了絲路，商人則一方面促成物質商品的流通，另一方面也造成文化的交流，與後來跟進的宗教輸入（景教、祆教、摩尼教）。

事實上不只商人與宣教士，成爲國際文化交流的中介人士，還有一種人亦即外交使節或處理相關事務的官員，由於他們的國際事務專業知識使得他們形成一種特殊階層與身份，就例如寫下《西域圖記》的隋代的裴矩：「煬帝即位……時西域諸蕃多至張掖，與中國交市。帝令矩掌其事。矩知帝方勤遠略，諸商胡至者，矩誘令言其國俗山川險易，撰《西域圖記》三卷，入朝奏之〔註46〕。」正是因爲楊矩掌握了另一個世界、另一個國度、另外一個地域的知識，於是他成爲皇帝的重要參謀，享有特殊的權力與資源——這就是它者的力量。

由於皇帝對它者擁有極大的欲望（帝方勤遠略：對它者有佔有的欲望，以及對它者知識的探求欲望），於是掌握他者知識的裴矩就擁有操控國家外交策略的權力，與動員國家外交和軍事資源的有利關鍵地位：「帝……每日引矩至御坐，親問西方之事。矩盛言胡中多諸寶物，吐谷渾易可并吞。帝由是甘心將通西域。四夷

〔註43〕白鳥庫吉，《塞外史地論文譯叢》，頁304，轉引自朱謙之，《中國景教》，頁60。
〔註44〕魏徵等撰，《新校本隋書》（台北：鼎文書局，1981年），楊家駱主編，卷六十七《裴矩傳》。
〔註45〕朱謙之，《中國景教》，頁60。
〔註46〕魏徵等撰，《新校本隋書》，頁1578。

經略，咸以委之〔註47〕。」

裴矩擁有它者的知識，就有可能成為興起的新階級，動搖甚至破壞原有的解釋權生態系；當然更可以改變人對世界的認識，進而成為制定外交政策的決策人士，所制定的政策就是經營、開放的原則；當然擁有他者的知識，也可以改變整個資源的分配，包括政治和經濟利益與財富的重新分配。

另外也有一種人，未必擁有他者的知識，但因為取得統治者的信任，也可以制定國家對外的政策。他們的外交政策是建立在政治利益與政治權力的爭奪上，所制定的政策就是排除文化國際競爭的可能性，進行封閉、排外的閉鎖行動。唐武宗身邊的道教集團，對於其最大的競爭者佛教找到了一個可以對佛教進行攻擊的施力點，且與當時仇外、排外的民族情緒相吻合的政治藉口，亦即它是外來宗教。

而當時真正的外來宗教是景教（與摩尼教、祆教），而其宣教士就是擁有形成新階級潛力的一種特殊身份。道教集團藉著唐武宗的手想要阻止的也是這股可能興起力量的崛起——原因在於景教宣教士是一個掌握它者知識的宗教集團：在地域上，他們來自另一個國度（地理上的它者）；在宗教上，是船來的全新內容（信仰上的它者）；在神學上，他們是成熟與排他的（不僅是它者且是有力的、攻擊性的它者）。在詮釋這個世界背後的存在意義與價值觀上，景教當然會威脅到企圖獨享政治資源的道教，所以道教在對佛教的鬥爭中兼滅景教，也就不足為奇了。

唐武宗時中書省的奏書，可以讓我們從以上的觀點咀嚼再三：「其大秦穆護等祠，釋氏既已釐革，邪法不可獨存……。其人並勒還俗……如外國人，送還本處收管〔註48〕。」如果三夷教的勢力就像舒元輿說的「有摩尼焉、大秦焉、祆神焉，占天下三夷寺，不足當吾釋氏一小邑之數也。」那麼道教人士在剷除佛教勢力之後，還害怕什麼？顯然「邪法不可獨存」的意思，應該解讀為三個外來宗教，在中國確實產生了影響力，所以才必須下令取締禁止。

而其中傳播潛力最大的應屬景教，因為景教一方面與最高統治階層維持良好關係，另一方面以翻譯經典與慈善活動積極向中國民間傳教。所以從這點來看，景教的發展潛力與未來的影響力，應該是最大的。

包括景教在內的三夷教與佛教最大的不同，前者仍被視為外來宗旨（夷教），而佛教已因長期經營內化成為一個純中國的宗教。所以武宗一過世，宣宗繼位，

〔註47〕魏徵等撰，《新校本隋書》，頁 1580。
〔註48〕劉昫等撰，《新校本舊唐書》，頁 605。

在中國立下紮實根基的佛教立即獲得平反。唐宣宗本紀元年五月：「左右街功德使奏：『准今月五日赦書節文，上都兩街舊留四寺外，更添置八所……』敕旨依奏。誅道士劉玄靖等十二人，以其說惑武宗，排毀釋氏故也〔註49〕。」時間上如此急迫，行動上如此有效，可見佛教道教之間的政治鬥爭，在權力中心的皇室與朝廷中有多麼慘烈。可是景教呢？其他兩個宗教呢？沒有平反的機會，且在中國的宣教發展，由於根基仍未穩固，因此一蹶不振。這幾乎可以代表唐政府的對外策略，已完全轉向為保守內向性的原則：排外已成為不可逆轉的發展趨勢。

景教從唐太宗時正式進入中國，太宗十二年詔書的評語是：「詳其要旨，玄妙無為；觀其元宗，生成立要；詞無繁說，理有忘詮；濟物利人，宜行天下。」無論是在宗教思想、神學內容，或其一貫的社會慈善行動，都受到高度肯定，甚至說它「宜行天下」，亦即具有普世真理的地位。然而當這一切宣教的努力仍在進行時，唐武宗會昌五年的一道命令，卻給景教帶來致命的重擊，中書門下的奏書說：「其大秦穆護等祠，釋氏既已革除，邪法不可獨存」，一個原本是「宜行天下」的宗教，至此竟然成為「邪法」，無法繼續其未竟之宣教事業，從此一蹶不振，甚至從歷史上消失。

景教仍是一個它者（卻未發揮出它應有的力量）：它與中國的對話仍未完成，或者說，還沒真正開始……

〔註49〕劉昫等撰，《新校本舊唐書》，頁 615。

參考書目

聖經原典與解經、注釋：

1. The Greek New Testament〔Fourth Revised Edition/ Dictionary〕, United Bible Society ,1994 ,Stuttgart．

2. The New Greek-English Interlinear New Testament,1990, Tyndale House Publisher, Wheaton, Illinois．

3. The NIV Study Bible,1985,Zondervan Bible Publisher,Grand Rapids, Michigan．

4. 新國際版研讀本聖經，1996 更新傳道會，NJ, USA．

5. 聖經靈修版，〔Life Application〕，（香港：國際聖經協會，1999）。

6. 鄧兆柏監督編輯，《證主 21 世紀聖經新釋》，（香港：福音證主協會，1999）。

7. 卡森，《主耶穌與神的國度》（The Sermon on the Mount：An Evangelical Exposition of Matthew 5-7），2003，美國麥種傳道會。

基督教歷史：

1. 陶理博士編，《基督教二千年史》，（香港：海天書樓，1997）。

2. 王治心，《中國基督教史綱》，（基督教文藝出版社，1993）。

3. 楊森富，《中國基督教史》，（臺北：商務出版社，1972 二版）。

4. 莫菲特，（S.H. Moffett），《亞洲基督教史》，（香港：基督教文藝出版社，2000）。

5. 江文漢，《中國古代基督教及開封猶太人》，（知識出版社，1982）。

6. 莊新泉，A《美索不達米亞與聖經》，（聖經資源中心，橄欖基金會共同出版，2002）。

7. 莊新泉，B《沙塵中的榮耀——死海古卷與聖經》，（聖經資源中心，橄欖基金會共同出版，2001）。

8. H.加斯特，（Theodore H. Gaster）英譯，王神萌中譯，《死海古卷》，（北京：商

務印書館，1995）。

9. 張久宣譯，《聖經後典》，（北京：商務印書館，1999）（據聯合聖經公會 1979 年 Good News Bible-Today's English Version Catholic Study Edition）．

10. 約翰・鮑克，（John Bowker）劉良淑，蘇茜譯，《聖經的世界》，（貓頭鷹出版，2000）。

11. 朱靜譯，杜赫德編，《耶穌會士中國書簡集──中國回憶錄》第三卷，（鄭州：大象出版社，2001）。

景教與基督教論述：

1. 龔天民，《唐朝基督教之研究》，（香港：基督教輔僑出版社，1960）。

2. 羅香林，《唐元二代之景教》，（香港：中國學社，1966）。

3. 鄭連明，《中國景教的研究》，（臺灣：基督教長老教會出版，1965）。

4. 翁紹軍，《漢語景教文典詮釋》，（香港：漢語基督教文化研究所出版，1995）。

5. 馮承鈞，《景教碑考》，（臺灣商務臺一版，1960）。

6. 方豪，《中西交通史》，（台北：中國文化大學出版社，1983）。

7. 向達，《唐代長安與西域文明》，（台北：明文書局，1988）。

8. 朱謙之，《中國景教》，（北京：人民出版社，1993）。

9. 穆爾，（A. C. Moule），"Nestorians in china", 1940, Stephen Austin & Sons, Ltd., Hertford．

10. 穆爾，（A. C. Moule），"Christians in china Before the Year 1550", 1930, Mac Millan Co.

11. 佐伯好郎（P. Y. Saeki），《中國之景教文獻及其遺跡》，（The Nestorian Documents and Relics in China），（東京，The Maruzen Co. Ltd，1951）．

12. 伯希和，（P. Pelliot），馮承鈞譯《蒙古與教廷》，（北京：中華書局，1994）。

13. 榮新江，《鳴沙集》，（台北：新文豐出版社，1999）。

14. 榮新江，《英國圖書館藏敦煌漢文非佛教文獻殘卷目錄》，（台北：新文豐出版社，1994）。

15. 林悟殊，《波斯拜火教與古代中國》，（台北：新文豐出版社，1995）。

16. 林悟殊，《唐朝景教再研究》，（北京：中國社會科學出版社，2003）。

17. 克里木凱特（H. Klimkeit）著，林悟殊譯，《達・伽馬以前中亞和東亞的基督教》，1995，台北淑馨出版社。

18. 佐伯好郎，（P. Y. Saeki），《中國之景教文獻及其遺跡》（*The Nestorian Documents and Relics in China*），（The Maruzen Co. Ltd. 東京，1951），頁 1～3。

19. 岑仲勉，《金石論叢》，（北京：中華書局，2004）。

20. 金榮華，《敦煌文物外流關鍵人物探微》，（台北：新文豐出版，1993）。

21. 馬德，《敦煌石窟營造史導論》，（台北：新文豐出版，2003）。

22. 高國藩，《敦煌學百年史述要》，（台北：台灣商務印書館，2003）。

23. 黃征，《敦煌語言文字學研究》，（甘肅：教育出版社，2002）。

24. 張星烺，《中西交通史彙編》，（北京：中華書局，1977）。

25. 梁啓超，《中國歷史研究法》，（台北：台灣商務印書館，1966）。

26. 陳國燦，《敦煌學史事新證》，（甘肅：教育出版社，2002）。

27. 奧雷爾·斯坦因，《從羅布沙漠到敦煌》，（廣西：師範大學出版社，2000）。

28. 楊寶玉，《敦煌史話》，（台北：國家出版社，2004）。

29. 蔡忠霖，《敦煌漢文寫卷俗字及其現象》，（台北：文津出版，2002）。

30. 榮新江，《中古中國與外來文明》，（北京：三聯書局，2001）。

31. 榮新江，《敦煌學十八講》，（北京大學出版社，2001）。

32. 劉進寶，《敦煌文書與唐史研究》，（台北：新文豐出版，2000）。

33. 鄭金德，《敦煌學》，（高雄佛光出版社，1993）。

34. 蘇珊·惠特菲德（Susan Whitfield）著，李淑珺譯，《絲路歲月》，（台北：究竟出版社，1999）。

35. 饒宗頤主編，《敦煌文藪（上、下）》，（台北：新文豐出版，1999）。

神學論述：

1. 陳濟民、馮蔭坤編，《初熟之果》，（天道書樓出版，1986）。

2. 王成勉，《文社的盛衰》，（宇宙光出版社，1993）。

3. 何世明，《基督教本色神學叢談》，（基督教文藝出版社，1987）。

4. 林治平編，《基督教與中國本色化》，（台北：宇宙光出版社，1990）。

5. 包序，（David J. Bosch），白陳毓華譯，《更新變化的宣教——宣教神學的典範變遷》，（台北華神出版，1996）。

6. 楊牧谷主編，《當代神學辭典》上、下，（台北：校園出版社，1997）。

7. 格蘭·奧斯邦（Grant R. Osborne），《基督教釋經學手冊》，（校園出版社，2001）。

8. 麥葛福 A，（A. E. McGrath），劉良淑、王瑞琦譯，《基督教神學手冊》，（台北：校園書房出版，1998）。

9. 麥葛福 B，（A. E. McGrath），《基督教神學原典菁華》，（校園書房出版，1999）。

10. 殷保羅，（Paul P. Enns），《慕迪神學手冊》，（香港：福音證主協會，1991）。

11. 凱利，（J. N. D. Kelly），康來昌譯，《早期基督教教義》，（中華福音神學院，1998）。

12. 士來馬赫，（Friedrich Schleiemacher）"*The Christian Faith*" T.&T. Clark, 1928, Edinburgh.

13. 秦家懿，孔思漢《中國宗教與西方神學》，（聯經出版社，1997）。

語言學、翻譯論述：

1. 趙維本，《譯經溯源》，（中國神學研究院出版，1993）。

2. 海恩波著，蔡錦圖譯，《道在神州》，（國際聖經協會出版）。

3. 莊柔玉，《基督教聖經中文譯本權威現象研究》，（國際聖經協會出版，2000）。

4. 劉宓慶，《當代翻譯理論》（台北：書林出版社，1999）。

5. 謝國平，《語言學概論》，（三民書局出版，1985）。

6. 索緒爾，（Ferdinand de Saussure），《普通語言學教程》，（弘文館出版）。

7. 洪漢鼎，《語言學的轉向》，（遠流出版，1992）。

8. 格林，方立，張景智譯，（Judith Greene），《瓊斯基》，（桂冠出版）。

9. H. 奧特，林克，趙勇譯（Heinrich Ott），《不可言說的言說》，（香港：三聯書店出版）。

10. 斯泰納，（George Steiner），"After Bable：Aspect of Language and Translation", London Oxford University Press, 1973.

11. Martin Heidegger, "On the Way to Language", 1982, Harper & Row ed.

12. Boy J. Howard, "Three Faces of Hermeneutics", 1982, U. of California Press.

13. Ed. By Gary Shapiro & Alan Sica "Hermeneutics", 1984, U. of Massachusetts.

14. 雷利柏，（Leopold Leep），《聖經的語言和思想》，（北京：宗教文化出版社，2000）。

15. Ludwig Wittgenstein translate by G.E.M. Anscombe "Philosophical Investigation" 1958 Basil Blackwell & Molt Ltd.

16. 奧古斯丁，（S.Aureli Augustini）《懺悔錄》（Confessionum）周士良譯，（臺灣商務印書館，1998）。

17. 羅蘭巴特，（Roland Barthes）"Mythologies"，1957 by Editions du seuil,Paris, 1972 translated by Annette Lavers，by the Noonday press ,N.Y.

18. 羅蘭巴特，（Roland Barthes）"Image-Music-text" 1977 translated by Stephen Heath, 1988 by Noonday Press.

19. 伊戈頓，（Terry Eagleton）吳興發譯《文學理論導讀》（Literary Theory-An Introduction），（書林出版，1993）。

20. 加達默爾，（Hans-Georg Gadamer）洪鼎漢譯《詮釋學 I，真理與方法——哲學詮釋學的基本特徵》（Hermeneutik I Wahrheit und Methode－Grundzuge einer philosophischen Hermeneutik），（台北時報出版，1993）。

21. 楊金鼎，《中國文化史大辭典》，（遠流出版，1989）。

22. 余英時，《歷史與思想》，（聯經出版，1984）。

23. 劉禾，《跨語際實踐——文學，民族文化與被譯介的現代性（中國 1900～1937）》，（北京：三聯書店，2002）。

24. 湯用彤，《漢魏兩晉南北朝佛教史》，（臺灣商務印書館，1998）。

經　典：

1. 陳鼓應，《老子今註今譯》，（臺灣商務印書館，1991）。

2. 蔣伯潛，《四書讀本》，（啓明書局）。

3. 屈萬里，《尚書釋義》，（中國文化大學出版，1980）。

4. 宋邢昺，《孝經注疏》，（台北：中華書局，1979）。

5. 楊家駱主編，《新校本舊唐書》，（台北：鼎文書局，1981A）。

6. 楊家駱主編，《新校本新唐書》，（台北：鼎文書局，1981B）。

7. 楊家駱主編，《新校本隋書》，（台北：鼎文書局，1981C）。

8. 大正新脩大藏經，第八冊，No.261《大乘理趣六波羅蜜多經》，罽賓國三藏般若譯。

期　刊：

1. 龔天民，〈漢譯景教回紇文經典（上）〉，《生命雜誌》，1983.12。

2. 龔天民，〈漢譯景教回紇文經典（下）〉，《生命雜誌》，1984.1。

3. 龔天民，〈景教碑中的佛教用語解釋〉，《教牧分享》，1983.7。

4. 張之宜 A，〈大秦景教流行中國碑掘微一〉，《遠景雜誌》，1982.7。

5. 張之宜 B，〈大秦景教流行中國碑掘微二〉，《遠景雜誌》，1982.10。

6. 張之宜 C，〈大秦景教流行中國碑掘微三〉，《遠景雜誌》，1983.1。

7. 羅錫爲，〈唐代景教探微〉，《科學與生活》，1978.8。

8. 龔天民，〈大秦景教流行中國碑頌並序〉全文及語譯，教牧分享，1984.1。

9. 龔天民，〈景教三經的下落〉，《生命雜誌》，1981.12。

10. 趙璧楚，〈就景教碑及其文獻試探唐代景教本色化〉。

11. 吳其昱，〈景教三威蒙度贊研究〉，《中研院史語所集刊》57 本第 3 份，（台灣：中央研究院出版），頁 411～438。

12. 高田時雄，〈明治四十三年 1910 京都文科大學清國派遣員北京訪書始末〉，《敦煌吐魯番研究》第七卷，（北京：中華書局，2004），頁 13～27。

13. 孟憲時，〈伯希和羅振玉與敦煌學之初始〉，《敦煌吐魯番研究》第七卷，（北京：中華書局，2004），頁 1～12。

14. 戴仁，（Jean Pierre Dre'ge）、〈敦煌寫本中的贗品〉，《法國漢學》第五輯——敦煌學專號，（北京：中華書局，2000），頁 1～13。

15. 劉小楓，〈現代語境中的漢語基督神學〉，《基督文化評論》7，（貴州：人民出版社，1998.08）。

16. 黃夏年，〈景經《一神論》之「魂魄」初探〉，《基督宗教研究》2，（北京：社會科學文獻出版社，2000.10）。

17. 吳昶興，〈大秦景教流行中國碑〉白話文試譯，（台灣：浸神學院簡訊，2001.12）.

18. 《法國漢學》叢書編輯委員會編輯，《法國漢學》第五輯──敦煌學專號，（北京：中華書局，2000）。

19. 季羨林、饒宗頤主編，《敦煌吐魯番研究》第七卷，（北京：中華書書，2004）。